税务干部素质能力提升系列辅导丛书

非税收入通关宝典及全真模拟测试

税务干部素质能力提升研究编写组　编

中国财经出版传媒集团

中国财政经济出版社

图书在版编目（CIP）数据

非税收入通关宝典及全真模拟测试／税务干部素质能力提升研究编写组编．――北京：中国财政经济出版社，2023.5

（税务干部素质能力提升系列辅导丛书）

ISBN 978-7-5223-2211-7

Ⅰ.①非… Ⅱ.①税… Ⅲ.①非税收收入-财政管理-中国-岗位培训-习题集 Ⅳ.①F812.43-44

中国国家版本馆 CIP 数据核字（2023）第 082455 号

责任编辑：陈志伟　　　　　责任印制：史大鹏
封面设计：卜建辰　　　　　责任校对：胡永立

中国财政经济出版社 出版

URL：http：//www.cfeph.cn

E-mail：cfeph@cfeph.cn

（版权所有　翻印必究）

社址：北京市海淀区阜成路甲 28 号　邮政编码：100142
营销中心电话：010-88191522
天猫网店：中国财政经济出版社旗舰店
网址：https://zgczjjcbs.tmall.com
北京时捷印刷有限公司印刷　各地新华书店经销
成品尺寸：170mm×240mm　16 开　16.5 印张　264 000 字
2023 年 5 月第 1 版　2023 年 5 月北京第 1 次印刷
定价：89.00 元
ISBN 978-7-5223-2211-7
（图书出现印装问题，本社负责调换，电话：010-88190548）
本社质量投诉电话：010-88190744
打击盗版举报热线：010-88191661　QQ：2242791300

前　言

根据《深化党和国家机构改革方案》的部署，国家实施了国税地税征管体制改革，将省级和省级以下国税地税机构合并，各地税务机关具体承担所辖区域内各项税收、非税收入征管等职责，"划转社会保险费和非税收入征管职责"的征程开启。

自2019年1月1日起，国家重大水利工程建设基金等十一项非税收入项目划转至税务部门征收。自2021年7月1日起，以"先试点后推开"的方式，将由自然资源部门负责征收的国有土地使用权出让收入、矿产资源专项收入、海域使用金、无居民海岛使用金四项政府非税收入（以下简称"四项政府非税收入"），划转至税务部门负责征收，于2022年1月1日起全面实施征管划转工作。2023年1月1日，林草局主管的森林植被恢复费、草原植被恢复费划转至税务部门征收。至此，非税收入划转税务机关征收稳步向前推进。

为广大税务干部学习理论，拓展实务，充分执行"以理论指导实践"的思路方针，继续稳步推进非税收入的实践工作，我们编写了这本《非税收入通关宝典及全真模拟测试》。本书力求帮助税务干部在掌握现行已由税务机关征收非税收入的基本政策内容和理论的基础上，进行有的放矢的练习。本书共分为两个部分，第一部分为非税收入政策解析与自测练习，第二部分为模拟试题。

本书的主要特点：

1. 政策内容时效性强。我国的经济发展过程，亦是社会保险制度不断完善的过程，因此，社会保险相关政策调整较大，尤其在2019年1月1日划转至税务机关征收后，具体征收管理内容按照规范进行了调整。本书按照最新的非税收入的政策内容和征收管理规定进行编写，紧跟时代步伐，政策内容时效性强。

2. 翔实的习题解析。理论指导实践，在扎实掌握非税收入基础理论知识的前提下，通过高质量的习题有针对性地进行实操业务的训练。为便于日常工作繁重、可利用学习时间有限的税务干部高效掌握知识和顺利通过业务考核，在习题解析中，全面而翔实地介绍对应的考核知识点。

由于时间和水平的限制，书中难免有疏漏之处，真诚欢迎广大读者批评指正，以助改进。

本书编写组
2023 年 5 月

目　录

第一章　非税收入基础理论 ·· 1
　　第一部分　知识结构 ·· 1
　　第二部分　自测练习题 ·· 16

第二章　2019 年前由税务机关征收的非税收入 ························· 35
　　第一部分　知识结构 ·· 35
　　第二部分　自测练习题 ·· 54

第三章　2019—2020 年划转税务机关征收的非税收入 ················· 84
　　第一部分　知识结构 ·· 84
　　第二部分　自测练习题 ··· 110

第四章　2021 年以后划转税务机关征收的非税收入 ··················· 135
　　第一部分　知识结构 ··· 135
　　第二部分　自测练习题 ··· 163

第五章　税务机关征收的其他收入 ·· 186
　　第一部分　知识结构 ··· 186
　　第二部分　自测练习题 ··· 191

模拟试卷一 ·· 199
模拟试卷一参考答案 ·· 209

模拟试卷二 ·· 218
模拟试卷二参考答案 ··· 228
模拟试卷三 ·· 237
模拟试卷三参考答案 ··· 247

第一章 非税收入基础理论

第一部分 知识结构

本章主要内容包括非税收入的内涵、非税收入的职能与作用、非税收入的历史演变与制度变革。介绍了非税收入的两大理论基础和三大管理原则,从非税收入的概念、非税收入与税收的对比以及非税收入与预算外资金的对比的角度介绍非税收入的内涵;详细介绍了非税收入的职能和作用;对非税收入的历史演变与制度变革进行了讲解,并对国外非税收入做了简要介绍,从收入占比、收入构成、管理制度等多个方面对中国与其他国家有关非税收入的相关规定进行了比较。

【本章思维导图】

非税收入基础理论
- 非税收入的概念
- 非税收入基础理论
- 非税收入的职能与作用
- 非税收入的分类
- 非税收入的性质
- 非税收入的特点

【知识要点】

一、非税收入的概念

1. 我国对非税收入的界定

我国对非税收入的界定,目前有两种比较明确的定义。一是 2016 年财政部印发《政府非税收入管理办法》明确规定：政府非税收入是指除税收以外，由各级国家机关、事业单位、代行政府职能的社会团体及其他组织，依法利用国家权力、政府信誉、国有资源（资产）所有者权益等取得的各项收入。二是财政部关于印发《2019年政府收支分类科目》的通知（财预〔2018〕108号）明确规定：非税收入是反映各级政府及其所属部门和单位依法利用行政权力、政府信誉、国家资源、国有资产或提供特定公共服务征收、收取、提取、募集的除税收和政府债务收入以外的财政收入。

政府非税收入是指除税收以外，由各级国家机关、事业单位、代行政府职能的社会团体及其他组织依法利用国家权力、政府信誉、国有资源（资产）所有者权益或提供特定公共服务征收、收取、提取、募集的除税收和政府债务收入以外的财政收入。

非税收入包括以下内涵：

（1）非税收入是政府财政收入的重要组成部分，应当纳入财政预算管理。

（2）非税收入征收主体具有多样性，包括各级国家机关、事业单位、代行政府职能的社会团体及其他组织。如行政事业性收费中的签证费、驻外使领馆收费由外交部门收取，公民出入境证件费、机动车号牌工本费、中国国籍申请手续费由公安部门收取，公办幼儿园保育费、住宿费由教育部门收取。

（3）非税收入的收缴需依法进行，按照规定的程序（包括国家赋予地方政府及税收部门的审批权限）批准后方可收取。

（4）非税收入的征缴凭借的是国家政治权力、政府信誉、国有资源（资产）所有者权益等多种权力。如罚没收入的收缴凭借的是国家权力，知识产权部门收取的专利费凭借的是政府信誉。

还需要说明的是，社会保险费基本满足了非税收入定义的每一个要件，但是，《政府非税收入管理办法》又明确指出，"本办法所称非税收入不包括社会保险费、住房公积金（指计入缴存入个人账户部分）"。因此，社会保险费是否属于非税收入，目前还存在争论。由于社会保险费与其他非税收入相比更具有税收的属性，而且规模相对庞大，此外，目前中央层面对税务部门征管职责转化的表述常将社会保险费与非税收入并称，因此本书论述的非税收入不包括社会保险费。

依据《2019年政府收支分类科目》中对非税收入的描述：非税收入是反映各级政府及其所属部门和单位依法利用行政权力、政府信誉、国家资源、国有资产或提供特定公共服务征收、收取、提取、募集的除税收以外的财政收入，因此，本书论述的非税收入也不包括政府债务收入。

2. 国际上对非税收入的界定

国际上通常将政府收入分为经常性收入、资本收入和赠与收入三大类，其中，经常性收入又分为税收收入和非税收入。因此，国外非税收入通常是政府经常性收入之中的一个概念。我国将赠与收入和财产变现收入等归为非税收入的范畴。

世界银行认为，经常性非税收入是政府为公共目的而取得的无须偿还的收入，如罚款、管理费、政府财产经营收入等，以及政府以外的单位自愿和无偿地向政府支付的款项等。经常性非税收入不包括政府间拨款、借款、前期贷款收回以及固定资产、股票、土地、无形资产的售卖变现收入，也不包括来自非政府部门的以资本形成为目的的赠与收入。

经济合作与发展组织（OECD）对税收和非税收入的界定，以征收是否具有对应的报偿性作为标准。由于实践中税与费的差别并不容易辨清，其原因在于所谓的"报偿性"的界定存在一定困难。因此，OECD在对税收分类进行界定时强调，在满足以下条件时，征收可以被视为无偿：一是费的收入大大超过了该项公共服务的提供成本；二是费的缴纳者并非利益的获得者；三是政府并不根据取得的征收额来提供相应的具体服务；四是尽管只有付费的人受益，但每个人所得到的利益并不必然同自己已支付的金额成比例。如果一种收入形式满足以上条件之一，那么这种收入从性质上说就是税，除此之外的就是非税。

国际货币基金组织（IMF）关于非税收入的定义与世界银行的定义基本一致，即非税收入是指政府在税收之外取得的收入，它包括因公共目的而获得的不需要归还的补偿性收入以及非政府单位自愿和无偿向政府支付的款项，具体包括经营和资产收益、罚款收入、收费等。

3. 非税收入与税收

财政收入主要由作为主体的税收收入和重要组成的非税收入构成。非税收入作为政府财政收入的一种形式和重要组成部分。因此，非税收入与税收收入就成为一对互相对应的概念。

税收是国家为了向社会提供公共产品、满足社会共同需要，按照法律的规定，强制、无偿取得财政收入的一种规范形式。目前我国征收的18个税种虽然具体征管要素不同，但基本属性都类似，具有"强制性、无偿性、固定性"的典型特征。非税收入与税收收入虽然同为财政收入的重要组成部分，但是非税收入种类多、项目多，具体征管要素差异大，各项非税收入有部分"强制性、无偿性、固定性"的表现，并具有共同的典型特征。因此，非税收入与税收既有相似之处，又有较大区别。两相比较，两者在职能作用、性质目的、预算管理、征管模式等方面存在显著差异。

（1）职能作用不同。

税收的主要功能是筹集财政收入，此外还有调节经济、监督反映的职能，在此基础上一般坚持"税收中性"的原则，尽量减少对市场经济的干预。而非税收入除筹集财政收入之外，还承担了更多的职能作用。

一是减少拥挤和补偿成本。对准公共产品收费，既可以在一定程度上防止"公地的悲剧"，减少对公共品的过度使用，还可以充分体现"谁受益谁负担、多收益多负担"的原则，实现了准公共品提供与分配的经济效率和社会福利最大化。

二是减少负外部效应。当税收无法有效解决负外部效应时，便可依据政府强制性行政权力，采用收费或罚没的方式，促使缴费人自觉减少负外部效应。

三是国有资产保值增值。国家凭借国有资产所有者的身份，对其进行管理和经营，使其保值增值，并从中获取收益。

（2）性质目的不同。

众所周知，税收具有"强制性、无偿性、固定性"三性。与税收三性相比，各项非税收入的特点不完全一致，呈现多种特点：有的具有"强制性、无偿性、固定性"，如企业缴纳的教育费附加、地方教育附加、残保金等，需要按期缴纳，具有一定的强制性，且缴费人和受益人不直接关联；有的具有"强制性、无偿性、一次性"，如各种罚没收入，没有固定的收缴对象；有的具有"自愿性、补偿性、一次性"，如各种考试收费、检验检测收费等，缴费人自愿缴纳，是政府服务成本的一定补偿，大多是一次性缴费，随事而收。

（3）预算管理不同。

一是预算类别不同。根据《中华人民共和国预算法》，政府的全部收入和支出都应当纳入预算。税收和非税收入虽然都纳入了预算管理，但税收只在一般公共预算中核算，而政府非税收入分布在一般公共预算、政府性基金预算、国有资本经营预算3个预算中。

二是收入分成方式不同。税收一般是分税种按比例确定中央与地方的收入分成方式，如企业所得税60%归属中央，40%归属地方。而政府非税收入的分成方式呈现多样化：第一种是按比例分成，如水资源税10%归中央，90%归地方；第二种是按地区分成，如国家重大水利工程建设基金，北京等14个省属于中央收入，山西等16个省属于地方收入；第三种是按照缴费对象分成，如国有资本收益，中央企业缴纳的属于中央收入，地方企业缴纳的属于地方收入。

（4）征管模式不同。

税收的征管模式基本一致，分为登记、申报、征收、检查、处罚、保全强制等征管环节，而政府非税收入征管模式却差异比较大。

一是自愿与强制并存。有的非税收入是缴费人自愿缴纳的，如捐赠收入，各类检验检测费等行政事业性收费；有的非税收入是强制缴纳的，如残保金，不仅需要自行申报缴纳，还具有强制性。

二是征收部门多样化。税收的征收集中于税务部门和海关部门，而政府非税收入的执收部门比较多，大多数政府部门都涉及非税收入的收缴。

三是管理方式不同。税务部门大多使用"征收管理"的模式，纳税人依法自行申报，税务部门开展风险应对，对税收缴纳情况进行全方位管理。而非税收入大多是用"收缴"或"执收"的概念，大多采取事前核对的方式，核对无误后再开具缴款书征收入库。

四是票据管理方式不同。目前税收都使用税收票证，而非税收入一般使用非税收入票据。根据《关于启用〈中央非税收入统一票据〉功能的通知》的规定，从2019年12月25日起，对2019年1月1日划转税务部门征收的13项中央非税收入，正式启用《中央非税收入统一票据》。

4. 非税收入与预算外资金

非税收入和预算外资金，都是政府性收入，甚至大部分观点认为现在的非税收入就是传统概念里的预算外资金。但本质上它们是两个不同的概念，两者是按照不同的分类标准得出的收入形式。按照收入形式划分，政府财政收入分为税收收入和非税收入；按照资金管理方式对政府财政收入进行分类可以分为预算内资金和预算外资金。从资金管理方式上看，预算内资金也存在非税收入的情况。

2011年1月1日起，我国将预算外资金全部纳入预算管理，在财政收入中也就不存在预算外资金，描述到预算外资金的时候习惯称之为非税收入。

【单选题】政府非税收入是（　　）。

A. 不纳税的收入　　　　　B. 财政收入

C. 单位自有收入　　　　　D. 预算外收入

【参考答案】B

【解析】非税收入是指除税收以外，由各级国家机关、事业单位、代行政府职能的社会团体及其他组织依法利用国家权力、政府信誉、国有资源（资产）所有者权益等取得的各项收入，是政府财政收入的重要组成部分。

【判断题】政府非税收入就是预算外资金，就是行政事业性收费。

（　　）

【参考答案】×

【解析】《财政部关于印发〈政府非税收入管理办法〉的通知》（财税〔2016〕33号）第四条规定，非税收入是政府财政收入的重要组成部分，应当纳入财政预算管理。

二、非税收入基础理论

1. 成本补偿理论

公共物品一般分为纯公共物品和准公共物品向政府缴税；理论上讲，纯公共物品应由政府提供，其成本补偿由个人或企业向政府缴税；准公共物品则可以通过缴税或者缴费两种方式来解决。非税收入是政府提供准公共物品的成本补偿。

纯公共物品在消费上具有非排他性和非竞争性，而且存在效用的不可分制性（如作为纯公共物品的生态保护、社会治安等）。准公共物品则兼具公共物品和私人物品的双重性，其非竞争性和非排他性相对较弱。由于公共物品具有可共同消费的特点，许多人不付费也能消费，所以会导致"免费搭车"

现象，如果要采取措施将不付费的人排斥出去，往往技术上做不到，或者即使能够做到，排斥成本也十分高昂。根据边际成本定价原则，政府在向社会提供纯公共物品时，不应该向使用者直接收费，也很难通过非税的方式来为纯公共物品筹集资金。政府提供纯公共物品的成本只能通过强制征税来加以弥补。

非税收入作为政府提高公共物品效率的重要途径，可以有效减少"免费搭车"现象。例如，准公共物品如公路、高等教育等若完全由政府以税收方式筹资然后免费提供，容易导致过度消费，造成消费拥挤，降低分配效率；而如果完全由市场提供，则又会造成商品供给量低于社会效率水平，导致社会福利损失。采用收费方式提供，虽然要承担一定的排他成本（如设立收费站、围墙等），但可以有效限制消费量，避免拥挤状态和拥挤成本，从而促使这类物品的分配效率和社会福利实现最大化。因此，对准公共物品成本的补偿，应当采用非税的形式，按照消费主体从准公共物品使用中获得的收益收取相关费用。

在实践中，准公共物品分配效率最大化理论的运用范围是：容易发生拥挤的公共运输、高速公路及其他基础设施；集中供水、供暖、供气的公用事业（这一部分目前在我国已基本转为经营服务性收费）；高等教育、特殊医疗服务等。这类行政收费也可叫作"准入性收费"或"拥挤性收费"。采取收费的机制实际上是在准公共产品的生产和消费方面适度引入市场机制，以便能够较好地显示消费者的真实偏好，有效地组织收入。从而有助于提高公共决策水平和实现准公共产品的有效供给。

2. 受益者负担理论

受益者负担理论可以归纳为：对于特定公共事业、公共设施或行政服务的特别受益者，在其受益范围内，以使用费、手续费、费用等形式使其承担该项公共服务经费的一部分或者全部的理论。

受益者负担理论有两大特点：一是存在于行政主体向特别相对人提供"准私人产品"的领域，如自来水、管道煤气供给，这些产品的消费不会产生巨大的"效应外溢"，向受益者收费还有利于节约资源。二是与行政主体特定的行政职能联系密切，但收费本身并不是该行政职能的主要内容，而是"附带性"的。

3. 矫正负外部效应理论

经济社会中的外部效应可分为正外部效应和负外部效应。正外部效应指的是交易双方之外的第三者可以取得未在价格中反映的收益；负外部效应是指交易双方之外的第三者可能承担未在价格中反映的成本费用。由于外部效应的产权往往难以界定，收益的范围和大小也很难确定，因此，受外部效应影响的主体很难因遭受伤害而向负外部效应生产者索赔。这样，客观上诱发负外部效应生产场地从事这类活动，使负外部效应进一步加租，而由此产生的治理成本却要由社会来承担，造成明显的不公平和社会福利的损失。因此，在负外部效应的领域，市场机制失去调节作用，政府就应该承担起矫正外部效应的责任。

政府用于矫正外部效应的措施一般有两类：即矫正负外部效应的税收和收费与矫正外部效应的财政补贴。由于负外部效应带来的社会成本难以估算，因此应根据消除或减轻负外部效应所需的治理成本来确定税率或收费的标准，实现"谁污染、谁治理"的公平分配原则。

4. 国有资产有偿使用理论

根据现代经济学中的产权及其收益理论，收益权是附着在产权上的权益。公共资源如土地、草原、矿产、河流、海洋渔场、自然能源、电磁波谱等为社会共有。在我国，公共资源归国家所有，由国家进行合理配置，交有关主体占有、使用和经营。国有资源的使用产权如果不加以确立和建立资源收费制度，社会主体就会对国有资源进行掠夺性破坏，任何人都会从"共有的池塘"里滥捕鱼类，在"共有的森林"里滥伐树木。而界定产权的最好方式就是建立资源有偿使用制度，即费用征收制度。这样一是可以使国有资源产权规范清晰，使产权主体能自觉合理地使用资源，避免资源的浪费；二是可以给国家在保护和再生国有资源方面的投资提供充足的经费保障。此类收费适用于国家所有并经行政程序进行合理配置以便实现最大使用效益的公共资源（主要是自然资源），也可叫作"界定性收费"。目前，扩大"使用者付费"范围已经成为市场经济国家的流行趋势，以提高资源配置效率。

在我国政府非税收入中，体现国有产权的收入为国有资源有偿使用收入、国有资产有偿使用收入和国有资本经营收益。

【单选题】下列不属于非税收入基础理论的是（　　）。

A. 成本补偿理论　　　　　　　　B. 受益者负担理论

C. 矫正负外部效应理论　　　　　D. 公共选择理论

【参考答案】D

【解析】非税收入基础理论包括：成本补偿理论、受益者负担理论、矫正负外部效应理论、国有资产有偿使用理论。

【多选题】非税收入是为了满足公共物品需求的一种筹资方式，其具有相应的经济理论基础。下列各项中属于非税收入理论基础的有（　　）。

A. 公共财政理论　　　　　　　　B. 公共事业理论

C. 公共物品理论　　　　　　　　D. 公共需求理论

【参考答案】AC

【解析】公共财政理论、公共物品理论属于非税收入理论基础。

三、非税收入的职能与作用

1. 非税收入的职能

（1）财政职能。

和税收一样，非税收入也有财政职能，即筹集财政收入的职能。国家为了实现其职能，需要大量的财政资金，在财政收入中，税收收入是主体，非税收入是重要补充，特别是地方财政收入的重要补充。

（2）经济管理职能。

政府非税收入调节经济的职能主要体现在两个方面：一是公平社会负担、体现"谁受益、谁负担"的原则；二是作为政府行使社会经济管理职能的经济手段之一，与政府的法律手段、行政手段一起，成为政府管理社会经济活动的三大基本手段。

（3）监督职能。

非税收入具有监督政府及其所属单位履行其职责、监督社会成员行为的功能。非税收入监督社会经济活动的广泛性与深入性，是随着市场经济的发展和国家干预社会经济生活的程度而发展的。一般来说，市场经济越发达，经济生活越复杂，政府干预或调节社会经济生活的活动就越复杂，非税收入监督也就越广泛而深入。

2. 非税收入的作用

（1）非税收入在深化财税体制改革中发挥的作用。

深化财税体制改革重点推进三个方面的改革：一是预算制度的改革；二是深化税收制度的改革，优化税制结构、完善税收功能、稳定宏观税负、推进依法治税，建立有利于科学发展、社会公平、市场统一的税收制度体系，充分发挥税收筹集财政收入、调节分配、促进结构优化的职能作用；三是调整中央和地方政府间财政关系。具体总结如下：

①促进预算管理制度的改革。

②促进税收制度改革。

③促进中央和地方政府间财政关系的调整。

（2）非税收入在健全公共财政体系中的作用。

①非税收入是政府提供准公共产品的成本补偿。

②非税收入是政府解决负外部效应的重要方式。

③非税收入是依据国家财产所有权获得收益的主要途径。

④非税收入是参与国民收入分配的重要手段。

（3）非税收入在政府转型和构建和谐社会中发挥作用。

【多选题】非税收入在深化财税体制改革中发挥的作用有（　　）。

A. 促进预算管理制度的改革

B. 是参与国民收入分配的重要手段

C. 促进税收制度改革

D. 促进中央和地方政府间财政关系的调整

【参考答案】ACD

【解析】非税收入在深化财税体制改革中发挥的作用包括：促进预算管理制度的改革、促进税收制度改革、促进中央和地方政府间财政关系的调整。

【多选题】政府非税收入调节经济的职能主要体现为（　　）。

A. 公平社会负担

B. 作为政府行使社会经济管理职能的经济手段之一

C. 筹集财政收入的职能

D. 调节收入分配的职能

【参考答案】AB

【解析】政府非税收入调节经济的职能主要体现为两个方面：一是公平社会负担，体现"谁受益、谁负担"的原则；二是作为政府行使社会经济管理职能的经济手段之一，与政府的法律手段、行政手段一起，成为政府管理社会经济活动的三大基本手段。

四、非税收入的分类

非税收入是由各级人民政府及其所属部门和单位依法利用行政权力、政府信誉、国家资源、国有资产或提供特定公共服务征收、收取、提取、募集的除税收和政府债务收入以外的财政收入，包括行政事业性收费、政府性基金、国有资源有偿使用收入、国有资产有偿使用收入、国有资本经营收益、彩票公益金、罚没收入、以政府名义接受的捐赠收入、主管部门集中收入、政府财政资金产生的利息收入、特许经营收入、中央银行收入等12类。

1. 行政事业性收费

行政事业性收费是指国家机关、事业单位、代行政府职能的社会团体及其他组织根据法律、行政法规、地方性法规等有关规定，依照国务院规定程序批准，在向公民、法人提供特定服务的过程中，按照成本补偿和非营利原则向特定服务对象收取的费用。

2. 政府性基金

政府性基金是指各级政府及其所属部门根据法律、行政法规和中央有关文件规定，为支持某项特定基础设施建设和社会公共事业发展，向公民、法人和其他组织无偿征收的具有专项用途的财政资金。

3. 国有资源有偿使用收入

国有资源有偿使用收入是指各级政府及其所属部门根据法律、法规、国务院和省（自治区、直辖市）人民政府及其财政部门的规定，设立和有偿出让土地、海域、矿产、水、森林、旅游、无线电频率以及城市市政公共设施和公共空间等国有有形或无形资源的开发权、使用权、勘查权、开采权、特许经营权、冠名权、广告权等取得的收入。

4. 国有资产有偿使用收入

国有资产有偿使用收入是指国家机关、事业单位、代行政府职能的社会团体、党团组织按照国有资产管理规定，对其固定资产和无形资产出租、出售、出让、转让等取得的收入。

5. 国有资本经营收益

国有资本经营收益是指国家以所有者身份从国家出资企业依法取得的国有资本收益，包括国有资本分享的企业税后利润，国有股股利、红利、股息，企业国有产权（股权）出售、拍卖、转让收益和依法由国有资本享有的其他收益。

6. 彩票公益金

彩票公益金是指国家为促进社会公益事业发展，根据法律、法规、国务院和财政部的规定，特许发行彩票筹集的专项财政资金。

7. 罚没收入

罚没收入是指执法机关依据法律、法规和规章，对公民、法人或者其他组织实施处罚取得的罚款、没收款、没收非法财物的变价收入。

8. 以政府名义接受的捐赠收入

以政府名义接受的捐赠收入是指各级政府、国家机关、事业单位、代行政府职能的社会团体以及其他组织以政府名义接受的非定向捐赠货币收入。

9. 主管部门集中收入

主管部门集中收入是指国家机关、事业单位、代行政府职能的社会团体及其他组织根据同级财政部门的规定，集中的所属事业单位收入。

10. 政府财政资金产生的利息收入

政府财政资金产生的利息收入是指税收和非税收入产生的利息收入。

11. 特许经营收入

特许经营收入是指特许经营权有偿出让或转让收入。

12. 中央银行收入

中央银行收入是指中国人民银行按规定上缴国家的利润。

【单选题】根据《政府非税收入管理办法》,下列不属于政府非税收收入的是（　　）。

A. 中央银行收入　　　　　　B. 主管部门集中收入

C. 工会经费　　　　　　　　D. 政府收入的利息收入

【参考答案】C

【解析】非税收入包括行政事业性收费、政府性基金、国有资源有偿使用收入、国有资产有偿使用收入、国有资本经营收益、彩票公益金、罚没收入、以政府名义接受的捐赠收入、主管部门集中收入、政府财政资金产生的利息收入、特许经营收入、中央银行收入等12类，不包含工会经费。

【多选题】下列有关非税收入的说法错误的有（　　）。

A. 非税收入纳入政府预算外收入管理

B. 各级税务机关是非税收入的主管部门

C. 住房公积金不属于非税收入

D. 以政府名义接受的捐赠不属于非税收入

E. 彩票公益金是非税收入

【参考答案】ABD

【解析】政府的全部收入和支出都应当纳入预算，非税收入是预算内收入。非税收入包括行政事业性收费、政府性基金、国有资源有偿使用收入、国有资产有偿使用收入、国有资本经营收益、彩票公益金、罚没收入、以政府名义接受的捐赠收入、主管部门集中收入、政府财政资金产生的利息收入、特许经营收入、中央银行收入等12类。各级财政部门是非税收入的主管部门。

【判断题】非税收入不包括住房公积金和社会保险费。　　　　（　　）

【参考答案】√

【解析】《财政部关于印发〈政府非税收入管理办法〉的通知》（财税〔2016〕33号）第三条规定："本办法所称非税收入不包括社会保险费、住房公积金（指计入缴存人个人账户部分）。"

五、非税收入的性质

1. 非税收入是利用政府权力、国家资源、国有资产、政府信誉取得的除税收以外的收入。

2. 非税收入是有关部门和单位在提供特定公共服务、准公共服务时从其消费者或使用者取得的除税收以外的收入。

【单选题】下列属于凭借政权取得的非税收入项目的是（　　）。

A. 国有企业利润收入

B. 以政府名义接受的捐赠收入

C. 彩票公益金

D. 罚没收入

【参考答案】D

【解析】根据《财政部关于印发〈政府非税收入管理办法〉的通知》（财税〔2016〕33号）第九条，罚没收入按照法律、法规和规章的规定征收。

【单选题】以政府名誉接受的捐赠收入和彩票公益金主要依据（　　）为社会公益事业的发展而融资。

A. 行政权力　　　　　　　　B. 强制权力

C. 政府信誉　　　　　　　　D. 政府权力

【参考答案】C

【解析】政府名誉接受的捐赠收入和彩票公益金主要依据政府信誉为社会公益事业的发展而融资。

六、非税收入的特点

非税收入具有灵活性、不稳定性、非普遍性、多样性、资金使用上的特定性等特点，这些特点在政府非税收入上表现得尤为明显。

1. 灵活性

灵活性表现为形式多样，时间、标准灵活。政府非税收入既可以按照受益原则采取收费形式收取,又可以以特定项目筹集资金而采取各种基金形式收取等。政府非税收入是为政府某一特定活动的需要,而在特定条件下出现的过渡性措施,各地可以根据不同时期本地的实际情况制定不同的征收标准。

2. 不稳定性

由于政府非税收入是对特定行为和特定管理对象征收的,因此一旦该行为或该对象消失或剧减,该项政府非税收入也会随之消失或剧减。

3. 非普遍性

政府非税收入总是和社会管理职能结合在一起,有特定的管理对象和收取对象,但不具有普遍性,未发生受管制行为的单位和个人排除在这一管理和征收范围之外。

4. 多样性

政府非税收入项目有很多种,而且每年都有变化,给征收和管理带来一定难度。

5. 资金使用上的特定性

非税收入资金的使用通常与收入来源联系在一起,一般具有特定用途。如教育费附加专门用于弥补教育经费不足。

【判断题】相对于税收收入的强制性、固定性、无偿性三大特征,非税收入具有多样性、特殊性、灵活性等独有的特征。　　　　　　　　　　（　　）

【参考答案】√

【解析】相对于税收收入的强制性、固定性、无偿性三大特征,非税收入具有多样性、特殊性、灵活性等独有的特征。

【判断题】税收收入筹集是以满足公共需要的资金为目标,属于一般预算收入,不同税收收入均纳入预算统筹安排,非税收入项目所筹集的资金一般具有明确的用途和范围,属于"专款专用"。　　　　　　　　　　　　　　（　　）

【参考答案】√

【解析】税收收入筹集是以满足公共需要的资金为目标,属于一般预算收入，不同税收收入均纳入预算统筹安排，非税收入项目所筹集的资金一般具有明确的用途和范围，属于"专款专用"。

第二部分　自测练习题

一、单选题

1. 政府非税收入是（　　）。

   A. 不纳税的收入　　　　　　　B. 财政收入
   C. 单位自有收入　　　　　　　D. 预算外收入

   【参考答案】B

   【解析】非税收入是指除税收以外，由各级国家机关、事业单位、代行政府职能的社会团体及其他组织依法利用国家权力、政府信誉、国有资源（资产）所有者权益等取得的各项收入，是政府财政收入的重要组成部分。

2. 政府非税收入是指各级国家机关、事业单位、代行政府职能的社会团体及其他组织依法利用政府权力、政府信誉、国有资源、国有资产或者提供特定服务、准公共服务征收（收取）用于满足社会公共需要或者准公共需要除税收以外的（　　）。

   A. 财政性资金　　　　　　　　B. 社会保障基金
   C. 单位自有资金　　　　　　　D. 住房公积金

   【参考答案】A

   【解析】非税收入是政府财政收入的重要组成部分。

3. 下列不属于非税收入的是（　　）。

   A. 住房公积金　　　　　　　　B. 彩票公积金
   C. 政府性基金　　　　　　　　D. 行政事业性收费

   【参考答案】A

   【解析】《财政部关于印发〈政府非税收入管理办法〉的通知》（财税〔2016〕33号）明确指出"本办法所称非税收入不包括住房公积金（指计入缴存个人账户部分）"。

4. 下列属于凭借政权取得的非税收入项目的是（　　）。

   A. 国有企业利润收入　　　　　B. 以政府名义接受的捐赠收入
   C. 彩票公益金　　　　　　　　D. 罚没收入

【参考答案】D

【解析】《财政部关于印发〈政府非税收入管理办法〉的通知》（财税〔2016〕33号）第九条规定，罚没收入按照法律、法规和规章的规定征收。

5. （　　）是非税收入的主管部门。

    A. 国务院　　　　　　　　　　B. 各级财政部门

    C. 税务局　　　　　　　　　　D. 各级政府

【参考答案】B

【解析】《财政部关于印发〈政府非税收入管理办法〉的通知》（财税〔2016〕33号）第七条规定，各级财政部门是非税收入的主管部门。

6. 非税收入的征收通常与政府的社会服务和管理职能结合在一起，有特定的服务和管理对象、征收对象，其收费对象具有特定性，未消费服务或发生受管制行为的单位和个人则不属于征收对象，这体现了非税收入的（　　）特征。

    A. 多样性　　　B. 固定性　　　C. 特殊性　　　D. 重要性

【参考答案】C

【解析】非税收入资金的使用与收入来源联系在一起，体现为非税收入的特殊性。

7. 国际上对非税收入的分类中均不包括的收入类型是（　　）。

    A. 出售商品收入　　　　　　　B. 财产收入

    C. 政府债务收入　　　　　　　D. 规费收入

【参考答案】C

【解析】非税收入通常不包括政府债务收入。

8. 政府利用自身优势在公共领域里提供商品或服务给资源接受的消费者或使用者并收取一定费用，体现了消费或使用政府提供（生产）的公共服务取得的非税收入的显著特征是（　　）。

    A. 自愿性　　　B. 有偿性　　　C. 客观性　　　D. 垄断性

【参考答案】B

【解析】有偿性体现为非税收入的收取是政府服务成本的一定补偿。

9. 经常性非税收入不包括（　　）。

    A. 罚款　　　　　　　　　　　B. 管理费

    C. 政府财产经营收入　　　　　D. 土地的售卖变现收入

【参考答案】D

【解析】经常性非税收入不包括土地的售卖变现收入。

10. 下列不属于狭义非税收入的是（ ）。

    A. 行政事业性收费 B. 财产经营收入
    C. 政府债务收入 D. 罚款罚没收入

    【参考答案】C

    【解析】狭义的非税收入通常不包括政府债务收入和社会保险费。

11. 下列不属于按照资金管理方式进行的非税收入的划分的是（ ）。

    A. 中央政府非税收入类 B. 中央地方共享收入类
    C. 地方政府非税收入类 D. 地方政府上缴非税收入类

    【参考答案】D

    【解析】按照资金管理方式，非税收入可划分为：中央政府非税收入类、中央地方共享收入类、地方政府非税收入类。

12. 下列没有应用受益者负担理论的是（ ）。

    A. 自来水 B. 管道煤气供给
    C. 排污费 D. 登记注册费

    【参考答案】C

    【解析】排污费应用的是矫正负外部性理论。

13. 下列不属于按照经济性质分类的是（ ）。

    A. 负外部效应矫正性非税收入
    B. 依据国家权力取得并用于满足社会公共需要的非税收入
    C. 成本补偿性非税收入
    D. 资产资源性非税收入

    【参考答案】B

    【解析】依据国家权力取得并用于满足社会公共需要的非税收入属于按非税收入取得依据分类。

14. 下列不属于按照非税收入来源分类的是（ ）。

    A. 预算管理的非税收入 B. 行政事业性收费收入
    C. 政府性基金收入 D. 罚没收入

    【参考答案】A

    【解析】预算管理的非税收入属于按照预算管理方式划分。

15. 政府非税收入票据的主管机关是（　　）。

   A. 各级财政部门　　　　　　　　B. 各级税务部门

   C. 各级检察机关　　　　　　　　D. 各级人民政府

   【参考答案】A

   【解析】各级财政部门是非税收入的主管部门。

16. 下列各项中既是制定财政管理体制的基本原则，也是制定非税收入管理体制基本原则的是（　　）。

   A. 统一领导、分级（权）管理的原则

   B. 权利与义务相结合的原则

   C. 财权、财力与事权相匹配的原则

   D. 责、权、利相结合的原则

   【参考答案】A

   【解析】非税收入预算管理除了要遵循财政收支预算的基本原则外，还要遵循其自身的特定原则，即统一领导、分级（权）管理原则。

17. 非税收入票据存根一般保存（　　）年。

   A. 1　　　　　B. 2　　　　　C. 3　　　　　D. 5

   【参考答案】D

   【解析】非税收入票据存根的保存年限一般为5年。保存期满需要销毁的，报经原核发票据的财政部门查验后销毁。

18. 《财政部关于印发〈政府非税收入管理办法〉的通知》（财税〔2016〕33号）发布的部门是（　　）。

   A. 国务院　　　B. 财政部　　　C. 人大　　　D. 审计署

   【参考答案】B

   【解析】《财政部关于印发〈政府非税收入管理办法〉的通知》（财税〔2016〕33号）依据财政部印发。

19. 非税收入实行（　　）。

   A. 国库集中收付制度　　　　　　B. 单位自收自支

   C. 单位存入账外账　　　　　　　D. 滞留过渡户

   【参考答案】A

   【解析】非税收入收缴管理实行国库集中收付制度，非税收入应当全部上缴国库，任何单位和个人不得截留、占用、挪用、坐支或者拖欠。

20. 已由税务机关征收的非税收入有（　　）。

　　A. 教育费附加　　　　　　　　B. 城市维护建设税

　　C. 工会经费　　　　　　　　　D. 社保

【参考答案】A

【解析】税务机关征收非税收入的有：教育费附加、地方教育附加、水利基金、残疾人保障基金等，工会经费不是非税收入种类。

21. 非税收入管理办法属于（　　）。

　　A. 法律　　　　　　　　　　　B. 部门规章

　　C. 行政法规　　　　　　　　　D. 地方性法规

【参考答案】B

【解析】财政部印发的《财政部关于印发〈政府非税收入管理办法〉的通知》（财税〔2016〕33号）属于部门规章。

22. 《财政部关于印发〈政府非税收入管理办法〉的通知》（财税〔2016〕33号）的实施时间为（　　）。

　　A. 2016年3月15日　　　　　　B. 2017年1月1日

　　C. 2016年1月1日　　　　　　　D. 2016年6月1日

【参考答案】A

【解析】2016年3月15日，《财政部关于印发〈政府非税收入管理办法〉的通知》（财税〔2016〕33号），该办法自印发之日起施行。

23. 下列说法错误的是（　　）。

　　A. 非税收入票据使用单位可以转让非税收入票据

　　B. 不得串用非税收入票据

　　C. 非税收入票据使用单位不得出借、代开、买卖、擅自销毁、涂改非税收入票据

　　D. 不得将非税收入票据与其他票据互相替代

【参考答案】A

【解析】非税收入票据使用单位不得转让、出借、代开、买卖、擅自销毁、涂改非税收入票据；不得串用非税收入票据；不得将非税收入票据与其他票据互相替代。

24. 非税收入通过（　　）收缴、存储、退付、清算和核算。

　　A. 部门账户体系　　　　　　　B. 单独账户体系

C. 国库单一账户体系   D. 预算外账户体系

【参考答案】C

【解析】非税收入通过国库单一账户体系收缴、存储、退付、清算和核算。

25. 属于上级财政部门参与分成的收入，由（　　）审批。

    A. 上级财政部门   B. 财政部

    C. 同级政府   D. 同级财政部门

【参考答案】A

【解析】属于上级财政部门参与分成的收入，由上级财政部门审批，不能跨级。

26. 下级上缴上级主管部门非税收入的减缴、免缴或缓缴，由上级主管部门根据实际情况审核后报（　　）审批。

    A. 上级财政部门   B. 下级财政部门

    C. 上级主管部门   D. 同级财政部门

【参考答案】D

【解析】下级上缴上级主管部门非税收入的减缴、免缴或缓缴，由上级主管部门根据实际情况审核后报同级财政部门审批。

27. 下列不属于我国预算形式的是（　　）。

    A. 一般预算   B. 基金预算

    C. 部门预算   D. 社保预算

【参考答案】D

【解析】我国的预算分为一般预算、基金预算和部门预算。

28. 下列不属于非税收入管理的原则的是（　　）。

    A. 统一领导、分级（权）管理的原则

    B. 责、权、利相结合的原则

    C. 财权、财力与事权相匹配的原则

    D. 收支两条线

【参考答案】D

【解析】非税收入管理的三原则为：统一领导、分级（权）管理的原则；责、权、利相结合的原则；财权、财力与事权相匹配的原则。

29. 下列不属于非税收入结构指标设计的因素的是（　　）。

A. 政府职能因素 　　　　　　B. 财政体制因素

C. 经济发展因素 　　　　　　D. 政治因素

【参考答案】D

【解析】影响非税收入结构指标设计的因素包括：政府职能因素、财政体制因素、经济发展因素。

30. 非税收入票据一次领购的数量一般不超过本单位（　　）个月的使用量。

　　A. 2　　　　B. 3　　　　C. 6　　　　D. 12

【参考答案】C

【解析】非税收入票据一次领购的数量一般不超过本单位 6 个月的使用量。

31. 在预算级次上，下列不属于我国政府预算组成的是（　　）。

　　A. 政府总预算 　　　　　　B. 政府本级预算

　　C. 部门预算 　　　　　　　D. 政府下级预算

【参考答案】D

【解析】在预算级次上，我国政府预算由政府总预算、政府本级预算和部门预算组成。

32. 《国税地税征管体制改革方案》中明确提出，合理确定非税收入征管职责划转到税务部门的范围所遵照的原则是（　　）。

　　A. 便民、高效 　　　　　　B. 科学、高效

　　C. 依法保留、适宜划转 　　D. 成熟一批、划转一批

【参考答案】A

【解析】《中共中央办公厅国务院办公厅印发〈国税地税征管体制改革方案〉》规定，按照便民、高效的原则，合理确定非税收入征管职责划转到税务部门的范围，对依法保留、适宜划转的非税收入项目成熟一批划转一批，逐步推进。

二、多选题

1. 非税收入不包括（　　）。

　　A. 社会保险费

　　B. 公安罚没款

　　C. 土地出让收入

D. 计入缴存人个人账户部分的住房公积金

【参考答案】AD

【解析】《财政部关于印发〈政府非税收入管理办法〉的通知》（财税〔2016〕33号）第三条规定："本办法所称非税收入不包括社会保险费、住房公积金（指计入缴存人个人账户部分）。"

2. 利用国有财产取得的非税收入，其最显著的特征包括（　　）。

  A. 无偿性 B. 垄断性 C. 经营性 D. 有偿性

【参考答案】BCD

【解析】利用国有财产取得的非税收入，其最显著的特征包括垄断性、经营性、有偿性。

3. 下列各项中符合国际上对政府收入分类的标准有（　　）。

  A. 经常性收入   B. 非税收入

  C. 资本性收入   D. 赠与收入

【参考答案】ACD

【解析】国际上对政府收入的分类有经常性收入、资本性收入、赠与收入三大类，其中经常性收入又分为税收收入与非税收入。国外非税收入是政府经常性收入中的一个概念。

4. 非税收入与税收的区别有（　　）。

  A. 职能作用不同   B. 性质目的不同

  C. 预算管理不同   D. 征管模式不同

【参考答案】ABCD

【解析】非税收入与税收的区别包括职能作用不同、性质目的不同、预算管理不同、征管模式不同。

5. 非税收入的职能有（　　）。

  A. 财政职能   B. 经济管理职能

  C. 收入分配职能   D. 监督职能

【参考答案】ABD

【解析】非税收入的职能一般包括财政职能、经济管理职能和监督职能。

6. 非税收入在深化财税体制改革中发挥的作用有（　　）。

  A. 促进预算管理制度的改革

  B. 是参与国民收入分配的重要手段

C. 促进税收制度改革

D. 促进中央和地方政府间财政关系的调整

【参考答案】ACD

【解析】非税收入在深化财税体制改革中发挥的作用包括促进预算管理制度的改革、促进税收制度改革、促进中央和地方政府间财政关系的调整。

7. 凭借国家权力取得的非税收入有（　　）。

　　A. 彩票收入　　　　　　　　B. 政府性基金收入
　　C. 行政事业性收入　　　　　D. 特许权收入

【参考答案】BC

【解析】政府性基金收入、行政事业性收入凭借国家权力取得。

8. 非税收入的职能作用有（　　）。

　　A. 减少拥挤成本　　　　　　B. 减少补偿成本
　　C. 减少负外部效应　　　　　D. 国有资产保值增值

【参考答案】ABCD

【解析】非税收入的职能作用有减少拥挤成本、减少补偿成本、减少负外部效应、国有资产保值增值。

9. 非税收入按经济性质分类有（　　）。

　　A. 负外部效应矫正性　　　　B. 成本补偿性
　　C. 资产资源性　　　　　　　D. 行政司法管理（管辖权）性

【参考答案】ABCD

【解析】非税收入按经济性质分类包括负外部效应矫正性、成本补偿性、资产资源性、行政司法管理（管辖权）性。

10. 国际货币基金组织（IMF）关于非税收入的定义与世界银行的定义基本一致，非税收入是指政府在税收之外取得的收入，具体包括（　　）。

　　A. 经营收益　　B. 资产收益　　C. 罚款收入　　D. 收费

【参考答案】ABCD

【解析】国际货币基金组织（IMF）关于非税收入的定义与世界银行的定义基本一致，非税收入是指政府在税收之外取得的收入，具体包括经营收益、资产收益、罚款收入、收费等。

11. 下列属于非税收入的内涵的有（　　）。

　　A. 非税收入是政府财政收入的重要组成部分

B. 非税收入征收主体具有多样性

C. 非税收入的收缴需依法进行

D. 非税收入的征缴凭借的是国家政治权力等多种权力

【参考答案】ABCD

【解析】非税收入包括以下内涵：非税收入是政府财政收入的重要组成部分；非税收入征收主体具有多样性；非税收入的收缴需依法进行；非税收入的征缴凭借的是国家政治权力等多种权力。

12. 下列属于政府非税收入征管模式的有（　　）。

　　A. 自愿与强制并存　　　　　　B. 征收部门多样化

　　C. 管理方式不同　　　　　　　D. 票据管理方式不同

【参考答案】ABCD

【解析】政府非税收入征管模式包括：自愿与强制并存、征收部门多样化、管理方式不同、票据管理方式不同。

13. 在我国，国有资产具体包括（　　）。

　　A. 经营性国有资产　　　　　　B. 行政事业性国有资产

　　C. 资源性国有资产　　　　　　D. 能源性国有资产

【参考答案】ABC

【解析】在我国，国有资产具体包括经营性国有资产、行政事业性国有资产、资源性国有资产。

14. 非税收入缴纳义务人包括（　　）。

　　A. 公民　　　　B. 法人　　　　C. 其他组织　　　　D. 政府

【参考答案】ABC

【解析】非税收入涉及领域广，缴纳义务人多样化，包括公民、法人或者其他组织等。

15. 按照隶属关系非税收入可分为（　　）。

　　A. 中央非税收入　　　　　　　B. 地方非税收入

　　C. 中央与地方共享非税收入　　D. 省级非税收入

【参考答案】ABC

【解析】按照隶属关系非税收入可以分为中央非税收入、地方非税收入、中央与地方共享非税收入。

16. 下列属于国有资源有偿使用的收入的有（　　）。

A. 土地出让金收入

B. 海域使用金收入

C. 世界文化遗产的门票收入

D. 公共场地设置停车泊位取得的收入

【参考答案】 AB

【解析】 土地出让金收入、海域使用金收入属于国有资源有偿使用收入。

17. 下列有关非税收入的说法错误的有（　　　）。

    A. 非税收入纳入政府预算外收入

    B. 各级税务机关是非税收入的主管部门

    C. 住房公积金不属于非税收入

    D. 以政府名义接受的捐赠不属于非税收入

【参考答案】 ABD

【解析】 政府的全部收入和支出都应当纳入预算，非税收入是预算内收入。非税收入包括行政事业性收费、政府性基金、国有资源有偿使用收入、国有资产有偿使用收入、国有资本经营收益、彩票公益金、罚没收入、以政府名义接受的捐赠收入、主管部门集中收入、政府财政资金产生的利息收入、特许经营收入、中央银行收入等12类。各级财政部门是非税收入的主管部门。

三、判断题

1. 政府非税收入包括行政事业性收费、政府性基金、土地国有资源有偿使用收入、国有资产有偿使用收入、国有资本经营收益、彩票公益金、罚没收入、以政府名义接受的捐赠收入、社会保障基金、住房公积金等。（　　　）

   【参考答案】 ×

   【解析】《财政部关于印发〈政府非税收入管理办法〉的通知》（财税〔2016〕33号）第三条规定："本办法所称非税收入不包括社会保险费、住房公积金（指计入缴存人个人账户部分）。"

2. 政府非税收入就是不纳税的收入，因此，只要纳税的收入就不是政府非税收入。（　　　）

   【参考答案】 ×

   【解析】《财政部关于印发〈政府非税收入管理办法〉的通知》（财税

〔2016〕33号）第二条规定，非税收入是指除税收以外，由各级国家机关、事业单位、代行政府职能的社会团体及其他组织依法利用国家权力、政府信誉、国有资源（资产）所有者权益等取得的各项收入。

3. 行政事业性收费具有特定性、服务性和补偿性。　　　　　　　　（　）

【参考答案】×

【解析】行政事业性收费具有国家强制性、社会管理性和补偿性的特点。

4. 相对于税收收入的强制性、固定性、无偿性三大特征，非税收入具有多样性、特殊性、重要性等独有的特征。　　　　　　　　　　　　　（　）

【参考答案】√

【解析】相对于税收收入的强制性、固定性、无偿性三大特征，非税收入具有多样性、特殊性、重要性等独有的特征。

5. 税收收入筹集是以满足公共需要的资金为目标，属于一般预算收入，不同税收收入均纳入预算统筹安排，非税收入项目所筹集的资金一般具有明确的用途和范围，属于"专款专用"。　　　　　　　　　　　　　　（　）

【参考答案】√

【解析】税收收入筹集是以满足公共需要的资金为目标，属于一般预算收入，不同税收收入均纳入预算统筹安排，非税收入项目所筹集的资金一般具有明确的用途和范围，属于"专款专用"。

6. 非税收入不包括住房公积金和社会保险费。　　　　　　　　　　（　）

【参考答案】√

【解析】《财政部关于印发〈政府非税收入管理办法〉的通知》（财税〔2016〕33号）第三条规定："本办法所称非税收入不包括社会保险费、住房公积金（指计入缴存人个人账户部分）。"

7. 国有企业上缴财政的利润属于国有资源有偿使用收入。　　　　　（　）

【参考答案】×

【解析】国有企业上缴财政的利润属于国有资本收益。

8. 非税收入具有组织财政收入职能、经济管理收入职能和稳定经济职能。

（　）

【参考答案】√

【解析】非税收入具有组织财政收入职能、经济管理收入职能和稳定经济职能。

9. 政府非税收入就是预算外资金，就是行政事业性收费。　　　　（　）

【参考答案】×

【解析】《财政部关于印发〈政府非税收入管理办法〉的通知》（财税〔2016〕33号）第四条规定，非税收入是政府财政收入的重要组成部分，应当纳入财政预算管理。

10. 在经济低迷时，降低非税收入征收标准，能达到减负目的，有利于经济发展。　　　　　　　　　　　　　　　　　　　　　　　　（　）

【参考答案】√

【解析】在经济低迷时，降低非税收入征收标准，能达到减负目的，有利于经济发展。

11. 政府性基金属于凭借政府政权取得的非税收入项目。　　　（　）

【参考答案】√

【解析】政府性基金属于凭借政府政权取得的非税收入项目。

12. 石油特别收益金、石油风险准备金收入属于主管部门集中的非税收入。　　　　　　　　　　　　　　　　　　　　　　　　　　（　）

【参考答案】√

【解析】石油特别收益金、石油风险准备金收入属于主管部门集中的非税收入。

13. 政府性基金设立的目的是筹集公共事业和基础设施的资金需要。（　）

【参考答案】√

【解析】政府性基金设立的目的是筹集公共事业和基础设施的资金需要。

14. 非税收入执收单位可以自行改变收费范围、标准。　　　　（　）

【参考答案】×

【解析】《财政部关于印发〈政府非税收入管理办法〉的通知》（财税〔2016〕33号）第十二条规定，执收单位严格按照规定的非税收入项目、征收范围和征收标准进行征收，及时足额上缴非税收入，并对欠缴、少缴收入实施催缴。

15. 非税收入是政府财政收入的重要组成部分，应当纳入财政预算管理。　　　　　　　　　　　　　　　　　　　　　　　　　　　　（　）

【参考答案】√

【解析】根据《财政部关于印发〈政府非税收入管理办法〉的通知》（财

税〔2016〕33号）第四条的规定。

16. 各级人民政府是非税收入的主管部门。（　　）

    【参考答案】×

    【解析】《财政部关于印发〈政府非税收入管理办法〉的通知》（财税〔2016〕33号）第七条规定，各级财政部门是非税收入的主管部门。

17. 非税收入只能由财政部门直接征收。（　　）

    【参考答案】×

    【解析】《财政部关于印发〈政府非税收入管理办法〉的通知》（财税〔2016〕33号）第十一条规定，非税收入可以由财政部门直接征收，也可以由财政部门委托的部门和单位征收。

18. 对于不出具财政部门统一印制的政府非税收入票据的，缴款义务人有权拒付款项。（　　）

    【参考答案】√

    【解析】根据《财政部关于印发〈政府非税收入管理办法〉的通知》（财税〔2016〕33号）第二十四条的规定。

19. 涉及部门、单位之间分成的非税收入，可以自行对非税收入实行分成或者调整分成比例。（　　）

    【参考答案】×

    【解析】《财政部关于印发〈政府非税收入管理办法〉的通知》（财税〔2016〕33号）第二十八条规定，涉及部门、单位之间分成的非税收入，其分成比例按照隶属关系由财政部或者省级财政部门规定。未经国务院和省级人民政府及其财政部门批准，不得对非税收入实行分成或者调整分成比例。

20. 已上缴中央和地方财政的非税收入依照有关规定需要退付的，分别按照财政部和省级财政部门的规定执行。（　　）

    【参考答案】√

    【解析】根据《财政部关于印发〈政府非税收入管理办法〉的通知》（财税〔2016〕33号）第三十一条的规定。

21. 非税收入管理体制的内容包括非税收入管理权限的划分、非税收入管理机构的设置以及资金使用权限的确定等几个方面，其中划分非税收入管理机构的设置是非税收入管理体制的核心内容。（　　）

【参考答案】×

【解析】划分非税收入管理权限是非税收入管理体制的核心内容。

22. 部门和单位可以自行设立非税收入项目或者设定非税收入的征收对象、范围、标准和期限。（   ）

【参考答案】×

【解析】部门和单位不得违反规定设立非税收入项目或者设定非税收入的征收对象、范围、标准和期限。

23. 缴纳义务人因特殊情况需要缓缴、减缴、免缴非税收入的，应当向执收单位提出口头申请，并由执收单位报有关部门按照规定审批。（   ）

【参考答案】×

【解析】缴纳义务人因特殊情况需要缓缴、减缴、免缴非税收入的，应当向执收单位提出书面申请，并由执收单位报有关部门按照规定审批。

24. 非税收入收缴实行部门集中收缴制度。（   ）

【参考答案】×

【解析】非税收入收缴实行国库集中收缴制度。

25. 未经省级和市级人民政府及财政部门批转，不得对非税收入实行分成或者调整分成比例。（   ）

【参考答案】×

【解析】未经国务院和省级人民政府及财政部门批转，不得对非税收入实行分成或者调整分成比例。

26. 按照现行分级财政管理体制，缓征、减征、免征非税收入只限于本级，不能跨级。（   ）

【参考答案】√

【解析】按照现行分级财政管理体制，缓征、减征、免征非税收入只限于本级，不能跨级。

四、简答题

（一）非税收入具有财政职能、经济管理职能、监督职能。请分别阐述非税收入各项职能的具体内涵。

【答案与解析】

非税收入的职能有财政职能、经济管理职能、监督职能。

（1）财政职能。和税收一样，非税收入也有财政职能，即筹集财政收入的职能。国家为了实现其职能，需要大量的财政资金，在财政收入中，税收收入是主体，非税收入是重要补充，特别是地方财政收入的重要补充。

（2）经济管理职能。非税收入是政府参与国民收入分配和再分配的一种形式，非税收入在参与分配和再分配的过程中，改变利益分配格局，对经济产生影响。政府非税收入调节经济的职能主要体现在两个方面：一是公平社会负担，体现"谁受益、谁负担"的原则；二是作为政府行使社会经济管理职能的手段之一，与政府的法律手段、行政手段一起，成为政府管理社会经济活动的三大基本手段。

（3）监督职能。非税收入具有监督政府及其所属单位履行其职责、监督社会成员行为的功能，非税收入监管社会经济活动的广泛性与深入性，是随着市场经济发展和国家干预社会经济生活的程度而发展的。一般来说，市场经济越发达，经济生活越复杂，政府干预或调节社会经济生活的活动就越复杂，非税收入监督也就越广泛而深入。

（二）简述非税收入与税收收入的异同点。

【答案与解析】

非税收入和税收收入同为政府财政收入的主要组成部分，但两者在内容要素、职能作用、性质目的、预算管理方式和征管模式等方面具有较大的差异。

（1）内容要素不同。

税收收入是国家为了向社会提供公共产品、满足社会共同需要，按照法律的规定，强制、无偿取得的财政收入。我国目前一共有18个税种，虽然具体征收要素不同，但基本属性类似。

非税收入是指除税收收入以外，由各级国家机关、事业单位、代行政府职能的社会团体及其他组织依法利用国家权力、政府信誉和国有资源（资产）所有者权益等取得的各项收入。按照《财政部关于印发〈政府非税收入管理办法〉的通知》（财税〔2016〕33号）的规定，政府非税收入分为12种，具体包括行政事业性收费、政府性基金、罚没收入、国有资源（资产）有偿使用收入、国有资本收益、彩票公益金、特许经营收入、中央银行收入、以政府名义接受的捐赠收入、主管部门集中收入、政府收入的利息收入、其他非税收入等。根据其性质和征收目的、依据，归为"费、类税、租、利、罚、捐"六大类。

（2）职能作用不同。

税收收入的主要功能是增加财政资金、调节经济运行和收入分配、监督管理经济社会活动等职能，一般坚持税收中性原则，尽量减少对市场经济的干预。

非税收入除了组织财政收入之外，还承担了更多的职能作用：一是减少拥挤和补偿成本。对准公共产品由受益者付费，体现"谁受益谁负担，多收益多负担"的原则，有益于准公共产品提供与分配的经济效率和社会福利最大化。二是减少负外部效应。当税收手段无法有效解决负外部效应时，便可依据政府强制性行政权力，采用收费或罚没的方式，促使缴费人自觉减少负外部效应。三是国有资产保值增值。国家凭借国有资产所有者的身份，对其进行管理和经营，使其保值增值，并从中获取收益。

（3）性质目的不同。

税收收入具有的强制性、无偿性、固定性。

非税收入呈现多种特点：有的具有自愿性、有偿性和一次性；有的具有强制性、无偿性和固定性，如企业缴纳的教育费附加、地方教育附加和残疾人就业保障金等，需要按月缴纳，具有一定的强制性，且缴费人和受益人不直接关联。有的具有强制性、无偿性和一次性，如各种罚没收入，没有固定的收缴对象。

（4）预算管理方式不同。

预算类别不同。根据《中华人民共和国预算法》，政府的全部收入和支出都应当纳入预算。税收只在一般公共预算中核算，非税收入分布在一般公共预算、政府性基金预算和国有资本经营预算3个预算中。

收入分成方式不同。税收一般分税种按比例确定中央与地方的收入分成。非税收入的分成方式呈现多样化：一是按比例分成方式，如水资源费10%归中央，90%归地方；二是按地区分，如国家重大水利工程建设基金，在北京等14个省（直辖市）属于中央收入，在山西等16个省属于地方收入；三是按照缴费对象分，如国有资本收益，中央企业缴纳的属于中央收入，地方企业缴纳的属于地方收入。

（5）征管模式不同。

税收收入的征管模式基本一致，分为登记、申报、征收、检查、处罚和保全强制等征管环节。非税收入征收模式却差异比较大：

一是自愿与强制并存。有的是缴费人自愿缴纳，如捐赠收入等；有的是强制缴纳，如残疾人就业保障金。

二是征收部门多样化。税收的征管集中于税务机关和海关，非税收入的执收部门比较多，大多数政府机关都涉及。

三是管理方式不同。税务机关大多使用征收管理模式。非税收入大多为收缴或执收，采取事前核对的方式，核对无误后再开具缴款书征收入库，一般无须事后风险管理。

四是票据管理方式不同。目前税收收入的征收使用税收票证，非税收入的征收一般使用非税收入票据。为了方便缴费人，税务机关征收的非税收入一般使用税收票证。

（三）请举例说明非税收入划转税务机关征缴有何好处。

【答案与解析】

非税收入中的很多具体项目，从征收对象上来看，很适宜交由税务部门来征缴。如农网还贷资金和国家重大水利工程建设基金，此前是由电网经营企业向用户征收后汇缴到省级电力企业，再由省级电力企业向省级财政部门或财政部驻当地财政监察专员办事处申报并缴款。电网经营企业除了按照规定征收标准向电力用户征缴这两项非税收入外，还要向税务局缴纳同这些基金收入相关的流转税费。从农网还贷资金和国家重大水利工程建设基金收入的征缴环节来看，将税务部门作为这些政府基金收入的征缴主体，不仅可以减轻电力企业的行政负担，而且能充分利用国家专业征收系统资源，将极大降低征缴成本，发挥税务部门规模经济效益，并缩短资金入库时间。

（四）简述税务机关在征收非税收入实践中目前存在的制度性障碍。

【答案与解析】

与税收收入相比，非税收入具有法律层次复杂、政策规定多样等特点，税务机关在征收非税收入实践中，存在一些制度性障碍，具体是：

（1）征收主体授权不充分。实际执行中，除了教育费附加等有明文授权外，税务机关在征收非税收入时大多凭借受托的身份。征收主体授权不充分，在一定程度上制约了征管效率的提升。

（2）执法权限受到限制。《中华人民共和国税收征收管理法》（以下简称《税收征收管理法》）第二条规定："凡依法由税务机关征收的各种税收的征收管理，均适用本法。"因此，《税收征收管理法》只适用于税务机关对税收的征收管理。在非税收入的实际征管中，虽然税务机关可按照税收的管理方式，采取登记、申报和征收入库等管理性措施，但在保全、强制等手段上，尚不能依据《税收征收管理法》直接采用。即使对于已授权由税务机关征收的教育费附加和文化事业建设费，如果当事人拒不缴纳，税务机关也不能直接强制执行，只能根据行政强制法的相关规定，申请人民法院强制执行。

（3）行政处罚权存在真空。现行征收管理办法中，对于非税收入，财政等相关部门主要依照《财政违法行为处罚处分条例》和《违反行政事业性收费和罚没收入收支两条线管理规定行政处分暂行规定》等有关规定，实施相应行政处罚，追究缴费人法律责任。而税务机关在征收非税收入时，如何适用这些规定等问题尚未明确。

（4）加收滞纳金政策难以落实。行政强制法规定，加收滞纳金是一种行政强制执行方式，必须由法律设定。但一些规范性文件又对非税收入的征收规定了加收滞纳金条款，税务机关如果按照这些规范性文件加收滞纳金，会因违反行政强制法的禁止性规定导致程序违法。

第二章 2019年前由税务机关征收的非税收入

第一部分 知识结构

1986年,国务院发布《征收教育费附加的暂行规定》,即明确"教育费附加由税务机关负责征收"。2012年,国务院设立废弃电器电子产品处理基金时,授权财政部、环境保护部、国家发展改革委、工业和信息化部、海关总署、国家税务总局等六部委,联合印发《废弃电器电子产品处理基金征收使用管理办法》(财综〔2012〕34号),明确"由国家税务总局对电器电子产品生产者征收废弃电器电子产品处理基金"。2015年,为了进一步提高征管效率,财政部发布了《残疾人就业保障金征收使用管理办法》(财税〔2015〕72号),提出了原则上由税务部门直接征收残保金的改革导向。初步统计,到了2018年,税务部门普遍征管的非税收入有教育费附加、地方教育附加、废弃电器电子产品处理基金、残疾人就业保障金、文化事业建设费。本章主要内容从教育费附加和地方教育附加、废弃电器电子产品处理基金、残疾人就业保障金、文化事业建设费4项内容进行介绍。

【**本章思维导图**】

2019年前由税务机关征收的非税收入
- 教育费附加和地方教育附加
- 废弃电器电子产品处理基金
- 残疾人就业保障金
- 文化事业建设费

【知识要点】

一、教育费附加和地方教育附加

教育费附加是国家为扶持教育事业发展，计征用于教育的专项收入。

1. 征收管理

（1）缴纳义务人。

凡缴纳增值税、消费税的单位和个人，为教育费附加和地方教育附加的缴纳义务人。

凡代征"两税"的单位和个人，为代征教育费附加和地方教育附加的缴纳义务人。

依据《国务院关于统一内外资企业和个人城市维护建设税和教育费附加制度的通知》（国发〔2010〕35号）的规定，自2010年12月1日起，外商投资企业、外国企业及外籍个人适用《中华人民共和国城市维护建设税暂行条例》和《征收教育费附加的暂行规定》。

（2）征收标准。

1986年，教育费附加在全国范围内统一开征时，征收比例为1%；1990年5月，《国务院关于修改〈征收教育费附加的暂行规定〉的决定》将征收比例调整为2%；按照1994年2月7日《国务院关于教育费附加征收问题的紧急通知》的规定，从1994年1月1日起，教育费附加征收比例调整至3%，该征收比例沿用至今。

2010年11月7日，财政部下发的《财政部关于统一地方教育附加政策有关问题的通知》（财综〔2010〕98号）规定，各地统一开征地方教育附加，地方教育附加的征收比例统一为2%。

（3）两项附加的计算。

应交教育费附加 =（实际缴纳的增值税 + 实际缴纳的消费税）×3%

应交地方教育附加 =（实际缴纳的增值税 + 实际缴纳的消费税）×2%

（4）缴纳义务发生时间。

教育费附加和地方教育附加缴纳义务发生时间，与缴纳义务人的增值税、消费税纳税义务发生时间相同。

(5) 缴纳地点。

①固定业户应当向其机构所在地主管税务机关申报缴纳。

②总机构和分支机构不在同一县（市）的，应当分别向各自所在地主管税务机关申报缴纳。

③非固定业户销售货物或者应税劳务，应当向销售地主管税务机关申报缴纳。

④纳税人跨地区提供建筑服务、销售和出租不动产的，应在建筑服务发生地、不动产所在地预缴增值税时，以预缴增值税税额为计税依据，并按预缴增值税所在地的城市维护建设税适用税率和教育费附加征收率就地计算缴纳城市维护建设税和教育费附加。

⑤预缴增值税的纳税人在其机构所在地申报缴纳增值税时，以其实际缴纳的增值税税额为计税依据，并按机构所在地的城市维护建设税适用税率和教育费附加征收率就地计算缴纳城市维护建设税和教育费附加。

2. 减免管理

(1) 依据《财政部关于征收教育费附加几个具体问题的通知》（财税字〔1986〕120号）的规定，海关对进口产品征收增值税、消费税，不征收教育费附加。

(2) 依据《财政部关于征收教育费附加几个具体问题的通知》（财税字〔1986〕120号）的规定，对由于减免增值税、消费税而发生退税的，同时退还已征的教育费附加。但对出口产品退还增值税、消费税的，不退还已征的教育费附加。

(3) 依据《财政部 国家税务总局关于生产企业出口货物实行免抵退税办法后有关城市维护建设税教育费附加政策的通知》（财税〔2005〕25号）的规定，自2005年1月1日起，经国家税务总局正式审核批准的当期免抵的增值税税额应纳入城市维护建设税和教育费附加的计征范围，分别按规定的税（费）率征收城市维护建设税和教育费附加。2005年1月1日前，已按免抵的增值税税额征收的城市维护建设税和教育费附加不再退还，未征的不再补征。

(4) 依据《财政部 国家税务总局关于增值税营业税消费税实行先征后返等办法有关城市维护建设税和教育费附加政策的通知》（财税〔2005〕72号）

的规定，对增值税、消费税实行先征后返、先征后退、即征即退办法的，除另有规定外，对随之附征的城市维护建设税和教育费附加，一律不予退（返）还。

（5）依据《财政部 国家税务总局关于免征国家重大水利工程建设基金的城市维护建设税和教育费附加政策的通知》（财税〔2010〕44号）的规定，自2010年5月25日起，经国务院批准，为支持国家重大水利工程建设，对国家重大水利工程建设基金免征城市维护建设税和教育费附加。

（6）依据《财政部关于免征全国中小学校校舍安全工程建设有关政府性基金的通知》（财综〔2010〕54号）的规定，自2010年6月28日起，对全国城乡公办和民办、教育系统和非教育系统的所有中小学校"校舍安全工程"建设所涉及的政府性基金项目，均应当予以免收，包括教育费附加和地方教育附加。

（7）依据《财政部 国家税务总局关于扩大政府性基金免征范围的通知》（财税〔2016〕12号）的规定，自2016年2月1日起，将免征教育费附加、地方教育附加、水利基金的范围，由现行按月纳税的月销售额或营业额不超过3万元（按季度纳税的季度销售额或营业额不超过9万元）的缴纳义务人，扩大到按月纳税的月销售额或营业额不超过10万元（按季度纳税的季度销售额或营业额不超过30万元）的缴纳义务人。

（8）依据《财政部 税务总局关于增值税期末留抵退税有关城市维护建设税教育费附加和地方教育附加政策的通知》（财税〔2018〕80号）的规定，自2018年7月27日起，对实行增值税期末留抵退税的纳税人，允许其从城市维护建设税、教育费附加和地方教育附加的计税（征）依据中扣除退还的增值税税额。

（9）依据《财政部 税务总局关于实施小微企业普惠性税收减免政策的通知》（财税〔2019〕13号）的规定，2019年1月1日至2021年12月31日，由省、自治区、直辖市人民政府根据本地区实际情况，以及宏观调控需要确定，对增值税小规模纳税人可以在50%的税额幅度内减征教育费附加、地方教育附加。增值税小规模纳税人已依法享受教育费附加、地方教育费附加其他优惠政策的，可叠加享受以上规定的优惠政策。

（10）依据《财政部关于调整部分政府性基金有关政策的通知》（财税〔2019〕46号）的规定，自2019年1月1日起，纳入产教融合型企业建设培育范围的试点企业，兴办职业教育的投资符合本通知规定的，可按投资额30%的比例，抵免该企业当年应缴教育费附加和地方教育附加。试点企业属于集团企业的，其下属成员单位（包括全资子公司、控股子公司）对职业教育有实际投入的，可按本通知规定抵免教育费附加和地方教育附加。

允许抵免的投资是指试点企业当年实际发生的，独立举办或参与举办职业教育的办学投资和办学经费支出，以及按照有关规定与职业院校稳定开展校企合作，对产教融合实训基地等国家规划布局的产教融合重大项目建设投资和基本运行费用的支出。

试点企业当年应缴教育费附加和地方教育附加不足抵免的，未抵免部分可在以后年度继续抵免。试点企业有撤回投资和转让股权等行为的，应当补缴已经抵免的教育费附加和地方教育附加。

（11）依据《财政部 税务总局公告关于进一步实施小微企业"六税两费"减免政策的公告》（财政部 税务总局公告2022年第10号）的规定，2022年1月1日至2024年12月31日，由省、自治区、直辖市人民政府根据本地区实际情况，以及宏观调控需要确定，对增值税小规模纳税人、小型微利企业和个体工商户可以在50%的税额幅度内减征教育费附加、地方教育附加。增值税小规模纳税人、小型微利企业和个体工商户已依法享受教育费附加、地方教育费附加其他优惠政策的，可叠加享受以上规定的优惠政策。

（12）依据《财政部 税务总局 退役军人部关于进一步扶持自主就业退役士兵创业就业有关税收政策的通知》（财税〔2019〕21号）的规定，2019年1月1日至2021年12月31日，对自主就业退役士兵从事个体经营的，在3年内按每户每年12 000元为限额依次扣减其当年实际应缴纳的增值税、城市维护建设税、教育费附加、地方教育附加和个人所得税。限额标准最高可上浮20%，各省、自治区、直辖市人民政府可根据本地区实际情况在此幅度内确定具体限额标准。

企业招用自主就业退役士兵，与其签订1年以上期限劳动合同并依法缴纳社会保险费的，在3年内按实际招用人数予以定额依次扣减增值税、城市维护建设税、教育费附加、地方教育附加和企业所得税优惠。定额标准为每人每年6 000元，最高可上浮50%，各省、自治区、直辖市人民政府可根据本地区实际情况在此幅度内确定具体限额标准。

（13）依据《财政部 税务总局 人力资源社会保障部 国务院扶贫办关于进

一步支持和促进重点群体创业就业有关税收政策的通知》（财税〔2019〕22号）的规定，2019年1月1日至2021年12月31日，建档立卡贫困人口、持《就业创业证》（注明"自主创业税收政策"或"毕业年度内自主创业税收政策"）或《就业失业登记证》（注明"自主创业税收政策"）的人员从事个体经营的，在3年内按每户每年12 000元为限额依次扣减其当年实际应缴纳的增值税、城市维护建设税、教育费附加、地方教育附加和个人所得税。限额标准最高可上浮20%，各省、自治区、直辖市人民政府可根据本地区实际情况在此幅度内确定具体限额标准。

企业招用建档立卡贫困人口，以及在人力资源社会保障部门公共就业服务机构登记失业半年以上且持《就业创业证》或《就业失业登记证》（注明"企业吸纳税收政策"）人员，与其签订1年以上期限劳动合同并依法缴纳社会保险费的，在3年内按实际招用人数予以定额依次扣减增值税、城市维护建设税、教育费附加、地方教育附加和企业所得税优惠。定额标准为每人每年6 000元，最高可上浮30%，各省、自治区、直辖市人民政府可根据本地区实际情况在此幅度内确定具体限额标准。

3. 使用管理

教育费附加纳入预算管理，作为教育专项资金，根据"先收后支、列收列支、收支平衡"的原则使用和管理。地方各级人民政府应当依照国家有关规定，使预算内教育事业费逐步增长，不得因教育费附加纳入预算专项资金管理而抵减教育事业费拨款。

地方各级教育部门每年定期向当地人民政府、上级主管部门和财政部门，报告教育费附加的收支情况。

凡办有职工子弟学校的单位，应当先按规定缴纳教育费附加；教育部门可根据它们办学的情况酌情返还给办学单位，作为对所办学校经费的补贴。办学单位不得借口缴纳教育费附加而撤并学校，或者缩小办学规模。

【单选题】教育费附加、地方教育附加的征收加快了地方教育事业的发展，扩大了地方教育经费的来源，教育费附加和地方教育附加的征收率分别为（　　）。

A. 3%，2% B. 2%，3%
C. 5%，3% D. 3%，5%

【参考答案】A

【解析】从1994年1月1日起,教育费附加征收比率调整至3%,该征收比率沿用至今。2010年11月7日,财政部下发的《财政部关于统一地方教育附加政策有关问题的通知》(财综〔2010〕98号)规定,各地统一开征地方教育附加,地方教育附加的征收比率统一为2%。

【多选题】地方教育附加的缴费人包括按规定缴纳增值税、消费税的( )。

A. 外资企业　　　　　　　　B. 国有企业
C. 外国企业　　　　　　　　D. 一人有限公司
E. 个体工商户

【参考答案】ABCDE

【解析】《财政部关于统一地方教育附加政策有关问题的通知》(财综〔2010〕98号)规定,所有缴纳增值税、消费税的单位和个人(包括外商投资企业、外国企业及外籍个人),按规定缴纳地方教育附加。

【判断题】凡办有职工子弟学校的单位,不缴纳教育费附加。( )

【参考答案】×

【解析】《国务院关于征收教育费附加的暂行规定》(国发〔1986〕50号)第十条规定,凡办有职工子弟学校的单位,应当先按本规定缴纳教育费附加;教育部门可根据它们办学的情况酌情返还给办学单位,作为对所办学校经费的补贴。办学单位不得借口缴纳教育费附加而撤并学校,或者缩小办学规模。

二、废弃电器电子产品处理基金

废弃电器电子产品处理基金是国家为促进废弃电器电子产品回收处理而设立的政府性基金。

1. 征收管理

(1) 缴纳义务人。

在中华人民共和国境内的电器电子产品生产者、进口电器电子产品的收货人或者其代理人为基金缴纳义务人。

电器电子产品生产者应缴纳的基金,由税务局负责征收。其中:

①电器电子产品生产者包括自主品牌生产企业和代工生产企业；

②基金缴纳义务人销售应征基金产品时缴纳基金；

③基金缴纳义务人受托加工生产应征基金产品的，不论原料和主要材料由何方提供，不论在财务上是否做销售处理，均由受托方缴纳基金；

④基金缴纳义务人将应征基金产品用于生产非应征基金产品、在建工程、管理部门、非生产机构、提供劳务、馈赠、赞助、集资、广告、样品、职工福利、奖励等方面，于移送使用时缴纳基金。

进口电器电子产品的收货人或者其代理人应缴纳的基金，由海关负责征收。

（2）征收标准。

基金分别按照电器电子产品生产者销售数量、进口电器电子产品的收货人或者其代理人进口的电器电子产品数量定额征收。目前纳入基金征收范围的电器电子产品包括电视机、电冰箱、洗衣机、房间空调器和微型计算机共五类产品，实行从量定额计征。征收标准如下：

（1）电视机类：液晶电视机、等离子电视机、背投电视机、阴极射线管（黑白、彩色）电视机以及其他用于接收信号并还原出图像及伴音的终端设备的征收标准为13元/台。

（2）电冰箱类：冷藏冷冻箱（柜）、冷藏箱（柜）、冷冻箱（柜）以及其他具有制冷系统、消耗能量以获取冷量的隔热箱体的征收标准为12元/台。

（3）洗衣机类：波轮式洗衣机、滚筒式洗衣机、搅拌式洗衣机、脱水机以及其他依靠机械作用洗涤衣物（含兼有干衣功能）的器具的征收标准为7元/台。

（4）房间空调器类：整体式空调（窗机、穿墙机等）、分体式空调（分体壁挂、分体柜机等）、一拖多空调器以及其他制冷量在14 000瓦及以下的房间空气调节器具的征收标准为7元/台。

（5）微型计算机类：台式微型计算机的显示器、主机和显示器一体形式的台式微型计算机、便携式微型计算机（含平板电脑、掌上电脑）以及其他信息事务处理实体的征收标准为10元/台。

电器电子产品生产者、进口电器电子产品的收货人或者其代理人缴纳的基金计入生产经营成本，准予在计算应纳税所得额时扣除。

2. 减免管理

对采用有利于资源综合利用和无害化处理的设计方案以及使用环保和便

于回收利用材料生产的电器电子产品,可以减征基金。

电器电子产品生产者生产用于出口的电器电子产品免征基金,由电器电子产品生产者依据《中华人民共和国海关出口货物报关单》列明的出口产品名称和数量,向税务局申请从应缴纳基金的产品销售数量中扣除。

电器电子产品生产者进口电器电子产品已缴纳基金的,国内销售时免征基金,由电器电子产品生产者依据《中华人民共和国海关进口货物报关单》和《进口废弃电器电子产品处理基金缴款书》列明的进口产品名称及数量,向税务局申请从应缴纳基金的产品销售数量中扣除。

基金缴纳义务人(以下称"受托方")受外贸公司(以下称"委托方")委托加工电器电子产品,其海关贸易方式为"进料加工"或"来料加工"且由委托方收回后复出口的,免征基金。海关贸易方式为"进料加工"的,受托方受托加工业务免征基金,应当同时符合以下条件:委托方拥有加工贸易业务批准证(已取消商务主管部门加工贸易业务批准证的省份除外);受托方提供与委托方签订的加工贸易合同备案委托书、协议书等证明业务真实发生的资料;委托方进料加工手(账)册注明的加工单位是该受托方;受托方向委托方开具增值税专用发票收取加工费(含辅料费等相关费用);原材料进口报关单上注明收货单位为该受托方;委托方出口电器电子产品,出口报关单备案号栏中载明的加工手(账)册号与受托加工手(账)册号一致,且注明发货单位为该受托方;海关贸易方式为"来料加工"的,受托方受托加工业务免征基金,应当取得委托方税务机关出具的《来料加工免税证明》。

受托加工产品未能复出口的,由海关在办理内销征税时一并补征基金。

委托方应及时将有关单证交付受托方。委托方、受托方均应妥善保管进出口业务相关资料,以备税务机关、海关核查。

3. 使用管理

基金使用范围包括:废弃电器电子产品回收处理费用补贴;废弃电器电子产品回收处理和电器电子产品生产销售信息管理系统建设,以及相关信息采集发布支出;基金征收管理经费支出;经财政部批准与废弃电器电子产品回收处理相关的其他支出。

根据《废弃电器电子产品回收处理管理条例》(国务院令第551号)和《废弃电器电子产品处理资格许可管理办法》(环境保护部令第13号)的规定

取得废弃电器电子产品处理资格的企业（简称"处理企业"），对列入《废弃电器电子产品处理目录》的废弃电器电子产品进行处理，可以申请基金补贴。给予基金补贴的处理企业名单，由财政部、生态环境部会同国家发展改革委、工业和信息化部向社会公布。

4. 监督管理

电器电子产品生产者、进口电器电子产品的收货人或者其代理人应当分别向税务局、海关报送电器电子产品销售和进口的基本数据及情况，并按照规定申报缴纳基金，自觉接受税务局、海关的监督检查。

处理企业应当按照规定建立废弃电器电子产品的数据信息管理系统，跟踪记录废弃电器电子产品接收、贮存和处理，拆解产品出入库和销售，最终废弃物出入库和处理等信息，全面反映废弃电器电子产品在处理企业内部运转流程，并如实向环境保护等主管部门报送废弃电器电子产品回收和拆解处理的基本数据及情况。

处理企业申请基金补贴相关资料及记录废弃电器电子产品回收和拆解处理情况的原始凭证应当妥善保存备查，保存期限不得少于5年。

单位和个人有下列情形之一的，依照《财政违法行为处罚处分条例》和《违反行政事业性收费和罚没收入收支两条线管理规定行政处分暂行规定》等法律法规进行处理、处罚、处分；构成犯罪的，依法追究刑事责任：未经国务院批准或者授权，擅自减免基金或者改变基金征收范围、对象和标准的；以虚报、冒领等手段骗取基金补贴的；滞留、截留、挪用基金的；其他违反政府性基金管理规定的行为。

处理企业有以虚报、冒领等手段骗取基金补贴的，取消给予基金补贴的资格，并向社会公示。

电器电子产品生产者违反基金征收管理规定的，由税务局比照税收违法行为予以行政处罚。进口电器电子产品的收货人或者其代理人违反基金征收管理规定的，由海关比照关税违法行为予以行政处罚。

基金征收、使用管理有关部门的工作人员违反规定，在基金征收和使用管理工作中滥用职权、玩忽职守、徇私舞弊，构成犯罪的，依法追究刑事责任；尚不构成犯罪的，依法给予处分。

【单选题】下列关于废弃电器电子产品处理基金的说法不正确的是（　　）。

A. 电器电子产品生产者应缴纳的基金，由税务局负责征收
B. 受托加工应征基金产品，基金缴纳义务人只收取加工费的，为委托方提货的当天
C. 基金缴纳义务人受托加工生产应征基金产品的，不论原料和主要材料由何方提供，不论在财务上是否做销售处理，均由委托方缴纳基金
D. 基金缴纳义务人违反基金征收管理规定的，税务机关比照税收违法行为予以行政处罚

【参考答案】C

【解析】基金缴纳义务人受托加工生产应征基金产品的，不论原料和主要材料由何方提供，不论在财务上是否做销售处理，均由受托方缴纳基金。

【多选题】废弃电器电子产品处理基金的征收对象为（　　）。

A. 电器电子产品生产者　　B. 进口电器电子产品的收货人
C. 进口电器电子产品的代理人　　D. 电器电子产品批发者

【参考答案】ABC

【解析】在中华人民共和国境内的电器电子产品生产者、进口电器电子产品的收货人或者其代理人为废弃电器电子产品处理基金缴纳义务人。

【判断题】基金缴纳义务人出口电器电子产品，免征废弃电器电子产品处理基金。（　　）

【参考答案】√

【解析】《废弃电器电子产品处理基金征收管理规定》（国家税务总局公告2012年第41号）第九条，基金缴纳义务人出口电器电子产品，免征废弃电器电子产品处理基金。

三、残疾人就业保障金

残疾人就业保障金是指国家为促进残疾人就业工作，鼓励各企业和单位安排残疾人就业而设立的一项政府性基金。

1. 征收管理

（1）缴费义务人。

残保金的缴费主体是未按规定安排残疾人就业的机关、团体、企业、事

业单位和民办非企业单位（以下简称"用人单位"），包括个人独资企业、合伙企业，不包括个体工商户和个人。

（2）缴纳标准。

用人单位安排残疾人就业的比例不得低于本单位在职职工总数的1.5%。具体比例由各省、自治区、直辖市人民政府根据本地区的实际情况规定。

用人单位安排残疾人就业达不到其所在省、自治区、直辖市人民政府规定比例的，应当缴纳残保金。其中，残疾人是指持有《中华人民共和国残疾人证》（以下简称《残疾人证》）上注明属于视力残疾、听力残疾、言语残疾、肢体残疾、智力残疾、精神残疾和多重残疾的人员，或者持有《中华人民共和国残疾军人证》（以下简称《残疾军人证》，1—8级）的人员。

（3）残保金的计算。

残疾人保障金年缴纳额=（上年用人单位在职职工人数×所在省、自治区、直辖市人民政府规定的安排残疾人就业比例－上年用人单位实际安排的残疾人就业人数）×上年用人单位在职职工年平均工资

①关于在职职工人数。

用人单位在职职工是指用人单位在编人员或依法与用人单位签订1年以上（含1年）劳动合同（服务协议）的人员。

季节性用工应当折算为年平均用工人数。

劳务派遣单位与派遣职工签订劳动合同（服务协议）的，无论是否代发工资、代扣代缴个人所得税或代缴社会保险费，派遣职工均计入派遣单位在职职工人数。劳务派遣单位与派遣职工未签订劳动合同（服务协议），仅代发工资、代扣代缴个人所得税或代缴社会保险费，用人单位与派遣职工签订劳动合同（服务协议）的，派遣职工计入用人单位在职职工人数。

依据《中华人民共和国劳动合同法实施条例》第二十一条的规定："劳动者达到法定退休年龄的，劳动合同终止。"根据《最高人民法院关于审理劳动争议案件适用法律若干问题的解释（一）》第三十二条的规定："用人单位与其招用的已经依法享受养老保险待遇或领取退休金的人员发生用工争议，向人民法院提起诉讼的，人民法院应当按劳务关系处理，用人单位雇佣已法定退休人员，不应计入在职职工人数中。"

外籍员工与用人单位签订劳动合同（服务协议）的，应当计入在职职工人数。

②关于实际安排的残疾人就业人数。

用人单位安排1名持有《中华人民共和国残疾人证》(1—2级)或《中华人民共和国残疾军人证》(1—3级)的人员就业的,按照安排2名残疾人就业计算。

用人单位跨地区招用残疾人的,应当计入所安排的残疾人就业人数。

③关于在职职工年平均工资。

上年用人单位在职职工年平均工资,按用人单位上年在职职工工资总额除以用人单位在职职工人数。其中:

工资总额组成包括:计时工资;计件工资;奖金;津贴和补贴;加班加点工资;特殊情况下支付的工资。

用人单位在职职工工资总额不包括用人单位支付的职工福利费、职工教育经费、工会经费以及养老保险费、医疗保险费、失业保险费、工伤保险费、生育保险费等社会保险费和住房公积金,应包括职工个人负担的医疗保险费、养老保险费、失业保险费、住房公积金、工会经费及个人所得税。

2. 减免管理

依据《财政部关于取消、调整部分政府性基金有关政策的通知》(财税〔2017〕18号),自2017年4月1日起,将残疾人就业保障金免征范围,由自工商注册登记之日起3年内,在职职工总数20人(含)以下的小微企业,调整为在职职工总数30人(含)以下的企业。调整免征范围后,工商注册登记未满3年、在职职工总数30人(含)以下的企业,可在剩余时期内按规定免征残疾人就业保障金。

用人单位在职职工年平均工资未超过当地社会平均工资(用人单位所在地统计部门公布的上年度城镇单位就业人员平均工资)3倍(含)的,按用人单位在职职工年平均工资计征残疾人就业保障金;超过当地社会平均工资3倍的,按当地社会平均工资3倍计征残疾人就业保障金。用人单位在职职工年平均工资的计算口径,按照国家统计局关于工资总额组成的有关规定执行。

依据《财政部关于降低部分政府性基金征收标准的通知》(财税〔2018〕39号),自2018年4月1日起,将残疾人就业保障金征收标准上限,由当地社会平均工资的3倍降低至2倍。其中,用人单位在职职工平均工资未超过当地社会平均工资 2 倍（含）的，按用人单位在职职工年平均工资计征残疾人就业保障金；超过当地社会平均工资 2 倍的，按当地社会平均工资 2 倍计征残疾人就业保障金。

依据《财政部关于调整残疾人就业保障金征收政策的公告》（财政部公告 2019 年第 98 号）：

（1）残疾人就业保障金征收标准上限，按照当地社会平均工资 2 倍执行。当地社会平均工资按照所在地城镇非私营单位就业人员平均工资和城镇私营单位就业人员平均工资加权计算。

（2）用人单位依法以劳务派遣方式接受残疾人在本单位就业的，由派遣单位和接受单位通过签订协议的方式协商一致后，将残疾人数计入其中一方的实际安排残疾人就业人数和在职职工人数，不得重复计算。

（3）自 2020 年 1 月 1 日起至 2022 年 12 月 31 日，对残疾人就业保障金实行分档减缴政策。其中：用人单位安排残疾人就业比例达到 1%（含）以上，但未达到所在地省、自治区、直辖市人民政府规定比例的，按规定应缴费额的 50% 缴纳残疾人就业保障金；用人单位安排残疾人就业比例在 1% 以下的，按规定应缴费额的 90% 缴纳残疾人就业保障金。

（4）自 2020 年 1 月 1 日起至 2022 年 12 月 31 日，在职职工人数在 30 人（含）以下的企业，暂免征收残疾人就业保障金。

用人单位遇不可抗力自然灾害或其他突发事件遭受重大直接经济损失，可以申请减免或者缓缴残保金。具体办法由各省、自治区、直辖市财政部门规定。

用人单位申请减免残保金的最高限额不得超过 1 年的残保金应缴额，申请缓缴残保金的最长期限不得超过 6 个月。

批准减免或者缓缴残保金的用人单位名单，应当每年公告一次。公告内容应当包括批准机关、批准文号、批准减免或缓缴残保金的主要理由等。

依据《关于延续实施残疾人就业保障金优惠政策的公告》（财政部公告 2023 年第 8 号）

（1）延续实施残疾人就业保障金分档减缴政策。其中：用人单位安排残疾人就业比例达到 1%（含）以上，但未达到所在地省、自治区、直辖市人民政府规定比例的，按规定应缴费额的 50% 缴纳残疾人就业保障金；用人单位安排残疾人就业比例在 1% 以下的，按规定应缴费额的 90% 缴纳残疾人就业保障金。

（2）在职职工人数在30人（含）以下的企业，继续免征残疾人就业保障金。

（3）本公告执行期限自2023年1月1日起至2027年12月31日。

3. 使用管理

残疾人就业保障金纳入地方一般公共预算统筹安排，主要用于支持残疾人就业和保障残疾人生活。

4. 监督管理

根据财税〔2015〕72号文件第二十六条的规定，用人单位未按规定缴纳残保金的，按照《残疾人就业条例》的规定，由残保金征收机关提交财政部门，由财政部门予以警告，责令限期缴纳；逾期仍不缴纳的，除补缴欠缴数额外，还应当自欠缴之日起，按日加收5‰的滞纳金。

【单选题】以下未按规定安排残疾人就业的经济主体不属于残疾人就业保障金征收对象的是（   ）。

A. 企业　　　　B. 机关　　　　C. 团体　　　　D. 个人

【参考答案】D

【解析】残保金的缴费主体是未按规定安排残疾人就业的机关、团体、企业、事业单位和民办非企业单位，包括个人独资企业、合伙企业，不包括个体工商户和个人。

【多选题】残疾人就业保障金计算时，上年在职职工人数表述正确的是（   ）。

A. 用人单位在职职工仅指用人单位在编人员
B. 季节性用工应当折算为年平均用工人数
C. 用人单位依法以劳务派遣方式接受残疾人在本单位就业的，由派遣单位和接受单位通过签订协议的方式协商一致后，将残疾人数计入其中一方的实际安排残疾人就业人数和在职职工人数，不得重复计算
D. 与用人单位签订1年以上（含1年）劳动（服务协议）的人员需计入在职职工人数

【参考答案】BCD

【解析】用人单位在职职工是指用人单位在编人员或依法与用人单位签订1年以上（含1年）劳动合同（服务协议）的人员。

【判断题】用人单位安排1名持有《中华人民共和国残疾人证》（1至3级）或《中华人民共和国残疾军人证》（1至3级）的人员就业的，按照安排2名残疾人就业计算。（　　）

【参考答案】×

【解析】用人单位安排1名持有《中华人民共和国残疾人证》（1至2级）或《中华人民共和国残疾军人证》（1至3级）的人员就业的，按照安排2名残疾人就业计算。

四、文化事业建设费

文化事业建设费是为了筹集必要经费、促进文化事业健康发展而对广告服务和娱乐服务征收的一种政府性基金收入。

1. 征收管理

（1）缴费义务人。

在中华人民共和国境内提供娱乐服务的单位和个人、提供广告服务的广告媒介单位和户外广告经营单位，应按照规定缴纳文化事业建设费。

中华人民共和国境外的广告媒介单位和户外广告经营单位在境内提供广告服务，在境内未设有经营机构的，以广告服务接受方为文化事业建设费的扣缴义务人。

（2）缴纳标准。

缴纳义务人应按照提供娱乐服务和广告服务取得的计费销售额和3%的费率计算应缴费额，计算公式为：应缴费额＝计费销售额×3%。

广告服务计费销售额，为缴纳义务人提供广告服务取得的全部含税价款和价外费用，减除支付给其他广告公司或广告发布者的含税广告发布费后的余额。

缴纳义务人减除价款的，应当取得增值税专用发票或国家税务总局规定的其他合法有效凭证，否则，不得减除。

娱乐服务计费销售额，为缴纳义务人提供娱乐服务取得的全部含税价款和价外费用。

（3）缴纳范围。

广告服务、娱乐服务是指《财政部 国家税务总局关于全面推开营业税改征增值税试点的通知》（财税〔2016〕36号）附件1《销售服务、无形资产、不动产注释》中"广告服务""娱乐服务"范围内的服务。

广告服务是指利用图书、报纸、杂志、广播、电视、电影、幻灯、路牌、招贴、橱窗、霓虹灯、灯箱、互联网等各种形式为客户的商品、经营服务项目、文体节目或者通告、声明等委托事项进行宣传和提供相关服务的业务活动，包括广告代理和广告的发布、播映、宣传、展示等。

娱乐服务是指为娱乐活动同时提供场所和服务的业务，具体包括歌厅、舞厅、夜总会、酒吧、台球、高尔夫球、保龄球、游艺（包括射击、狩猎、跑马、游戏机、蹦极、卡丁车、热气球、动力伞、射箭、飞镖等）。

（4）缴费管理。

文化事业建设费的缴纳义务发生时间和缴纳地点，与缴纳义务人的增值税纳税义务发生时间和纳税地点相同。

文化事业建设费的缴纳期限与缴纳义务人的增值税纳税期限相同。

2. 减免管理

提供应税服务未达到增值税起征点的个人，免征文化事业建设费。

依据《财政部关于调整部分政府性基金有关政策的通知》（财税〔2019〕46号）第一条：自2019年7月1日至2024年12月31日，对归属中央收入的文化事业建设费，按照缴纳义务人应缴费额的50%减征；对归属地方收入的文化事业建设费，各省（自治区、直辖市）财政、党委宣传部门可以结合当地经济发展水平、宣传思想文化事业发展等因素，在应缴费额50%的幅度内减征。各省（自治区、直辖市）财政、党委宣传部门应当将本地区制定的减征政策文件抄送财政部、中共中央宣传部。

依据《财政部 税务总局关于电影等行业税费支持政策的公告》（财政部 税务总局公告2020年第25号），自2020年1月1日至2020年12月31日，免征文化事业建设费。

依据《财政部 税务总局关于延续实施应对疫情部分税费优惠政策的公告》（财政部 税务总局公告2021年第7号），财政部 税务总局公告2020年第25号规定的税费优惠政策凡已经到期的，执行期限延长至2021年12月31日。

3. 使用管理

中央级文化事业建设费的具体支出范围包括：（1）重大活动经费。即用于举办有关社会主义思想道德建设和群众性精神文明创建活动的开支：由中央文明委负责组织的群众性精神文明创建活动评比表彰支出；由中央文明委负责组织的各类思想道德教育活动等所需支出；由中央文明委负责组织的大型综合文艺演出、庆典等活动的补助；由中央文明委责成或批准有关部门承办的思想道德和文化建设等活动的补助。（2）培训经费。即用于中央文明委负责组织或责成有关部门组织的宣传文化事业人才培训和教学设备等方面的补助。（3）优秀作品奖励经费。即由中央文明委组织的用于支持文学艺术、新闻出版、广播影视、哲学社会科学方面的优秀作品的创作和奖励。（4）中央级国家公益性文化事业单位维修购置补助经费。（5）中央级国家公益性文化事业单位的特殊需要。省级文化事业建设费的支出范围参照上述规定办理。

文化事业建设费不得用于下列各项开支：部门和单位人员支出、正常办公支出、行政后勤支出、职工福利支出；部门和单位的基本建设支出，特殊情况，报经中央文明委办公室、省文明委办公室审核批准后个案处理；宣传文化企业的支出；其他不属于文化事业建设费开支范围的支出。

文化事业建设费支出预算，根据"先收后支、收支平衡，专款专用，重点扶持"的原则编制和核定：（1）中央级文化事业建设费支出年度预算的编报和核定。由中央文明委办公室提出当年支出预算建议数和具体项目。财政部根据上年度文化事业建设费收入征缴入库数和当年预计征缴入库数核定年度支出预算。（2）中央级文化事业建设费支出预算的执行。财政部根据核定的支出预算和收入缴库情况按季将经费拨给中央文明委办公室。中央文明委责成或批准有关部门和单位承办的项目和活动，其经费由中央文明委办公室在财政部核定的年度预算指标之内拨付有关主管部门，同时抄送财政部。（3）省级文化事业建设费年度支出预算的编报、核定和执行办法参照前两款制定。文化事业建设费收入年终入库数超过当年财政部门核定的文化事业建设费支出预算数时，超过的部分在核定下年度文化事业建设费支出预算时予以安排；财政部门核定的文化事业建设费支出预算数，超过当年文化事业建设费收入年终入库数与上年结余数之和时，相应调减当年文化事业建设费支出预算。

4. 监督管理

文化事业建设费的使用必须遵守国家财政、财务规章制度和财经纪律，必须接受财政、审计部门的指导、检查和监督。

财政部门应定期对文化事业建设费的使用情况进行检查。对于违反规定的，要按照《国务院关于违反财政法规处罚的暂行规定》予以处理。

【单选题】下列收入属于文化事业费征收范围的是（　　）。

A. 广告咨询收入　　　　　　　　B. 广告发布收入
C. 广告设计收入　　　　　　　　D. 广告制作收入

【参考答案】B

【解析】根据《财政部 国家税务总局关于全面推开营业税改征增值税试点的通知》（财税〔2013〕6号）附件1《销售服务、无形资产、不动产注释》的规定，广告服务，是利用图书、报纸、杂志、广播、电视、电影、幻灯、路牌、招贴、橱窗、霓虹灯、灯箱、互联网等各种形式为客户的商品、经营服务项目、文体节或者通告、声明等委托事项进行宣传和提供相关服务的业务活。包括广告代理和广告的发布、播映、宣传、展示等。

【多选题】下列关于文化事业费的说法正确的有（　　）。

A. 自2019年7月1日至2024年12月31日，对归属中央收入的文化事业建设费，按照缴纳义务人应缴费额的50%减征
B. 2020年免征文化事业费，2021年减半征收文化事业费
C. 中华人民共和国境外的广告媒介单位和户外广告经营单位在境内提供广告服务，在境内未设有经营机构的，以广告服务接受方为文化事业建设费的扣缴义务人
D. 文化事业建设费的缴纳义务发生时间，与缴纳义务人的增值税纳税义务发生时间相同

【参考答案】ACD

【解析】《财政部税务总局关于延续实施应对疫情部分税费优惠政策的公告》（财政部 税务总局告2021年第7号）第二条规定，《财政部税务总局关于电影等行税费支持政策的公告》（财政部 税务总局公告2020年第25号）规定的税费优惠政策凡已经到期的，执行期限延长至2021年12月31日。选

项 B 不正确。

【判断题】娱乐服务计费销售额,为缴纳义务人提供娱乐服务取得的不含税价款和价外费用。（   ）

【参考答案】×

【解析】娱乐服务计费销售额,为缴纳义务人提供娱乐服务取得的全部含税价款和价外费用。

第二部分 自测练习题

一、单选题

1. 属于随税收附征的非税收入项目有（   ）。

    A. 文化事业建设费　　　　　　B. 教育费附加

    C. 工会经费　　　　　　　　　D. 残保金

    【参考答案】B

    【解析】教育费附加和地方教育费附加随税附征。

2. 关于教育费附加减免,下列说法错误的是（   ）。

    A. 对由于减免增值税、消费税而发生退税的,可以同时退还已征收的教育费附加

    B. 对出口产品退还增值税、消费税的,可以退还已征的教育费附加

    C. 对"三税"实行先征后返、先征后退、即征即退办法,除另有规定外,对随"三税"附征的城市维护建设税和教育费附加,一律不予退（返）还

    D. 对国家重大水利工程建设基金免征教育费附加

    【参考答案】B

    【解析】依据《财政部关于征收教育费附加几个具体问题的通知》（财税〔1986〕120 号）对出口产品退还增值税的,不退还已征的教育费附加。

3. 跨地区提供建筑服务、销售和出租不动产预缴增值税的纳税人,在其机构所在地申报缴纳增值税时,教育费附加的申报纳税地点是（   ）。

    A. 机构所在地

    B. 项目所在地

C. 纳税人自行选择机构所在地、项目所在地

D. 纳税人生产经营地

【参考答案】A

【解析】《财政部 国家税务总局关于纳税人异地预缴增值税有关城市维护建设税和教育费附加政策问题的通知》（财税〔2016〕74号），预缴增值税的纳税人在其机构所在地申报缴纳增值税时，以其实际缴纳的增值税税额为计税依据，并按机构所在地的城市维护建设税适用税率和教育费附加征收率就地计算缴纳城市维护建设税和教育费附加。

4. 实行先征后返、先征后退、即征即退办法返还增值税、消费税时，已征的教育费附加是（　　）。

　　A. 全额返还

　　B. 不予退（返）还

　　C. 不予退（返）还，但可以抵减以后应缴教育费附加

　　D. 由主管税务局决定是否返还

【参考答案】B

【解析】根据《财政部 国家税务总局关于增值税营业税消费税实行先征后返等办法有关城建税和教育费附加政策的通知》（财税〔2005〕72号）的规定，对"三税"实行先征后返、先征后退、即征即退办法的，除另有规定外，对随"三税"附征的城市维护建设税和教育费附加，一律不予退（返）还。

5. 华夏公司为纳入产教融合型企业建设培育范围的试点企业。2020年，华夏公司符合条件的办学支出500万元，该公司当年可以抵免的教育费附加和地方教育附加金额为（　　）万元。

　　A. 50　　　　　　B. 100　　　　　　C. 150　　　　　　D. 220

【参考答案】C

【解析】《财政部关于调整部分政府性基金有关政策的通知》（财税〔2019〕46号）规定，自2019年1月1日起，纳入产教融合型企业建设培育范围的试点企业，兴办职业教育的投资符合规定的，可按投资额30%的比例，抵免该企业当年应缴教育费附加和地方教育附加。

6. 2021年5月，华夏公司招用自主就业退役士兵10人，均签订了3年的劳动合同并依法缴纳社会保险费。华夏公司在3年内按实际招用人数予以定额

依次扣减增值税、城市维护建设税、教育费附加、地方教育附加和企业所得税优惠。这个定额标准是（　　）。

　A. 每年 40 000 元，最高可上浮 30%

　B. 每年 60 000 元，最高可上浮 30%

　C. 每年 60 000 元，最高可上浮 50%

　D. 每年 80 000 元，最高可上浮 20%

【参考答案】C

【解析】《财政部 国家税务总局 退役军人部关于进一步扶持自主就业退役士兵创业就业有关税收政策的通知》（财税〔2019〕21号）规定，企业招用自主就业退役士兵，与其签订1年以上期限劳动合同并依法缴纳社会保险费的，在3年内按实际招用人数予以定额依次扣减增值税、城市维护建设税、教育费附加、地方教育附加和企业所得税优惠。定额标准为每人每年6 000元，最高可上浮50%，各省、自治区、直辖市人民政府可根据本地区实际情况在此幅度内确定具体限额标准。

7. 下列关于教育费附加的说法不正确的是（　　）。

　A. 纳税人跨地区提供建筑服务和出租不动产的，应在不动产所在地预缴增值税时，在机构所在地缴纳教育费附加

　B. 教育费附加的征收率为3%

　C. 增值税小规模纳税人按季申报缴纳增值税、消费税的，教育费附加同步实行按季申报

　D. 纳税人在被查补增值税时，应同时对其偷漏的教育费附加进行补缴

【参考答案】A

【解析】根据《财政部 国家税务总局关于纳税人异地预缴增值税有关城市维护建设税和教育费附加政策问题的通知》（财税〔2016〕74号）的规定，纳税人跨地区出租不动产的，应在不动产所在地缴增值税时，以预缴增值税税额为计税依据，并按预缴增值税所在地的城市维护建设税适用税率和教育费附加征收率就地计算缴纳城市维护建设税和教育费附加。

8. 关于废弃电器电子产品处理基金的缴纳义务人，下列说法错误的是（　　）。

　A. 我国境内电器电子产品的自主品牌生产企业是基金的缴纳义务人

　B. 我国境内电器电子产品的代工生产企业不是基金的缴纳义务人

　C. 进口电器电子产品的收货人是基金的缴纳义务人

D. 进口电器电子产品收货人的代理人是基金的缴纳义务人

【参考答案】B

【解析】电器电子产品生产者包括自主品牌生产企业和代工生产企业。

9. 废弃电器电子产品处理基金缴纳义务人已缴纳基金的电器电子产品发生（　　）的，准予在（　　）申报中扣除。

  A. 销货退回；当期　　　　　　B. 销货退回；下期

  C. 销货折让；当期　　　　　　D. 销货折让；下期

【参考答案】A

【解析】《国家税务总局关于发布〈废弃电器电子产品处理基金征收管理规定〉的公告》（国家税务总局公告2012年第41号）基金缴纳义务人已缴纳基金的电器电子产品发生销货退回的，准予在当期申报中扣除。

10. 废弃电器电子产品处理基金缴纳义务人以委托代销方式销售应征基金产品的，其基金缴纳义务的发生时间为收到代销单位的代销清单或者收到全部或者部分货款的当天。未收到代销清单及货款的，为发出应征基金产品满（　　）天的当天。

  A. 60　　　　B. 90　　　　C. 180　　　　D. 360

【参考答案】C

【解析】废弃电器电子产品处理基金缴纳义务人以委托代销方式销售应征基金产品的，其基金缴纳义务的发生时间为收到代销单位的代销清单或者收到全部或者部分货款的当天。未收到代销清单及货款的，为发出应征基金产品满180天的当天。

11. 下列选项中，不是废弃电器电子产品处理基金缴纳义务人的是（　　）。

  A. 电器电子产品的生产者

  B. 电器电子产品的受托加工者

  C. 电器电子产品的批发和零售者

  D. 进口电器电子产品的收货人或者其代理人

【参考答案】C

【解析】《废弃电器电子产品处理基金征收使用管理办法》（财综〔2012〕34号）第四条规定，电器电子产品生产者、进口电器电子产品的收货人或者其代理人应当按照本办法的规定履行基金缴纳义务。电器电子产品生产者包括自主品牌生产企业和代工生产企业。电器电子产品的批发和零售者不是废弃电器电子产品处理基金的缴纳义务人。

12. 废弃电器电子产品处理基金缴纳义务人应当准确核算购进和委托加工收回的已缴纳基金的电器电子产品销售收入，不能准确核算的，按（ ）征收基金。

  A. 实际销售收入   B. 实际销售数量

  C. 核定销售收入   D. 核定销售数量

【参考答案】B

【解析】《废弃电器电子产品处理基金征收管理规定》（国家税务总局公告 2012 年第 41 号）第十一条规定，基金缴纳义务人应当准确核算购进和委托加工收回的已缴纳基金的电器电子产品数量，不能准确核算的，按实际销售数量征收基金。

13. 废弃电器电子产品处理基金实行从量定额征收，目前对电视机的征收标准为（ ）。

  A. 7 元/台   B. 10 元/台

  C. 12 元/台   D. 13 元/台

【参考答案】D

【解析】根据《财政部 环境保护部 国家发展改革委 工业和信息化部 海关总署 国家税务总局关于印发〈废弃电器电子产品处理基金征收使用管理办法〉的通知》（财综〔2012〕34 号）附件 1《对电器电子产品生产者征收基金的产品范围和征收标准》的相关规定。

14. 根据《财政部关于调整残疾人就业保障金征收政策的公告》（中华人民共和国财政部公告 2019 年第 98 号）规定，残疾人就业保障金征收标准上限，按照当地社会平均工资的（ ）执行。

  A. 1.5 倍   B. 2 倍   C. 1 倍   D. 3 倍

【参考答案】B

【解析】残疾人就业保障金征收标准上限，按照当地社会平均工资的 2 倍执行。

15. 根据《财政部关于调整残疾人就业保障金征收政策的公告》（中华人民共和国财政部公告 2019 年第 98 号）规定，2020 年 1 月 1 日起至 2022 年 12 月 31 日，对残疾人就业保障金实行分档减缴政策，其中，用人单位安排残疾人就业比例在 1% 以下的，按规定应按缴费额的（ ）缴纳残疾人就业保障金。

A. 100%　　　　B. 90%　　　　C. 80%　　　　D. 50%

【参考答案】B

【解析】自 2020 年 1 月 1 日起至 2022 年 12 月 31 日，对残疾人就业保障金实行分档减缴政策。其中，用人单位安排残疾人就业比例达到 1%（含）以上，但未达到所在地省、自治区、直辖市人民政府规定比例的，按规定应按缴费额的 50% 缴纳残疾人就业保障金；用人单位安排残疾人就业比例在 1% 以下的，按规定应按缴费额的 90% 缴纳残疾人就业保障金。

16. 用人单位申请减免残疾人就业保障金最高限额不得超过（　　）的保障金应缴额，申请缓缴保障金的最长不得超过（　　）。

　　A. 6 个月；6 个月　　　　　　　B. 1 年；6 个月
　　C. 6 个月；1 年　　　　　　　　D. 1 年；1 年

【参考答案】B

【解析】用人单位申请减免残保金的最高限额不得超过 1 年的残保金应缴额，申请缓缴残保金的最长期限不得超过 6 个月。

17. 用人单位安排残疾人就业的比例不得低于本单位在职职工总数的（　　），集中使用残疾人的用人单位中从事全日制工作的残疾人职工应当占本单位在职职工总数的（　　）以上。

　　A. 1%；25%　　　　　　　　　B. 1.5%；25%
　　C. 2.5%；50%　　　　　　　　D. 2.5%；60%

【参考答案】B

【解析】依据《残疾人就业条例》，用人单位安排残疾人就业的比例不得低于本单位在职职工总数的 1.5%，集中使用残疾人的用人单位中从事全日制工作的残疾人职工应当占本单位在职职工总数的 25% 以上。

18. 以下未按照规定安排残疾人就业的经济主体不属于残疾人就业保障金征收对象的是（　　）。

　　A. 企业　　　B. 机关　　　C. 团体　　　D. 个人

【参考答案】D

【解析】残保金的缴费主体是未按规定安排残疾人就业的机关、团体、企业、事业单位和民办非企业单位（以下简称"用人单位"），包括个人独资企业、合伙企业，不包括个体工商户和个人。

19. 自 2020 年 1 月 1 日起至 2022 年 12 月 31 日，在职职工人数在（　　）人（含）以下的企业，暂免征收残疾人就业保障金。

　　A. 20　　　　　B. 25　　　　　C. 30　　　　　D. 35

【参考答案】C

【解析】自 2020 年 1 月 1 日起至 2022 年 12 月 31 日，在职职工人数在 30 人（含）以下的企业，暂免征收残疾人就业保障金。

20. 用人单位未按规定缴纳保障金的，按照《残疾人就业条例》的规定，由保障金征收机关提交（　　），由（　　）予以警告，责令限期缴纳。

　　A. 财政部门　　　　　　　　　　B. 残疾人就业服务机构
　　C. 政府部门　　　　　　　　　　D. 上级税务部门

【参考答案】A

【解析】根据财税〔2015〕72 号文件第二十六条的规定，用人单位未按规定缴纳残保金的，按照《残疾人就业条例》的规定，由残保金征收机关提交财政部门，由财政部门予以警告，责令限期缴纳。

21. 用人单位未按规定缴纳保障金的，按照《残疾人就业条例》的规定，由保障金征收机关提交财政部门，由（　　）予以警告，责令限期缴纳；逾期仍不缴纳的，除补缴欠缴数额外，还应当自欠缴之日起，按日加收（　　）的滞纳金。滞纳金按照保障金入库预算级次缴入国库。

　　A. 税务部门；万分之五　　　　　B. 财政部门；万分之五
　　C. 税务部门；千分之五　　　　　D. 财政部门；千分之五

【参考答案】D

【解析】用人单位未按规定缴纳保障金的，按照《残疾人就业条例》的规定，由保障金征收机关提交财政部门，由财政部门予以警告，责令限期缴纳；逾期仍不缴纳的，除补缴欠缴数额外，还应当自欠缴之日起，按日加收 5‰ 的滞纳金。滞纳金按照保障金入库预算级次缴入国库。

22. 某民办非企业单位，2020 年在职职工人数 20 人，在职职工工资总额 120 万元，当地社会平均工资为 7 万元，该企业未安置残疾人，请计算该企业 2021 年应缴纳残疾人就业保障金（　　）万元。

　　A. 0　　　　　B. 2.1　　　　　C. 1.8　　　　　D. 1.62

【参考答案】D

【解析】年平均工资＝120÷20＝6 万元，低于社会平均工资，另用人单位安排残疾人就业比例在1%以下的,按规定应缴费额的90%缴纳残疾人就业保障金,因此应缴纳的残保金 = 20×1.5% ×6×90% = 1.62万元。

23. 批准减免或缓交残疾人就业保障金的用人单位名单,应当(　　)公告一次。

   A. 每年　　　　　B. 每季度　　　　C. 每月　　　　D. 每周

   【参考答案】A

   【解析】依据《财政部 国家税务总局 中国残疾人联合会关于印发〈残疾人就业保障金征收使用管理办法〉的通知》,用人单位遇不可抗力自然灾害或其他突发事件遭受重大直接经济损失,可以申请减免或者缓缴保障金。批准减免或者缓缴保障金的用人单位名单,应当每年公告一次。公告内容应当包括批准机关、批准文号、批准减免或缓缴保障金的主要理由等。

24. 用工单位依法以劳务派遣等方式接收残疾人在本单位就业的,可记入(　　)的用工人数,具体由双方协商确定。

   A. 派遣单位　　　　　　　　　B. 接受单位
   C. 派遣单位或接受单位　　　　D. 派遣单位和接受单位

   【参考答案】C

   【解析】依据关于印发《完善残保金制度 更好促进残疾人就业的总体方案》的通知(发改价格规〔2019〕2015号),用工单位依法以劳务派遣等方式接收残疾人在本单位就业的,可记入派遣单位或接受单位的用工人数,具体由双方协商确定。

25. 残疾人就业保障金按(　　)用人单位安排残疾人就业未达到规定比例的差额人数和本单位(　　)之积计算缴纳。

   A. 上年;在职职工工资总额　　　　B. 上年;在职职工年平均工资
   C. 当年;在职职工工资总额　　　　D. 当年;在职职工年平均工资

   【参考答案】B

   【解析】依据财政部 国家税务总局 中国残疾人联合会关于印发《残疾人就业保障金征收使用管理办法》的通知(财税〔2015〕72号),保障金按上年用人单位安排残疾人就业未达到规定比例的差额人数和本单位在职职工年平均工资之积计算缴纳。

26. 用人单位未按照规定缴纳残疾人就业保障金的,由财政部门给予警告,责令限期缴纳;逾期仍不缴纳的,除补缴欠缴数额外,还应当自欠缴之日起，按日加收（　　）的滞纳金。

A. 5‰　　　　B. 0.5‰　　　　C. 1‰　　　　D. 0.1‰

【参考答案】A

【解析】《财政部 国家税务总局 中国残疾人联合会关于印发〈残疾人就业保障金征收使用管理办法〉的通知》第二十六条规定，用人单位未按规定缴纳保障金的，按照《残疾人就业条例》的规定，由保障金征收机关提交财政部门，由财政部门予以警告，责令限期缴纳；逾期仍不缴纳的，除补缴欠缴数额外，还应当自欠缴之日起，按日加收5‰的滞纳金。滞纳金按照保障金入库预算级次缴入国库。

27. 以下残疾人就业保障金计算正确的是（　　）。

　　A. 某事业单位2020年在职职工人数为30人，2021年该单位应缴纳残疾人就业保障金0元

　　B. 某民办非企业单位成立于2018年12月，2020年在职职工人数为20人，2021年该单位应缴纳残疾人就业保障金0元

　　C. 某机关单位2020年在职职工人数为10人，在职职工工资总额为60万元，并未安置残疾人，该单位2021年应缴纳残疾人就业保障金81 000元

　　D. 某企业成立于2015年4月，2020年在职职工人数为15人，在职职工工资总额为150万元，并未安置残疾人，该单位2021年缴纳残疾人就业保障金20 250万元

【参考答案】C

【解析】根据《财政部关于调整残疾人就业保障金征收政策的公告》相关规定，自2020年1月1日起至2022年12月31日，在职职工人数在30人（含）以下的企业，暂免征收残疾人就业保障金。同时，将残保金由单一标准征收调整为分档征收，用人单位安排残疾人就业比例1%（含）以上但低于本省（区、市）规定比例的，三年内按应缴费额的50%征收；1%以下的，三年内按应缴费额的90%征收。AB选项不符合暂免征收条件；D选项符合减免条件，2021年实际缴纳0元。C选项：(10÷100×1.5% −0)×(600 000÷10)×90% =8 100元。

28. 下列不属于应缴文化事业建设费的服务内容有（　　）。

　　A. 广告代理　　　　　　　　　B. 广告设计

　　C. 广告宣传　　　　　　　　　D. 广告发布

【参考答案】 B

【解析】 广告服务是指利用图书、报纸、杂志、广播、电视、电影、幻灯、路牌、招贴、橱窗、霓虹灯、灯箱、互联网等各种形式为客户的商品、经营服务项目、文体节目或者通告、声明等委托事项进行宣传和提供相关服务的业务活动,包括广告代理和广告的发布、播映、宣传、展示等。

29. 自（　　）,对归属中央收入的文化事业建设费,按照缴纳义务人应缴费额的50%减征;对归属地方收入的文化事业建设费,各省（区、市）财政、党委宣传部门可以结合当地经济发展水平、宣传思想文化事业发展等因素,在应缴费额的50%的幅度内减征。

    A. 2019年1月1日至2024年12月31日
    B. 2019年7月1日至2024年12月31日
    C. 2019年1月1日至2025年12月31日
    D. 2019年7月1日至2025年12月31日

【参考答案】 B

【解析】 依据《财政部关于调整部分政府性基金有关政策的通知》（财税〔2019〕46号）第一条规定,自2019年7月1日至2024年12月31日,对归属中央收入的文化事业建设费,按照缴纳义务人应缴费额的50%减征;对归属地方收入的文化事业建设费,各省（自治区、直辖市）财政、党委宣传部门可以结合当地经济发展水平、宣传思想文化事业发展等因素,在应缴费额的50%的幅度内减征。

30. 文化事业费按提供广告服务、娱乐服务取得的计费销售额和（　　）的费率计征。

    A. 2%　　　　B. 3%　　　　C. 4%　　　　D. 5%

【参考答案】 B

【解析】 缴纳义务人应按照提供娱乐服务和广告服务取得的计费销售额和3%的费率计算应缴费额,计算公式为:应缴费额 = 计费销售额×3%。

31. 《财政部 国家税务总局关于营业税改征增值税试点有关文化事业建设费政策及征收管理问题的通知》（财税〔2016〕25号）明确,增值税小规模纳税人中月销售额不超过2万元（按季纳税6万元）的（　　）提供的应税服务,免征文化事业建设费。

    A. 企业和非企业性单位　　　　　　B. 缴纳义务人

C. 小规模纳税人　　　　　　　　D. 单位和个人

【参考答案】A

【解析】依据《财政部 国家税务总局关于营业税改征增值税试点有关文化事业建设费政策及征收管理问题的通知》(财税〔2016〕25号)，增值税小规模纳税人中月销售额不超过2万元（按季纳税6万元）的企业和非企业性单位提供的应税服务，免征文化事业建设费。

32. 以下不属于文化事业建设费征收对象的是（　　）。

　　A. 酒吧　　　　B. 网吧　　　　C. 夜总会　　　　D. 游艺

【参考答案】B

【解析】娱乐服务是指为娱乐活动同时提供场所和服务的业务，具体包括歌厅、舞厅、夜总会、酒吧、台球、高尔夫球、保龄球、游艺。

33. 某广告代理公司，2019年4月广告服务收入（含税）100万元，其中支付给某纳税人广告发布费40万元，并取得了对方开具的增值税专用发票，其当月应缴纳文化事业建设费（　　）万元。

　　A. 1.8　　　　B. 0.9　　　　C. 3　　　　D. 1.5

【参考答案】A

【解析】应缴文化事业建设费 =（100 - 40）× 3% = 1.8 万元。

34. 关于文化事业建设费征收管理，下列说法错误的是（　　）。

　　A. 文化事业建设费的扣缴义务发生时间，为缴纳义务人的增值税纳税义务发生时间
　　B. 文化事业建设费的扣缴义务人应当向其机构所在地或者居住地主管税务机关申报缴纳其扣缴的文化事业建设费
　　C. 缴纳人、扣缴人在办理税务登记或扣缴税款登记的同时，办理文化事业建设费登记
　　D. 不经常发生文化事业建设费应缴纳行为或按规定不需要办理税务登记、扣缴税款登记的缴纳人、扣缴人，应在首次文化事业建设费应缴纳行为发生前办理登记事项

【参考答案】D

【解析】不经常发生文化事业建设费应缴纳行为或按规定不需要办理税务登记、扣缴税款登记的缴纳人、扣缴人，可以在首次文化事业建设费应缴纳行为发生后，办理登记事项。

二、多选题

1. 缴纳教育费附加的缴费人包括（　　）。

   A. 缴纳消费税的单位和个人　　　　B. 缴纳烟叶税的单位和个人
   C. 缴纳环境保护税的单位和个人　　D. 缴纳增值税的单位和个人
   E. 收纳车船税的单位和个人

   【参考答案】AD

   【解析】《征收教育费附加的暂行规定》（中华人民共和国国务院令第448号）（2011年修订稿）第二条规定：凡缴纳消费税、增值税、营业税的单位和个人，除按照《国务院关于筹措农村学校办学经费的通知》（国发〔1984〕174号）的规定，缴纳农村教育事业费附加的单位外，都应当依照本规定缴纳教育费附加。

2. 地方教育附加实行专款专用，任何部门和单位不得有的行为包括（　　）。

   A. 挤占　　　B. 隐瞒　　　C. 截留　　　D. 挪用

   【参考答案】ACD

   【解析】地方教育附加实行专款专用，任何部门和单位不得挤占、截留、挪用。

3. 关于教育费附加的征收范围和征收标准，下列说法正确的有（　　）。

   A. 对实际缴纳增值税、消费税的单位和个人征收教育费附加
   B. 海关对进口产品征收的增值税、消费税应征收教育费附加
   C. 对缴纳了农村教育事业费附加的单位，不征收教育费附加
   D. 自2005年1月1日起，经国家税务总局正式审核批准的当期免抵的增值税额应纳入教育费附加的计征范围，按规定的费率征收教育费附加

   【参考答案】ACD

   【解析】依据《财政部关于征收教育费附加几个具体问题的通知》（财税〔1986〕120号）的规定，凡缴纳产品税、增值税、营业税的单位和个人，都应当依照规定征收教育费附加。但海关对进口产品征收的产品税、增值税，不征收教育费附加。

4. 对实行增值税期末留抵退税的纳税人，可以从计税（征）依据中扣除退还的增值税税额的有（　　）。

   A. 城市维护建设税　　　　B. 教育费附加
   C. 地方教育附加　　　　　D. 文化事业建设费

【参考答案】ABC

【解析】依据财税〔2018〕80号,自2018年7月27日起,对实行增值税期末留抵退税的纳税人,允许其从城市维护建设税、教育费附加和地方教育附加的计税(征)依据中扣除退还的增值税税额。

5. 关于文化事业建设费缴费人和扣缴义务人,下列说法正确的有(　　)。

　　A. 在我国境内提供广告服务的广告媒介单位应按照规定缴纳文化事业建设费

　　B. 在我国境内提供广告服务的户外广告经营单位应按照规定缴纳文化事业建设费

　　C. 在我国境内提供娱乐服务的单位应按照规定缴纳文化事业建设费

　　D. 在我国境内提供娱乐服务的个人,无须缴纳文化事业建设费

　　E. 我国境外的广告媒介单位和户外广告经营单位在境内提供广告服务,在境内未设有经营机构的,以广告服务接受方为文化事业建设费的扣缴义务人

【参考答案】ABCE

【解析】依据《财政部 国家税务总局关于营业税改征增值税试点有关文化事业建设费政策及征收管理问题的补充通知》(财税〔2016〕60号)的规定,在中华人民共和国境内提供娱乐服务的单位和个人,应按照本通知以及《财政部 国家税务总局关于营业税改征增值税试点有关文化事业建设费政策及征收管理问题的通知》(财税〔2016〕25号)的规定缴纳文化事业建设费。

6. 以下关于纳入产教融合型企业建设培育范围的试点企业规定正确的有(　　)。

　　A. 试点企业当年实际发生的,独立举办或参与举办职业教育的办学投资和办学经费支出允许抵免

　　B. 按照有关规定与职业院校稳定开展校企合作,对产教融合实训基地等国家规划布局的产教融合重大项目建设投资和基本运行费用的支出允许抵免

　　C. 试点企业当年应缴教育费附加和地方教育附加不足抵免的,未抵免部分可在以后5个纳税年度继续抵免

　　D. 试点企业有撤回投资和转让股权等行为的,应当补缴已经抵免的教育费附加和地方教育附加

　　E. 试点企业属于集团企业的,其下属全资子公司可按规定抵免教育费附

加和地方教育附加

【参考答案】ABD

【解析】依据《财政部关于调整部分政府性基金有关政策的通知》(财税〔2019〕46号)，自2019年1月1日起，纳入产教融合型企业建设培育范围的试点企业，兴办职业教育的投资符合本通知规定的，可按投资额的30%比例，抵免该企业当年应缴教育费附加和地方教育附加。试点企业属于集团企业的，其下属成员单位（包括全资子公司、控股子公司）对职业教育有实际投入的，可按本通知规定抵免教育费附加和地方教育附加。

允许抵免的投资是指试点企业当年实际发生的，独立举办或参与举办职业教育的办学投资和办学经费支出，以及按照有关规定与职业院校稳定开展校企合作，对产教融合实训基地等国家规划布局的产教融合重大项目建设投资和基本运行费用的支出。

7. 目前，废弃电器电子产品处理基金已开征的产品包括（　　）。

　　A. 电视机　　　　B. 电冰箱　　　　C. 洗衣机　　　　D. 电烤箱

【参考答案】ABC

【解析】根据《废弃电器电子产品处理目录（2014年版）》，电烤箱不属于废弃电子产品处理基金征收范围。

8. 关于废弃电器电子产品处理基金的缴纳义务人，下列说法正确的是（　　）。

　　A. 我国境内电器电子产品的自主品牌生产企业是基金的缴纳义务人

　　B. 我国境内电器电子产品的代工生产企业不是基金的缴纳义务人

　　C. 进口电器电子产品的收货人是基金的缴纳义务人

　　D. 进口电器电子产品收货人的代理人是基金的缴纳义务人

【参考答案】ACD

【解析】依据《废弃电器电子产品回收处理管理条例》第七条，国家建立废弃电器电子产品处理基金，用于废弃电器电子产品回收处理费用的补贴。电器电子产品生产者、进口电器电子产品的收货人或者其代理人应当按照规定履行废弃电器电子产品处理基金的缴纳义务。

9. 关于废弃电器电子产品处理基金的征收管理，下列说法正确的有（　　）。

　　A. 电器电子产品生产者应缴纳的基金，由税务局负责征收

　　B. 电器电子产品生产者按月申报缴纳基金。基金缴纳义务人应当自月度终了之日起15日内申报缴纳基金，向主管税务机关报送《废弃电器

电子产品处理基金申报表》

C. 进口电器电子产品的收货人或者其代理人应缴纳的基金，由海关负责征收

D. 进口电器电子产品的收货人或者其代理人在货物申报进口时缴纳基金

E. 税务局征收基金使用税收票证

【参考答案】ACDE

【解析】国家税务总局关于发布《废弃电器电子产品处理基金征收管理规定》的公告（国家税务总局公告2012年第41号）第十四条规定，基金缴纳义务人按季申报缴纳基金。基金缴纳义务人应当自季度终了之日起15日内申报缴纳基金，向主管税务机关报送《废弃电器电子产品处理基金申报表》。

10. 下列关于废弃电器电子产品处理基金缴纳义务发生时间的表述中正确的有（　　）。

A. 采取赊销和分期收款结算方式的，为书面合同约定的收款日期的当天

B. 采取赊销和分期收款结算方式，书面合同没有约定收款日期或者无书面合同的，为发出电器电子产品的当天

C. 采取预收货款结算方式的，为收到预收款的当天

D. 采取托收承付和委托银行收款方式的，为发出电器电子产品并办妥托收手续的当天

E. 采取其他结算方式的，为收讫销售款或者取得索取销售款凭据的当天

【参考答案】ABDE

【解析】国家税务总局关于发布《废弃电器电子产品处理基金征收管理规定》（国家税务总局公告2012年第41号）第八条规定，采取预收货款结算方式的，为发出电器电子产品的当天。

11. 废弃电器电子产品处理基金缴纳义务人将应征基金产品用于下列（　　）项目，基金缴纳义务的发生时间为移送使用的当天。

A. 提供劳务　　　　　　　　B. 样品

C. 赞助　　　　　　　　　　D. 职工福利

E. 生产应征基金产品

【参考答案】ABCD

【解析】国家税务总局关于发布《废弃电器电子产品处理基金征收管理规定》（国家税务总局公告2012年第41号）第六条规定，基金缴纳义务人将应

征基金产品用于生产非应征基金产品、在建工程、管理部门、非生产机构、提供劳务、馈赠、赞助、集资广告、样品、职工福利、奖励等方面，于移送使用时缴纳基金。其第八条第（三）款规定，基金缴纳义务人将应征基金产品用于本规定第六条规定情形的，为移送使用的当天。

12. 海关贸易方式为"进料加工"的，受托方受托加工业务免征废弃电器电子产品处理基金，应当同时符合的条件包括（　　）。

    A. 委托方拥有加工贸易业务批准证（已取消商务主管部门加工贸易业务批准证的省份除外）

    B. 受托方提供与委托方签订的加工贸易合同备案委托书、协议书等证明业务真实发生的资料

    C. 委托方进料加工手（账）册注明的加工单位是该受托方

    D. 受托方向委托方开具增值税专用发票收取加工费（含辅料费等相关费用）

    E. 原材料进口报关单上注明收货单位为该受托方

    【参考答案】ABCDE

    【解析】海关贸易方式为"进料加工"的，受托方受托加工业务免征基金，应当同时符合以下条件：（1）委托方拥有加工贸易业务批准证（已取消商务主管部门加工贸易业务批准证的省份除外）。（2）受托方提供与委托方签订的加工贸易合同备案委托书、协议书等证明业务真实发生的资料。（3）委托方进料加工手（账）册注明的加工单位是该受托方。（4）受托方向委托方开具增值税专用发票收取加工费（含辅料费等相关费用）。（5）原材料进口报关单上注明收货单位为该受托方。（6）委托方出口电器电子产品，出口报关单备案号栏中载明的加工手（账）册号与第（3）项中加工手（账）册号一致，且注明发货单位为该受托方。

13. 用人单位安排 1 名持有《中华人民共和国残疾人证》（　　）或《中华人民共和国残疾军人证》（　　）的人员就业的，按照安排 2 名残疾人就业计算。

    A. 1 级　　　　　　　　　　B. 1 级至 2 级

    C. 1 级至 3 级　　　　　　　D. 1 级至 4 级

    【参考答案】BC

    【解析】用人单位安排 1 名持有《中华人民共和国残疾人证》（1—2 级）

或《中华人民共和国残疾军人证》（1—3 级）的人员就业的，按照安排 2 名残疾人就业计算。

14. 用人单位遇不可抗力自然灾害或其他突发事件遭受重大直接经济损失，可以申请（　　）或者（　　）保障金。

    A. 缓缴　　　　　B. 减免　　　　　C. 免征　　　　　D. 退还

    【参考答案】AB

    【解析】用人单位遇不可抗力自然灾害或其他突发事件遭受重大直接经济损失，可以申请减免或者缓缴残保金。

15. 残疾人就业保障金专项可用于（　　）。

    A. 补贴残疾人职业培训费用

    B. 有偿扶持残疾人集体从业、个体经营

    C. 经同级财政部门批准，适当补助残疾人劳动就业服务机构经费开支

    D. 经本级人民政府批准，奖励安排残疾人就业有突出贡献的单位和个人

    【参考答案】ABCD

    【解析】依据《残疾人就业保障金征收使用管理办法》，保障金纳入地方一般公共预算统筹安排，主要用于支持残疾人就业和保障残疾人生活。支持方向包括：（1）残疾人职业培训、职业教育和职业康复支出。（2）残疾人就业服务机构提供残疾人就业服务和组织职业技能竞赛（含展能活动）支出。补贴用人单位安排残疾人就业所需设施设备购置、改造和支持性服务费用。补贴辅助性就业机构建设和运行费用。（3）残疾人从事个体经营、自主创业、灵活就业的经营场所租赁、启动资金、设施设备购置补贴和小额贷款贴息。各种形式就业残疾人的社会保险缴费补贴和用人单位岗位补贴。扶持农村残疾人从事种植、养殖、手工业及其他形式生产劳动。（4）奖励超比例安排残疾人就业的用人单位，以及为安排残疾人就业做出显著成绩的单位或个人。（5）对从事公益性岗位就业、辅助性就业、灵活就业，收入达不到当地最低工资标准、生活确有困难的残疾人的救济补助。（6）经地方人民政府及其财政部门批准用于促进残疾人就业和保障困难残疾人、重度残疾人生活等其他支出。

16. 残疾人就业保障金计算公式中，从业残疾职工必须同时具备的条件是（　　）。

    A. 符合国家法定就业年龄

B. 在用人单位工作满一年

C. 与用人单位依法签订劳动合同，依法享有劳动报酬、基本社会保险

D. 符合《中国残疾人实用评定标准》

【参考答案】ACD

【解析】用人单位将残疾人录用为在编人员或依法与就业年龄段内的残疾人签订1年以上（含1年）劳动合同（服务协议），且实际支付的工资不低于当地最低工资标准，并足额缴纳社会保险费的，方可计入用人单位所安排的残疾人就业人数。

17. （　　）等用人单位安排残疾人就业达不到其所在省、自治区、直辖市人民政府规定比例的，应当缴纳残疾人就业保障金。

　　A. 机关　　　　　　　　　　B. 团体

　　C. 企业　　　　　　　　　　D. 民办非企业单位

　　E. 事业单位

【参考答案】ABCDE

【解析】残保金的缴费主体是未按规定安排残疾人就业的机关、团体、企业、事业单位和民办非企业单位，包括个人独资企业、合伙企业。

18. 从2020年1月1日起，残保金由单一标准征收调整为分档征收。下列说法正确的有（　　）。

　　A. 用人单位安排残疾人就业比例达到1%（含）以上但低于1.5%的，三年内按应缴费额的50%征收

　　B. 用人单位安排残疾人就业比例达到1%（含）以上但低于1.5%的，三年内免征残保金

　　C. 用人单位安排残疾人就业比例1%以下的，三年内按应缴费额的90%征收

　　D. 用人单位安排残疾人就业比例1%以下的，三年内按应缴费额的50%征收

【参考答案】AC

【解析】依据《关于完善残疾人就业保障金制度　更好促进残疾人就业的实施意见》自2020年1月1日起至2022年12月31日，将残保金由单一标准征收调整为分档征收，用人单位安排残疾人就业比例1%（含）以上但低于1.5%的，按应缴费额的50%征收；1%以下的，按应缴费额的90%征收。

19. 下列选项中，属于文化事业建设费征收对象的有（　　）。

   A. 广告媒介单位　　　　　　　　B. 广告经营单位
   C. 各种营业性的歌厅　　　　　　D. 教育培训机构

   【参考答案】ABC

   【解析】在中华人民共和国境内提供娱乐服务的单位和个人、提供广告服务的广告媒介单位和户外广告经营单位，应按照规定缴纳文化事业建设费。

20. 下列说法正确的有（　　）。

   A. 文化事业建设费缴纳义务发生时间和地点，与缴纳义务人的增值税纳税义务发生时间和纳税地点相同
   B. 文化事业建设费缴纳的期限与缴纳义务人的增值税纳税期限相同
   C. 文化事业建设费缴纳义务人减除价款的，应当取得增值税专用发票或国家税务总局规定的其他合法有效凭证
   D. 增值税小规模纳税人月销售额不超过3万元的企业和非企业性单位提供的应税服务，免征文化事业建设费

   【参考答案】ABC

   【解析】提供应税服务未达到增值税起征点的个人，免征文化事业建设费，起征点仍然是2万元。

21. 文化事业建设费征收范围包括（　　）。

   A. 在中华人民共和国境内提供娱乐服务的单位和个人
   B. 在中华人民共和国境内提供广告服务的广告媒介单位和户外广告经营单位
   C. 在中华人民共和国境内提供广告制作的广告传媒单位和户外广告经营单位
   D. 在中华人民共和国境内提供广告服务的个体工商户和个人

   【参考答案】AB

   【解析】文化事业建设费征收范围为在中华人民共和国境内提供娱乐服务的单位和个人、提供广告服务的广告媒介单位和户外广告经营单位。

22. 关于文化事业建设费的以下说法中错误的是（　　）。

   A. 提供娱乐服务未达到增值税起征点的个人，免征增值税，但不免征文化事业建设费
   B. 文化事业建设费的计费依据包含增值税

C. 文化事业建设费的申报期期限与增值税的申报期期限一致

D. 从事广告业未办理税务登记的临时纳税人就广告业收入申请代开发票的，预缴增值税税款时，应同时缴纳文化事业建设费

【参考答案】AD

【解析】根据《财政部 国家税务总局关于营业税改征增值税试点有关文化事业建设费政策及征收管理问题的补充通知》（财税〔2016〕60号）的规定，未达到增值税起征点的缴纳义务人，免征文化事业建设费。另外，提供广告服务的广告媒介单位和户外广告经营单位需要缴纳文化事业建设费，个人无须缴纳；也并不是所有广告业收入都需要，只有符合"广告服务"范围内的服务（具体指利用图书、报纸、杂志、广播、电视、电影、幻灯、路牌、招贴、橱窗、霓虹灯、灯箱、互联网等各种形式为客户的商品、经营服务项目、文体节目或者通告、声明等委托事项进行宣传和提供相关服务的业务活动）才需要缴纳。

23. 文化事业建设费的扣缴义务人应当向其（　　）或者（　　）主管税务机关申报缴纳其扣缴的文化事业建设费。

　　A. 机构所在地　　　　　　　B. 经营活动地
　　C. 经营核算地　　　　　　　D. 居住地

【参考答案】AD

【解析】文化事业建设费的扣缴义务人应当向其机构所在地或者居住地主管税务机关申报缴纳其扣缴的文化事业建设费。

24. 文化事业建设费征收依据是广告服务和娱乐服务收入，其中广告服务收入包括（　　）。

　　A. 广告设计收入　　　　　　B. 广告策划收入
　　C. 广告代理收入　　　　　　D. 广告播映收入

【参考答案】CD

【解析】广告服务是指利用图书、报纸、杂志、广播、电视、电影、幻灯、路牌、招贴、橱窗、霓虹灯、灯箱、互联网等各种形式为客户的商品、经营服务项目、文体节目或者通告、声明等委托事项进行宣传和提供相关服务的业务活动，包括广告代理和广告的发布、播映、宣传、展示等。

25. 以下娱乐服务需要缴纳文化事业建设费的是（　　）。

　　A. 歌舞厅　　　B. 酒吧　　　C. 棋牌室　　　D. 台球

【参考答案】ABD

【解析】娱乐服务是指为娱乐活动同时提供场所和服务的业务，具体包括歌厅、舞厅、夜总会、酒吧、台球、高尔夫球、保龄球、游艺。

26. 下列有关文化事业建设费的说法中正确的有（   ）。

    A. 文艺表演、体育表演属于娱乐服务，属于征缴文化事业建设费的范围
    B. 广告服务业的征缴范围包括个人，而娱乐业不包括
    C. 广告咨询收入、广告制作收入不需要缴纳文化事业建设费
    D. 提供台球、高尔夫球、保龄球等娱乐服务的单位和个人需缴纳文化事业建设费

【参考答案】CD

【解析】体育表演不属于娱乐服务，娱乐业的征缴范围包括个人，而广告服务业不包括。

27. 关于文化事业建设费征收管理，下列说法正确的是（   ）。

    A. 文化事业建设费的扣缴义务发生时间，为缴纳义务人的增值税纳税义务发生时间
    B. 文化事业建设费的扣缴义务人应当向其机构所在地或者居住地主管税务机关申报缴纳其扣缴的文化事业建设费
    C. 缴纳人、扣缴人在办理税务登记或扣缴税款登记的同时，办理文化事业建设费登记
    D. 不经常发生文化事业建设费应缴纳行为或按规定不需要办理税务登记、扣缴税款登记的缴纳人、扣缴人，应在首次文化事业建设费应缴纳行为发生前办理登记事项

【参考答案】ABC

【解析】依据《国家税务总局关于营业税改征增值税试点有关文化事业建设费登记与申报事项的公告》（国家税务总局公告 2013 年第 64 号）的规定：不经常发生文化事业建设费应缴纳行为或按规定不需要办理税务登记、扣缴税款登记的缴纳人、扣缴人，可以在首次文化事业建设费应缴纳行为发生后，办理登记事项。

三、判断题

1. 实行免抵退的生产企业应就当期实际缴纳的增值税、消费税税额为计税依

据缴纳教育费附加。   （ ）

【参考答案】×

【解析】应以其增值税税额、当期免抵税额、消费税税额为计税依据缴纳教育费附加。

2. 教育费附加、地方教育附加属于增值税的附加税费，因此，只要缴纳增值税，则必须缴纳相应的教育费附加和地方教育附加。   （ ）

【参考答案】×

【解析】自2016年2月1日起，将免征教育费附加、地方教育附加、水利基金的范围，由现行按月纳税的月销售额或营业额不超过3万元（按季度纳税的季度销售额或营业额不超过9万元）的缴纳义务人，扩大到按月纳税的月销售额或营业额不超过10万元（按季度纳税的季度销售额或营业额不超过30万元）的缴纳义务人。

3. 地方教育附加收入是指各个省按规定征收的专门用于支持地方教育事业发展的专项基金，属于地方收入科目，其多征、减征、缓征、停征由各省自行决定。   （ ）

【参考答案】×

【解析】未经财政部或国务院批准，不得擅自多征、减征、缓征、停征。

4. 教育费附加、地方教育附加、教育资金收入均是用于教育事业发展的政府专项收入，以实际缴纳的增值税、消费税为计税依据。   （ ）

【参考答案】×

【解析】教育资金收入是从土地出让收益中计提的用于教育事业发展的教育资金。

5. 废弃电器电子产品处理基金缴纳义务人受托加工生产应征基金产品的，不论原料和主要材料由何方提供，不论在财务上是否做销售处理，均由受托方缴纳基金。   （ ）

【参考答案】√

【解析】依据《废弃电器电子产品处理基金征收使用管理办法》的规定。

6. 电器电子产品生产者生产用于出口的电器电子产品减半征收废弃电器电子产品处理基金。   （ ）

【参考答案】×

【解析】电器电子产品生产者生产用于出口的电器电子产品免征废弃电器

电子产品处理基金。

7. 残疾人就业保障金实行按年征收,当年申报所属期为上一年度残保金。
   (　)

   【参考答案】√

   【解析】略。

8. 残疾人就业保障金属于非税收入,按一般公共预算方式缴入中央国库。
   (　)

   【参考答案】×

   【解析】残疾人就业保障金纳入地方一般公共预算统筹安排,主要用于支持残疾人就业和保障残疾人生活。

9. 自2020年1月1日起至2021年12月31日,对残疾人就业保障金实行分档减缴政策。 (　)

   【参考答案】×

   【解析】自2020年1月1日起至2022年12月31日,对残疾人就业保障金实行分档减缴政策。

10. 残疾人就业保障金逾期仍不缴纳的,除补缴欠缴数额外,还应当自欠缴之日起,按日加收0.5‰的滞纳金。 (　)

    【参考答案】×

    【解析】用人单位未按规定缴纳残保金的,按照《残疾人就业条例》的规定,由残保金征收机关提交财政部门,由财政部门予以警告,责令限期缴纳;逾期仍不缴纳的,除补缴欠缴数额外,还应当自欠缴之日起,按日加收5‰的滞纳金。

11. 残疾人保障金按上年用人单位安排残疾人就业未达到规定比例的差额人数和本单位在职职工年平均工资之积计算缴纳。 (　)

    【参考答案】√

    【解析】略。

12. 用人单位跨地区招用残疾人的,不计入所安排的残疾人职工人数之内。
    (　)

    【参考答案】×

    【解析】用人单位跨地区招用残疾人的,应当计入所安排的残疾人职工人数。

13. 集中使用残疾人的用人单位中从事全日制工作的残疾人职工,应当占本单

位在职职工总数的20%以上。（　　）

【参考答案】×

【解析】集中使用残疾人的用人单位中从事全日制工作的残疾人职工，应当占本单位在职职工总数的25%以上。

14. 保障金年缴纳额=（上年用人单位在职职工人数×所在省、自治区、直辖市人民政府规定的安排残疾人就业比例－本年用人单位实际安排的残疾人就业人数）×上年用人单位在职职工年平均工资。（　　）

【参考答案】×

【解析】残疾人保障金年缴纳额=（上年用人单位在职职工人数×所在省、自治区、直辖市人民政府规定的安排残疾人就业比例－上年用人单位实际安排的残疾人就业人数）×上年用人单位在职职工年平均工资。

15. 用人单位安排残疾人就业未达到规定比例的差额人数，计算结果应四舍五入为整数。（　　）

【参考答案】×

【解析】用人单位安排残疾人就业未达到规定比例的差额人数，即按小数计算。

16. 残保金优惠政策实行缴费人自行申报即享受，相关资料缴费人留存备查方式。（　　）

【参考答案】√

【解析】略。

17. 缴费人在2020年补申报所属期2018年残保金享受分档减缴政策。（　　）

【参考答案】×

【解析】自2020年1月1日起至2022年12月31日，对残疾人就业保障金实行分档减缴政策。

18. 用人单位依法以劳务派遣方式接受残疾人在本单位就业的，可记入派遣单位的用工人数。（　　）

【参考答案】×

【解析】用人单位依法以劳务派遣方式接受本省户籍的残疾人在本单位就业的，可记入派遣单位或接受单位的用工人数，具体由双方协商确定。

19. 一般用人单位安排残疾人就业未达到规定比例的，应当按照实际人数依法

缴纳残疾人就业保障金。（　　）

【参考答案】×

【解析】一般用人单位安排残疾人就业未达到规定比例的，应当按照实际差额人数依法缴纳残疾人就业保障金。

20. 用人单位跨地区招用残疾人的，不得计入所安排的残疾人就业人数。（　　）

【参考答案】×

【解析】用人单位跨地区招用残疾人的，应当计入所安排的残疾人就业人数。

21. 用人单位安排残疾人就业未达到规定比例的差额人数，残疾人就业保障金计算时，差额人数需为整数。（　　）

【参考答案】×

【解析】用人单位安排残疾人就业未达到规定比例的差额人数，以计算结果为准，可以不是整数。

22. 残疾人就业保障金征收机关应当定期对用人单位进行检查。发现用人单位申报不实、少缴纳保障金的，征收机关应当催报并追缴保障金。（　　）

【参考答案】√

【解析】略。

23. 用人单位应按规定时限如实向残疾人就业服务机构申报当年本单位安排的残疾人就业人数。未在规定时限申报的，视为未安排残疾人就业。（　　）

【参考答案】×

【解析】用人单位应按规定时限如实向残疾人就业服务机构申报上年本单位安排的残疾人就业人数。未在规定时限申报的，视为未安排残疾人就业。

24. 自 2020 年 1 月 1 日起至 2022 年 12 月 31 日，自工商注册登记之日起 3 年内，对在职职工总数 30 人（含）以下的企业，暂免征收残保金。（　　）

【参考答案】×

【解析】自 2020 年 1 月 1 日起至 2022 年 12 月 31 日，对在职职工总数 30 人（含）以下的企业，暂免征收残保金。

25. 文化事业建设费只针对广告业和娱乐业征收，广告业只针对单位，娱乐业包括单位和个人。（　　）

【参考答案】√

【解析】略。

26. 未达到增值税起征点的缴纳义务人,免征文化事业建设费。( )

【参考答案】√

【解析】略。

27. 从 2019 年 7 月 1 日起至 2024 年年底对中央所属企事业单位减半征收文化事业建设费,并授权各省(区、市)在 50% 的幅度内对地方企事业单位和个人减征此项收费。( )

【参考答案】√

【解析】略。

28. 娱乐服务业文化事业建设费计费销售额为缴纳义务人提供娱乐服务取得的全部不含税价款和价外费用,减除支付给其他广告公司或广告发布者的不含税广告发布费后的余额。( )

【参考答案】×

【解析】广告服务计费销售额,为缴纳义务人提供广告服务取得的全部含税价款和价外费用,减除支付给其他广告公司或广告发布者的含税广告发布费后的余额。

29. 广告制作行业属于文化事业建设费的征收范围。( )

【参考答案】×

【解析】广告服务包括广告代理和广告的发布、播映、宣传、展示等。

30. 外商投资企业、外国企业和外籍个人,应当依照规定缴纳文化事业建设费。
( )

【参考答案】√

【解析】略。

31. 文化事业建设费的缴纳义务发生时间和缴纳地点,与缴纳义务人的增值税纳税义务发生时间和纳税地点相同。( )

【参考答案】√

【解析】略。

32. 中华人民共和国境外的广告媒介单位和户外广告经营单位在境内提供广告服务,在境内未设有经营机构的,以广告服务提供方为文化事业建设费的扣缴义务人。( )

【参考答案】×

【解析】中华人民共和国境外的广告媒介单位和户外广告经营单位在境内提供广告服务，在境内未设有经营机构的，以广告服务接受方为文化事业建设费的扣缴义务人。

33. 缴纳人、扣缴人应在办理税务登记或扣缴税款登记的 15 日内，办理文化事业建设费登记。（   ）

【参考答案】×

【解析】国家税务总局公告 2013 年第 64 号规定，缴纳人、扣缴人在办理税务登记或扣缴税款登记的同时，办理文化事业建设费登记。

34. 试点企业有撤回兴办职业教育相关投资和转让股权等行为的，应当补缴已经抵免的教育费附加和地方教育附加。（   ）

【参考答案】√

【解析】略。

四、综合题

1. 位于市区的某集团总部为增值税一般纳税人，2019 年 6 月内销一批服装，向客户开具的增值税专用发票的金额栏中分别注明了价款 300 万元、折扣额 30 万元。（其他相关资料：销售货物的增值税税率为 13%）。

   不考虑扣缴因素，计算当期应缴纳的教育费附加及地方教育附加。

   【答案与解析】当期教育费附加 =（300 − 30）× 13% × 3% = 1.053（万元）

   当期地方教育费附加 =（300 − 30）× 13% × 2% = 0.702（万元）

2. 某企业 2020 年度在职职工 80 人，年度职工工资总额为 1 137.59 万元，经当地残疾人联合会核实，该企业 2020 年度已安排 1 名残疾人就业。请问，该企业是否需要缴纳残疾人就业保障金？如果需要，应缴纳多少？（已知当地 2020 年社会平均工资为 60 340.2 元/年，已安置的 1 名残疾人不属于《财政部 国家税务总局 中国残疾人联合会关于印发〈残疾人就业保障金征收使用管理办法〉的通知》（财税〔2015〕72 号）规定按照安排 2 名残疾人就业计算的情形）

   【答案与解析】已知该企业 2020 年度已安排 1 名残疾人就业，安置残疾人就业规定比例为 1.5%。

   1 ÷ 80 × 100% = 1.25%；1% < 1.25% < 1.5%

则该企业应缴纳残疾人就业保障金，可享受按规定应缴费额的50%缴纳残疾人就业保障金政策。

已知该企业2020年度在职职工80人，当地年社会平均工资为60 340.2元，年度职工工资总额为1 137.59万元。

1 137.59×10 000÷80＝142 198.75（元）

60 340.2×2＝120 680.4（元）

142 198.75（元）＞120 680.4（元）

则征收标准上限应为当地社会平均工资的两倍，即120 680.4元。

（80×1.5%－1）×120 680.4×50%＝12 068.04（元）

综上，该企业应缴纳2020年度残疾人就业保障金，应缴纳金额为12 068.04元。

3. 某小规模纳税人从事广告经营，2019年10—12月取得广告服务收入61.8万元，支付给某电视台播映费22.6万元，请问该小规模纳税人当季度应缴纳的文化事业建设费。

【答案与解析】（61.8－22.6）×3%×50%＝0.588万元。文化事业建设费按含税销售额减除支付给其他广告公司或广告发布者的含税广告发布费后的余额为计税依据。

4. 某外贸企业是增值税一般纳税人，2020年7月取得销售收入1 500万元（其中出口收入500万元），出租房屋收入50万元，转让旧设备40万元，接受捐赠收入100万元，政府补助收入50万元，罚没收入1万元，进口一批商品时缴纳进口增值税20万元和进口消费税15万元，当月核准免抵增值税50万元后申报缴纳增值税10万元，请计算该公司当月应缴纳的附加税费。

【答案与解析】教育费附加＝（50＋10）×3%＝1.8（万元）

地方教育附加＝（50＋10）×2%＝1.2（万元）

地方水利建设基金＝（1 500－500＋50）×0.06%＝0.63（万元）

（1）进口增值税和消费税不征两项附加，免抵增值税和实缴增值税需计缴两项附加。

（2）转让旧设备、接受捐赠收入、政府补助收入和罚没收入属于营业外收入，不计缴地方水利建设基金；房屋租赁收入属于其他业务收入，应作为营业收入计缴地方水利建设基金；外贸企业出口收入免征地方水利建设基金。

5. 甲公司2020年在职职工102人，其中持有残疾证员工1人，接受劳务派遣用工20人，在职职工年平均5.95万，计算2020年应申报缴纳的残疾人保障金金额。

（1）假设当地年平均工资3万元，请计算应缴纳的残保金金额。

（2）假设当地平均工资2万元，请计算应缴纳的残保金金额。

（3）请写出本业务涉及的会计分录。

【答案与解析】

（1）假设当地年平均工资为3万元。

用人单位在职职工年平均工资5.95 < 3×2 = 6万元，用人单位在职职工年平均工资未超过当地社会平均工资（用人单位所在地统计部门公布的上年度城镇单位就业人员平均工资）2倍（含）的，按用人单位在职职工年平均工资计征残疾人就业保障金。

保障金年缴纳额 =（上年用人单位在职职工人数×所在省、自治区、直辖市人民政府规定的安排残疾人就业比例 - 上年用人单位实际安排的残疾人就业人数）× 上年用人单位在职职工年平均工资 = [（102 - 20）× 1.5% - 1] × 59 500 = 13 685元。

自2020年1月1日起至2022年12月31日，对残疾人就业保障金实行分档减缴政策。其中：用人单位安排残疾人就业比例达到1%（含）以上，但未达到所在省、自治区、直辖市人民政府规定比例的，按规定应缴费额的50%缴纳残疾人就业保障金；用人单位安排残疾人就业比例在1%以下的，按规定应缴费额的90%缴纳残疾人就业保障金。

自2020年1月1日起至2022年12月31日，在职职工人数在30人（含）以下的企业，暂免征收残疾人就业保障金。

叠加优惠政策2020年度应缴纳残保金金额 = 13 685 × 50% = 6 842.5（元）

（2）假设当地年平均工资为2万元。

用人单位在职职工年平均工资5.95 > 2×2 = 4万元，用人单位在职职工年平均工资超过当地社会平均工资2倍的，按当地社会平均工资2倍计征残疾人就业保障金。

保障金年缴纳额 =（82 × 1.5% - 1）× 40 000 = 9 200（元）

叠加优惠政策9 200 × 50% = 4 600（元）

（3）会计分录

计算应交时：

借：管理费用——残疾人就业保障金　　　　　　　　　4 600

　　贷：应交税费——残疾人就业保障金　　　　　　　4 600

实际缴纳时：

借：应交税费——残疾人就业保障金　　　　　　　　　4 600

　　贷：银行存款　　　　　　　　　　　　　　　　　4 600

第三章 2019—2020年划转税务机关征收的非税收入

第一部分 知识结构

根据党中央、国务院关于政府非税收入征管职责划转的有关要求，国家税务总局发布了《关于国家重大水利工程建设基金等政府非税收入项目征管职责划转有关事项的公告》（国家税务总局公告2018年第63号），该公告规定，自2019年1月1日起，原由财政部驻地方财政监察专员办事处负责征收的国家重大水利工程建设基金、农网还贷资金、可再生能源发展基金、中央水库移民扶持基金（含大中型水库移民后期扶持基金、三峡水库库区基金、跨省际大中型水库库区基金）、三峡电站水资源费、核电站乏燃料处理处置基金、核事故应急准备专项收入、免税商品特许经营费、石油特别收益金、油价调控风险准备金，以及国家留成油收入，划转至税务部门征收。

根据《国家税务总局关于水利建设基金等政府非税收入项目征管职责划转有关事项的公告》（国家税务总局公告2020年第2号）的规定，自2020年起，地方政府及有关部门负责征收的国家重大水利工程建设基金，以及向企事业单位和个体经营者征收的水利建设基金，划转至税务部门征收。

本章主要内容包括国家重大水利工程建设基金、地方水利基金、农网还贷资金、可再生能源发展基金、中央水库移民扶持基金（含大中型水库移民后期扶持基金、三峡水库库区基金、跨省际大中型水库库区基金）、三峡电站水资源费、核电站乏燃料处理处置基金、核事故应急准备专项收入、免税商品特许经营费、石油特别收益金、油价调控风险准备金，以及国家留成油收入。

第三章　2019—2020年划转税务机关征收的非税收入

【本章思维导图】

2019—2020年划转税务机关征收的非税收入
- 国家重大水利工程建设基金
- 地方水利基金
- 农网还贷资金
- 可再生能源发展基金
- 中央水库移民扶持基金
- 三峡电站水资源费
- 核电站乏燃料处理处置基金
- 核事故应急准备专项收入
- 免税商品特许经营费
- 石油特别收益金
- 油价调控风险准备金
- 国家留成油收入

【知识要点】

一、国家重大水利工程建设基金

国家重大水利工程建设基金（简称"重大水利基金"）是国家为支持南水北调工程建设、解决三峡工程后续问题以及加强中西部地区重大水利工程建设而设立的政府性基金。

1. 征收管理

（1）征收标准。

重大水利基金在除西藏自治区以外的全国范围内筹集，按照各省、自治区、直辖市扣除国家扶贫开发工作重点县农业排灌用电后的全部销售电量和规定征收标准计征。各省、自治区、直辖市全部销售电量包括省级电网企业销售给电力用户的电量、省级电网企业扣除合理线损后的趸售电量（即实际销售给转供单位的电量）、省级电网企业销售给子公司的电量和对境外销售电量、企业自备电厂自发自用电量、地方独立电网销售电量（不含省级电网企业销售给地方独立电网企业的电量）。跨省（自治区、直辖市）电力交易，计入受电省份销售电量。

国家重大水利工程建设基金征收至2025年12月31日。自2020年1月1日起，缴入中央国库的国家重大水利工程建设基金，根据国务院批复的相关规划，统筹用于南水北调工程和三峡后续工作等。具体资金分配根据基金年度实际征收情况，以及国务院批复的南水北调工程和三峡后续工作相关规划的资金落实情况等统筹安排。

（2）征收方式。

除企业自备电厂自发自用电量和地方独立电网销售电量外，重大水利基金由省级电网企业在向电力用户收取电费时一并代征。北京、天津、河北、河南、山东、江苏、上海、浙江、安徽、江西、湖北、湖南、广东、重庆14个南水北调和三峡工程直接受益省（市）电网企业代征的重大水利基金，自2019年1月1日起划转至税务部门征收，并全额上缴中央国库。山西、内蒙古、辽宁、吉林、黑龙江、福建、广西、海南、四川、贵州、云南、陕西、甘肃、青海、宁夏、新疆16个南水北调和三峡工程非直接受益省份或自治区电网企业代征的重大水利基金，自2020年起，划转至税务部门征收，并全额上缴省级国库。

对企业自备电厂自发自用电量和地方独立电网销售电量应缴纳的重大水利基金，按照管理办法划分的省份原分别由驻当地专员办和省级财政部门直接征收，并分别缴入中央和省级国库。目前，已划转至税务部门征收。缴费人采用自行申报方式办理重大水利基金申报缴纳等有关事项，相关电网企业按照现行规定进行代征，并向税务部门申报缴纳。

（3）核算规定。

省级电网企业应将代征的重大水利基金与其正常业务收入分别核算。省级电网企业、拥有自备电厂企业和地方独立电网企业应及时足额上缴重大水利基金，不得拖延缴纳，如逾期不缴纳的，应责令其限期缴纳，并从滞纳之日起按日加收滞纳部分2‰的滞纳金。滞纳金纳入本金一并核算。

2. 使用管理

重大水利基金按下列规定进行分配和使用：缴入中央国库的重大水利基金，纳入中央财政预算管理，由中央财政安排用于南水北调工程建设、三峡工程后续工作和支付三峡工程公益性资产运行维护费用、支付重大水利基金代征手续费。其中：南水北调工程建设与三峡工程后续工作之间的分配比例另行规定。缴入省级国库的重大水利基金，纳入省级财政预算管理，专项用于本地重大水利工程建设。

用于南水北调工程建设的重大水利基金，由南水北调工程项目法人根据工程建设进度提出年度投资建议，报国务院南水北调办审查，并由国务院南水北调办编制重大水利基金年度支出预算，报财政部审核。财政部根据批准的年度投资计划、基金收支预算和基金实际征收入库情况安排资金。

3. 监督管理

各级财政、税务、发展改革、水利、审计、监察部门应按照职责分工，加强对重大水利基金征收、拨付、使用和管理情况的监督检查，确保基金按规定征缴和使用。

对违反规定，多征、减征、缓征、停征，或者侵占、截留、挪用重大水利基金的单位及责任人，依照《财政违法行为处罚处分条例》和《违反行政事业性收费和罚没收入收支两条线管理规定行政处分暂行规定》进行处罚或行政处分，构成犯罪的，依法追究刑事责任。

【单选题】国家重大水利建设基金的计费依据为各省、自治区、直辖市扣除国家扶贫开发工作重点县农业排灌用电后的全部销售电量。不包括（　　）。

A. 企业自备电厂自发自用电量

B. 省级电网企业扣除合理线损后的趸售电量

C. 省级电网企业销售给子公司的电量和对境外销售电量

D. 省级电网企业销售给地方独立电网企业的电量

【参考答案】D

【解析】国家重大水利建设基金的计费依据为各省、自治区、直辖市扣除国家扶贫开发工作重点县农业排灌用电后的全部销售电量。全部销售电量包括：省级电网企销售给电力用户的电量；省级电网企业扣除合理线损后的趸售电量（即实际销售给转供单位的电量）；省级电网企业销售给子公司的电量和对境外销售电量；企业自备电厂自发自用电量；地方独立电销售电量（不含省级电网企业销售给地方独立电网企业的电量）跨省（自治区、直辖市）电力交易，计入受电省份销售电量。

【多选题】国家重大水利工程建设基金的征收对象包括（　　）。

A. 省级电网企业　　　　　　　B. 地方独立电网企业

C. 发电企业　　　　　　　　　D. 拥有自备电厂企业

【参考答案】ABD

【解析】国家重大水利工程建设基金的征收对象包括省级电网企业、地方独立电网企业、拥有备电厂企业（由省级电网企业代征）。

【判断题】对国家重大水利工程建设基金减半征收教育费附加。（　　）

【参考答案】×

【解析】根据《财政部 国家税务总局关于免征国家重大水利工程建设基金的城市维护建设税和育费附加的通知》（财税〔2010〕44号）的规定，自2010年5月25起，经国务院批准，为支持国家重大水利工程建设，对国家重大水工程建设基金免征城市维护建设税和教育费附加。

二、水利建设基金

水利建设基金是指用于水利建设的专项资金，由中央水利建设基金和地方水利建设基金组成。中央水利建设基金主要用于关系国民经济和社会发展全局的大江大河重点工程的维护和建设。地方水利建设基金主要用于城市防洪及中小河流、湖泊的治理、维护和建设。跨流域、跨省（自治区、直辖市）的重大水利建设工程和跨国河流、国界河流我方重点防护工程的治理费用由中央和地方共同负担。

1. 征收管理

中央水利建设基金的来源包括：从车辆购置税收入中定额提取；从铁路建设基金、港口建设费收入中提取3%；经国务院批准的其他可用于水利建设基金的资金。地方水利建设基金的来源包括：从地方收取的政府性基金和行政事业性收费收入中提取3%（应提取水利建设基金的地方政府性基金和行政事业性收费项目包括：车辆通行费、城市基础设施配套费、征地管理费，以及省、自治区、直辖市人民政府确定的政府性基金和行政事业性收费项目）；经财政部批准，各省、自治区、直辖市向企事业单位和个体经营者征收的水利建设基金；地方人民政府按规定从中央对地方成品油价格和税费改革转移支付资金中足额安排资金，划入水利建设基金；有重点防洪任务和水资源严重短缺的城市要从征收的城市维护建设税中划出不少于15%的资金，用于城市防洪和水源工程建设，具体比例由省、自治区、直辖市人民政府确定。有重点防洪任务的城市包括：北京、天津、沈阳、盘锦、长春、吉林、哈尔滨、齐齐哈尔、佳木斯、郑州、开封、济南、合肥、芜湖、安庆、淮南、蚌埠、上海、南京、武汉、黄石、荆州、南昌、九江、长沙、岳阳、成都、广州、南宁、梧州、柳州，以及省、自治区、直辖市人民政府确定的有重点防洪任务的其他城市。水资源严重短缺的城市，由省、自治区、直辖市人民政府确定。

2. 使用管理

水利建设基金按下列规定安排使用：

（1）中央水利建设基金专项用于：关系经济社会发展全局的防洪和水资源配置工程建设及其他经国务院批准的水利工程建设；中央水利工程维修养护；防汛应急度汛。资金使用结构为：55%用于水利工程建设；30%用于水利工程维修养护；15%用于应急度汛，各部分资金结余可统筹安排使用。

（2）地方水利建设基金专项用于：大江大河主要支流、中小河流、湖泊治理；病险水库除险加固；城市防洪设施建设；地方水资源配置工程建设；地方重点水土流失防治工程建设；农村饮水和灌区节水改造工程建设；地方水利工程维修养护和更新改造；防汛应急度汛；其他经省级人民政府批准的水利工程项目。

水利建设基金收支纳入政府性基金预算管理，实行专款专用，年终结余结转下年度安排使用。

各级水利行政主管部门根据水利建设规划，编制年度水利建设基金支出预算，经同级财政部门审核后，纳入政府性基金预算。财政部门根据批准的水利建设基金预算和基金实际征收入库情况拨付资金。其中，水利建设基金用于固定资产投资项目，要纳入固定资产投资计划。

3. 监督检查

任何部门和单位不得多征、减征、缓征、停征，或者侵占、截留、挪用水利建设基金。各级财政、税务、发展改革、审计部门要加强对水利建设基金筹集、拨付和使用情况的监督检查，违反规定的要严肃处理。

【单选题】下列不属于地方水利建设基金专项用途的是（　　）。
A. 农村饮水和灌区节水改造工程建设　　B. 城市防洪设施建设
C. 地方水资源配置工程建设　　D. 河流污染治理
【参考答案】D
【解析】地方水利建设基金专项用于：大江大河主要支流、中小河流、湖泊治理；病险水库除险加固；城市防洪设施建设；地方水资源配置工程建设；地方重点水土流失防治工程建设；农村饮水和灌区节水改造工程建设；地方水利工程维修养护和更新改造；防汛应急度汛；其他经省级人民政府批准的水利工程项目。

【多选题】中央水利建设基金的来源包括（　　）。
A. 从车辆购置税收入中定额提取
B. 从铁路建设基金、港口建设费收入中提取3%
C. 经国务院批准的其他可用于水利建设基金的资金
D. 经财政部批准，各省、自治区、直辖市向企事业单位和个体经营者征收的水利建设基金

【参考答案】ABC
【解析】中央水利建设基金的来源包括：从车辆购置税收入中定额提取；从铁路建设基金、港口建设费收入中提取3%；经国务院批准的其他可用于水利建设基金的资金。

三、农网还贷资金

农网还贷资金是指对农网改造贷款"一省多贷"的省、自治区、直辖市（指该省市区的农网改造工程贷款由多个电力企业承贷）电力用户征收的政府性基金，专项用于农村电网建设与改造升级工程贷款的还本付息。

1. 征收管理

农网还贷资金是对农网改造贷款"一省多贷"的省、自治区、直辖市（指农网改造工程贷款由多个电力企业承贷的山西、吉林、湖南、湖北、广东、广西、四川、重庆、云南、陕西等省、自治区、直辖市）电力用户征收的政府性基金，专项用于农村电网改造贷款还本付息。农网还贷资金按社会用电量每度电2分钱标准，并入电价收取。

农网还贷资金减免范围包括：农业排灌、抗灾救灾及氨肥、磷肥、钾肥和原化工部颁发生产许可证的复合肥生产用电免征农网还贷资金；自备电厂自用电量免征农网还贷资金；国有重点煤炭企业生产用电、核工业铀扩散厂和堆化工厂生产用电农网还贷资金暂按每千瓦时用电量三厘标准征收。

农网还贷资金由电网经营企业在向用户收取电费时一并收取，并在电费收款凭证中注明农网还贷资金的征收电量、征收标准和征收金额。除规定的减免用量外，电力用户必须及时足额缴纳农网还贷资金。

2. 使用管理

农网还贷资金使用单位必须按规定编制农网还贷资金使用预算，分别报财政部和省级财政部门。其中，中央单位报财政部审批，地方单位报省级财政部门审批。

对经批准的农网还贷资金使用预算，由财政部和省级财政部门根据农网还贷资金缴库进度办理拨款手续。

中央单位向财政部提出拨款申请，由财政部拨款，原则上每月拨付一次。缴入地方省级国库的农网还贷资金由有关省、自治区、直辖市财政厅（局）比照缴入中央国库的农网还贷资金拨付原则制定具体办法，报财政部备案。

3. 监督管理

农网还贷资金征收使用应接受财政、税务、审计等部门的监督。有关企业必须严格按照国家规定征收农网还贷资金，不得擅自调整征收范围和标准。使用单位应严格按批准的预算和财政部门核拨的资金及规定用途安排使用农网还贷资金。

【多选题】下列情形符合农网还贷资金免征范围的有（　　）。

A. 农业排灌用电

B. 抗灾救灾用电

C. 自备电厂自用电量

D. 国有重点煤炭企业生产用电

【参考答案】ABC

【解析】农网还贷资金减免范围包括：（1）农业排灌、抗灾救灾及氨肥、磷肥、钾肥和原化工部颁发生产许可证的复合肥生产用电免征农网还贷资金；

(2) 自备电厂自用电量免征农网还贷资金；(3) 国有重点煤炭企业生产用电、核工业扩散厂和堆化工厂生产用电农网还贷资金暂按每千瓦时用电量三厘标准征收。选项 D 不正确。

【判断题】农网还贷资金按社会用电量每度电 2 分钱标准，不并入电价收取，专项用于农村电网改造贷款还本付息。（　　）

【参考答案】×

【解析】农网还贷资金由电网经营企业在向用户收取电费时一并收取，并在电费收款凭证中注明农网还贷资金的征收电量、征收标准和征收金额。

四、可再生能源发展基金

可再生能源发展基金是指国家为了促进可再生能源发展而设立的政府性基金。

1. 征收管理

可再生能源发展基金包括国家财政公共预算安排的专项资金（以下简称"可再生能源发展专项资金"）和依法向电力用户征收的可再生能源电价附加收入等。可再生能源发展专项资金由中央财政从年度公共预算中予以安排（不含国务院投资主管部门安排的中央预算内基本建设专项资金）。可再生能源电价附加在除西藏自治区以外的全国范围内，对各省、自治区、直辖市扣除农业生产用电（含农业排灌用电）后的销售电量征收。

各省、自治区、直辖市纳入可再生能源电价附加征收范围的销售电量包括：省级电网企业（含各级子公司）销售给电力用户的电量；省级电网企业扣除合理线损后的趸售电量（即实际销售给转供单位的电量，不含趸售给各级子公司的电量）；省级电网企业对境外销售电量；企业自备电厂自发自用电量；地方独立电网（含地方供电企业）销售电量（不含省级电网企业销售给地方独立电网的电量）；大用户与发电企业直接交易的电量。省（自治区、直辖市）际间交易电量，计入受电省份的销售电量征收可再生能源电价附加。

目前可再生能源电价附加征收标准为 1.9 分/千瓦时。根据可再生能源开发利用中长期总量目标和开发利用规划，以及可再生能源电价附加收支情况，征收标准可以适时调整。

根据《国家税务总局关于国家重大水利工程建设基金等政府非税收入项

目征管职责划转有关事项的公告》(国家税务总局公告 2018 年第 63 号) 规定,自 2019 年 1 月 1 日起,可再生能源发展基金划转至税务部门征收。

电力用户应缴纳的可再生能源电价附加,按照下列方式由电网企业代征:大用户与发电企业直接交易电量的可再生能源电价附加,由代为输送电量的电网企业代征;地方独立电网销售电量的可再生能源电价附加,由地方电网企业在向电力用户收取电费时一并代征;企业自备电厂自发自用电量应缴纳的可再生能源电价附加,由所在地电网企业代征;其他社会销售电量的可再生能源电价附加,由省级电网企业在向电力用户收取电费时一并代征。

中央财政按照可再生能源附加实际代征额的 2‰ 付给相关电网企业代征手续费,代征手续费从可再生能源发展基金支出预算中安排,具体支付方式按照财政部的有关规定执行。代征电网企业不得从代征收入中直接提留代征手续费。

对可再生能源电价附加征收增值税而减少的收入,由财政预算安排相应资金予以弥补,并记入"可再生能源电价附加收入"科目核算。

2. 使用管理

可再生能源发展基金用于支持可再生能源发电和开发利用活动。其中可再生能源发展专项资金主要用于支持以下可再生能源开发利用活动:可再生能源开发利用的科学技术研究、标准制定和示范工程;农村、牧区生活用能的可再生能源利用项目;偏远地区和海岛可再生能源独立电力系统建设;可再生能源的资源勘查、评价和相关信息系统建设;促进可再生能源开发利用设备的本地化生产;《中华人民共和国可再生能源法》规定的其他相关事项。可再生能源电价附加收入用于以下补助:(1) 电网企业按照国务院价格主管部门确定的上网电价,或者根据《中华人民共和国可再生能源法》有关规定通过招标等竞争性方式确定的上网电价,收购可再生能源电量所发生的费用,高于按照常规能源发电平均上网电价计算所发生费用之间的差额;(2) 执行当地分类销售电价,且由国家投资或者补贴建设的公共可再生能源独立电力系统,其合理的运行和管理费用超出销售电价的部分;(3) 电网企业为收购可再生能源电量而支付的合理的接网费用以及其他合理的相关费用,不能通过销售电价回收的部分。

相关企业申请可再生能源发展专项资金补助的具体办法,按照关于印发

《可再生能源电价附加补助资金管理暂行办法》的通知（财建〔2012〕102号）等有关文件的规定执行。

可再生能源发展专项资金用于固定资产投资的，还应按照中央政府投资管理的有关规定执行。

3. 监督管理

税务、财政、价格、能源、审计部门按照职责分工，对可再生能源电价附加的征收、拨付、使用和管理情况进行监督检查。

未经批准，多征、减征、缓征、停征或截留、挤占、挪用可再生能源电价附加收入的单位及责任人，由税务、财政、价格、能源、审计等相关部门依照《中华人民共和国价格法》（以下简称《价格法》）、《财政违法行为处罚处分条例》《价格违法行为行政处罚规定》等法律法规追究法律责任。

【多选题】可再生能源发展基金是指国家为了促进可再生能源发展而设立的政府性基金。下列纳入可再生能源电价附加征收范围的销售电量包括（　　）。

A. 省级电网企业（含各级子公司）销售给电力用户的电量
B. 省级电网企业趸售给各级子公司的电量
C. 企业自备电厂自发自用电量
D. 省级电网企业对境外销售电量

【参考答案】ACD

【解析】各省、自治区、直辖市纳入可再生能源电价附加征收范围的销售电量包括：省级电网企业（含各级子公司）销售给电力用户的电量；省级电网企业扣除合理损后的趸售电量（即实际销售给转供单位的电量，不含趸售给各级子公司的电量）；省级电网企业对境外销售电量；企业自备电厂自发用电量；地方独立电网（含地方供电企业）销售电量（不含省级电企业销售给地方独立电网的电量）；大用户与发电企业直接交易电量。

五、中央水库移民扶持基金

中央水库移民扶持基金由大中型水库移民后期扶持基金、跨省际大中型水库库区基金、三峡水库库区基金三项基金合并而成。

1. 大中型水库移民后期扶持基金（以下简称"后期扶持基金"）

（1）征收管理。

后期扶持基金按以下原则进行筹集：全国统筹，分省（自治区、直辖市）计征；企业、社会、中央与地方合理负担；工业反哺农业，城市支持农村；东部地区支持中西部地区。

后期扶持基金的筹集渠道：对省级电网企业在本省（自治区、直辖市）区域内扣除农业生产用电后的全部销售电量加价征收；财政预算安排的大中型水库移民后期扶持专项资金，包括用对销售电量加价部分征收的增值税安排的资金和用于解决中央直属水库移民遗留问题的定额补助资金；经营性大中型水库应承担的移民后期扶持资金，具体办法由国家发展改革委员会同财政部、水利部另行制定。

后期扶持基金由各省级电网企业在向电力用户收取电费时一并代征，按月上缴中央国库。拥有自备电厂企业、地方独立电网企业不属于缴费主体。

依据《财政部关于降低国家重大水利工程建设基金和大中型水库移民后期扶持基金征收标准的通知》（财税〔2017〕51号），大中型水库移民后期扶持基金的征收标准统一降低25%。

中央财政按电网企业代征额的2%付给其代征手续费。代征手续费在该项基金的预算支出中安排，由中央财政分别支付给国家电网公司、中国南方电网有限责任公司和内蒙古自治区电力有限责任公司，具体支付方式按照财政部有关规定执行。代征电网企业不得在代征收入中直接提留代征手续费。

（2）使用管理。

财政部会同国务院移民管理机构，按照国家发展改革委、财政部、水利部等部门核定的各省、自治区、直辖市后期扶持移民人数和规定的扶持标准，核定应分配给各省、自治区、直辖市的移民后期扶持基金。分配给各省、自治区、直辖市的后期扶持基金由地方政府包干使用。地方政府必须按照经国务院批准的水库移民后期扶持政策实施方案及经批准的水库移民后期扶持规划使用基金，能够直接发放给移民个人的应尽量发放到移民个人，用于移民生产生活补助，也可以实行项目扶持，还可以采取两者结合的扶持方式保证将基金专项用于改善移民生产和生活。

后期扶持基金应严格按照预算安排使用，年终结余结转下年度继续使用。

各级移民管理机构应切实加强对移民后期扶持资金使用的财务管理，设立专门财务管理机构，配备专门财务会计人员。地方移民管理机构应建立移民个人或家庭档案，以及对移民发放资金的账册和账户，确保后期扶持基金按规定用途使用，严禁挤占、截留和挪用。

(3) 监督检查。

使用移民后期扶持基金的省、自治区、直辖市人民政府，应在每年一季度截止前，将上年度基金使用情况书面报送财政部和国务院移民管理机构。

各级财政、审计和移民管理机构应按职责分工，加强对后期扶持基金征收、拨付、使用的监督和管理，根据需要对移民后期扶持基金使用情况进行检查、审计，以确保基金及时足额征缴和合理使用。

对于违反规定，擅自改变后期扶持基金征收范围、标准、对象和期限，以及截留、挤占、挪用后期扶持基金的单位及责任人，按照《财政违法行为处罚处分条例》的有关规定进行处罚。触犯刑法的，移送司法机关处理。

2. 跨省际大中型水库库区基金

(1) 征收管理。

跨省际大中型水库库区基金，自2019年1月1日起由税务部门负责征收。

有发电收入的大中型水库（大中型水库是指装机容量在2.5万千瓦及以上有发电收入的水库和水电站），具体由财政部《大中型水库库区基金征收使用管理暂行办法》的通知（财综〔2007〕26号）规定。

大中型水库上网销售电量，按不高于8厘/千瓦时的标准征收。库区基金列入企业成本，按规定不征收企业所得税。

跨省际大中型水库为独立法人的，由水库（水电站）缴纳大中型水库库区基金；跨省际大中型水库为非独立法人的，由其归属企业缴纳大中型水库库区基金。

跨省际大中型水库库区基金收入在政府收支分类科目中填列第1030150项"大中型水库库区基金收入"。

跨省际大中型水库库区基金收入全额缴入中央国库，由中央财政按相关省份应分配的比例，并根据资金入库情况按季拨付给相关省级财政。跨省际大中型水库库区基金在相关省份的分配比例，按照有关部门和相关省份共同确认的跨省际大中型水库移民人数比例核定。

(2) 使用管理。

中央财政向省级财政拨付大中型水库库区基金时,填列政府收支分类科目"政府性基金补助支出"。相关省份收到时,填列政府收支分类科目"政府性基金补助收入",在安排最终支出时,填列政府收支分类科目"大中型水库库区基金支出(基础设施建设和经济发展)""大中型水库库区基金支出(解决移民遗留问题)""大中型水库库区基金支出(库区防护工程维护)""其他大中型水库库区基金支出"。

3. 三峡水库库区基金

根据财综〔2007〕69号文件的有关规定执行。

【多选题】中央水库移民扶持基金由(　　)合并而来。
A. 大中型水库移民后期扶持基金
B. 跨省(区、市)大中型水库库区基金
C. 三峡水库库区基金
D. 省级大中型水库库区基金
【参考答案】ABC
【解析】中央水库移民扶持基金由大中型水库移民后期扶持基金、跨省(区、市)大中型水库库区金、三峡水库库区基金合并而来。

六、三峡电站水资源费

三峡电站水资源费是经国务院同意而征收的中央和地方分成的水资源费。自2009年9月1日起,中国长江电力股份有限公司按照三峡电站实际发电量和《国家发展改革委 财政部 水利部关于中央直属和跨省水利工程水资源费征收标准及有关问题的通知》(发改价格〔2009〕1779号)的规定征收标准缴纳水资源费。2009年9月1日以来中国长江电力股份有限公司尚未缴纳的水资源费予以补征。

征收标准:(1)中央直属和跨省水电站水力发电用水水资源费,现行征收标准低于每千瓦时0.5分的,自2015年1月1日起调整为每千瓦时0.5分;现行征收标准高于每千瓦时0.5分的,维持现行征收标准不变,最高不超过每千瓦时0.8分。(2)跨省界河水电站水力发电用水水资源费,自2015年1月1日起统一征收标准,征收标准不一致的,按较高一方标准征收。(3)抽水蓄能发电用水暂免征收水资源费。

依据《关于国家重大水利工程建设基金等政府非税收入项目征管职责划转有关事项的公告》（国家税务总局公告 2018 年第 63 号）的规定，三峡电站水资源费的中央分成和湖北分成部分，由缴费人向湖北省税务部门申报缴纳；重庆市分成部分，由缴费人向重庆市税务部门申报缴纳。

【判断题】三峡电站水资源费收入的 10% 上缴中央国库，其余 90% 按比例（湖北省 16.67%、重庆市 83.33%）在湖北省和重庆市之间进行分配，并分别上缴两省市国库。　　　　　　　　　　　　　　　　　　（　　）

【参考答案】√

【解析】略。

【判断题】三峡电站水资源费的中央分成部分由缴费人向国家税务总局申报缴纳；湖北省分成部分，由缴费人向湖北省税务部门申报缴纳；重庆市分成部分，由缴费人向重庆市税务部门申报缴纳。　　　　（　　）

【参考答案】×

【解析】三峡电站水资源费的中央分成和湖北省分成部分，由缴费人向湖北省税务部门申报缴；重庆市分成部分，由缴费人向重庆市税务部门申报缴纳。

七、核电站乏燃料处理处置基金

核电站乏燃料处理处置基金是我国为了促进核电事业发展而征收的政府性基金。

1. 征收管理

凡拥有已投入商业运行 5 年以上压水堆核电机组的核电厂，应当按照规定缴纳乏燃料处理处置基金。按照核电厂已投入商业运行 5 年以上压水堆核电机组的实际上网销售电量征收，征收标准为 0.026 元/千瓦时。今后，财政部会同国家发展改革委、工业和信息化部、国家能源局、国防科工局等部门根据核电发展规模及乏燃料处理处置资金需求的变化，适时调整征收标准。

乏燃料处理处置基金计入核电厂发电成本。

2. 使用管理

核电厂缴纳的乏燃料处理处置基金，由政府相关部门和机构专项用于乏燃料处理处置。具体使用范围包括：乏燃料运输；乏燃料离堆贮存；乏燃料后处理（含乏燃料后处理中试厂进行的商用核电站乏燃料后处理）；乏燃料后处理所产生的高放废物的处理处置；乏燃料后处理厂的建设、运行、改造和退役；乏燃料处理处置的其他支出。

财政部根据乏燃料处理处置基金年度使用计划及具体项目的进展情况，按照政府性基金预算编制规程，编制乏燃料处理处置基金年度收支预算。乏燃料处理处置基金年终结余结转下年度继续使用。

3. 监督管理

未经国务院或财政部批准，任何地方、部门和单位不得擅自改变乏燃料处理处置基金的征收对象、范围和标准，不得减征、免征、缓征、停征乏燃料处理处置基金，也不得改变乏燃料处理处置基金的使用范围和原则。

乏燃料处理处置基金的征收、解缴、使用等应当接受财政、审计、投资管理部门的监督，任何单位或者个人不得拒绝、妨碍和阻挠。

对于违反规定不缴、少缴、缓缴乏燃料处理处置基金或者侵占、截留、挪用乏燃料处理处置基金的责任单位及责任人，按照《财政违法行为处罚处分条例》以及国家有关法律法规规定处理；涉嫌犯罪的，移交司法机关依法处理。

【单选题】核电站乏燃料处理处置基金的缴费主体是（　　）。
A. 拥有已投入商业运行 5 年以上压水堆核电机组的核电厂
B. 拥有已投入商业运行 5 年以上沸水堆核电机组的核电厂
C. 拥有已投入商业运行 3 年以上气冷堆核电机组的核电厂
D. 拥有已投入商业运行 3 年以上重水堆核电机组的核电厂

【参考答案】A
【解析】核电站乏燃料处理处置基金的缴费主体是拥有已投入商业运行 5 年以上压水堆核电机组的核电厂。

八、核事故应急准备专项收入

核事故应急准备专项收入由三部分组成：（1）核电企业开展场内核事故应急准备工作所需资金；（2）国家和地方核应急机构开展场外核事故应急准备工作所需资金；（3）国务院有关部门和军队在核电厂核事故应急支援准备工作中所需的资金。

1. 征收管理

场内核应急准备资金由核电企业承担,并作为核电企业的成本开支项目。基建期在工程基建费中列支;运行期在企业的管理费用中列支。

场外核应急准备资金由核电企业和地方省级人民政府共同承担。其中,核电企业承担的部分,按规定的比例,以财政专项收入的形式分别上缴中央和地方财政,并由中央和地方财政纳入预算内管理;地方承担的部分,由地方省级人民政府自行筹措使用。

核电企业承担上缴的场外核应急专项收入作为成本开支项目,基建期在工程基建费中列支,运行期在企业的管理费用中列支。

国务院有关部门和军队所需的核应急准备资金,根据各自在核电厂核事故应急准备工作中的职责和任务,充分利用现有条件安排,不足部分按照各自的计划和资金渠道申请解决。

核电企业承担上缴的场外核应急专项收入,在基建期和运行期分别按以下标准缴纳:

(1) 基建期按设计额定容量每千瓦5元人民币的标准缴纳;

(2) 运行期按年度上网销售电量每千瓦时0.2厘的标准缴纳。

核电企业按规定标准缴纳场外核应急专项收入后,任何单位、部门及地方各级人民政府不得以核应急准备或者与此相关名义向企业收取资金。

核电企业承担上缴的场外核应急专项收入,基建期应在核电工程浇灌第一罐混凝土的当年起三年内按规定承担数额的30%、40%和30%分年度缴清;运行期应在商业运行后的次年开始,根据上一年的实际上网销售电量按规定标准缴纳。

同一省、自治区、直辖市内,核电企业缴纳的场外核应急专项收入按以下比例分别上缴中央和地方财政:

(1) 首期建设的核电厂按15%和85%的比例上缴中央和地方财政;

(2) 后续再建的核电厂按50%和50%的比例上缴中央和地方财政。

核电企业应于每年3月底前,将当年应缴纳中央和地方管理的场外核应急专项收入分别及时足额缴库。

2. 使用管理

场外核应急专项收入主要用于国家和地方的场外核应急准备工作:

（1）核事故应急设施的基本建设、运行维护和更新改造；

（2）核应急机构组织开展的公众宣传教育、人员培训、应急值班、应急演习、科技攻关、国际交流、法规和标准制定，以及核事故应急预案和方案编制等工作；

（3）《核电厂核事故应急管理条例》规定的各项表彰和奖励；

（4）其他经有关部门批准的核应急准备工作。

3. 监督管理

财政、审计、监察及国防科工委等部门负责对核电厂核应急专项收入的收缴和使用进行监督检查，任何单位不得以任何理由阻挠或逃避。对于违反《核电厂核事故应急准备专项收入管理规定》截留、挪用专项资金的单位和个人，按《财政违法行为处罚处分条例》进行处罚，并追究相关责任人责任。

【单选题】下列关于核事故应急准备专项收入的说法，不正确的是（　　）。

A. 基建期按设计额定容量每千瓦 5 元人民币的标准缴纳

B. 运行期按年度上网销售电量每千瓦时 0.2 厘的标准缴纳

C. 基建期应在核电工程浇灌第一罐混凝土的当年起 3 年内按规定承担数额的 30%、30% 和 40% 分年度缴清

D. 运行期应在商业运行后的次年开始，根据上一年的实际上网销售电量按规定标准缴纳

【参考答案】C

【解析】核电企业承担上缴的场外核应急专项收入，基建期应在核电工程浇灌第一罐混凝土的当年起 3 年内按规定承担数额的 30%、40% 和 30% 分年度缴清。

【判断题】核电企业应于每年 5 月底前，将当年应缴纳中央和地方管理的场外核应急专项收入分别及时足额缴库。　　　　　　　　　　　　（　　）

【参考答案】×

【解析】核电企业应于每年 3 月底前，将当年应缴纳中央和地方管理的场外核应急专项收入分别及时足额缴库。

九、免税商品特许经营费

根据财政部关于印发《免税商品特许经营费缴纳办法》的通知（财企

〔2004〕241号）中的解释，为进一步加强免税商品经营管理，体现免税业特许经营政策，理顺企业与国家的利益分配关系，凡经营免税商品的企业按经营免税商品业务年销售收入（额）的1%，向国家上缴特许经营费。免税商品特许经营费属于十二类非税收入中的特许经营权收入。

免税商品特许经营费的缴费主体是经营免税商品的企业。免税商品是指免征关税、进口环节税的进口商品和实行退（免）税（增值税、消费税）进入免税店销售的国产商品。

免税商品特许经营费的范围是指免税商品经营业务，包括：中国免税品（集团）总公司的免税商品经营业务；设立在机场、港口、车站、陆路边境口岸和海关监管特定区域的免税商店；在出境飞机、火车、轮船上向出境的国际旅客、驻华外交官和国际海员等提供免税商品购物服务的特种销售业务。

当前，从事免税商品经营业务的企业主要有中国免税品（集团）总公司、深圳市国有免税商品（集团）有限公司、珠海免税企业（集团）有限公司、中国中旅（集团）公司、中国出国人员服务总公司、上海浦东国际机场免税店以及其他经营免税商品或代理销售免税商品的企业。

计费依据是经营免税商品业务年销售收入。征收标准是年销售收入的1%。

免税商品经营企业于年度终了的5个月内，依据注册会计师的审计报告，清算当年应交免税商品特许经营费并上缴中央金库。

申报地点如下：

（1）中国免税品（集团）总公司按其合并会计报表口径，由总公司集中缴纳。

（2）中国免税品（集团）总公司供货的其他免税商品经营企业，在企业所在地就地解缴。

（3）在国际交通工具上销售（或代理销售）免税商品的民航、交通、铁道等行业的企业，以及非全部经营免税商品的企业，在企业纳税所在地缴纳特许经营费。

【单选题】下列关于免税商品特许经营费的说法，不正确的是（　　）。

A. 征收标准是年销售收入的1%

B. 免税商品经营企业于年度终了的5个月内，依据注册会计师的审计报告，清算当年应交免税商品特许经营费并上缴中央金库

C. 中国免税品（集团）总公司按其合并会计报表口径，由总公司集中缴纳

D. 中国免税品（集团）总公司供货的其他免税商品经营企业，由总公司集中缴纳

【参考答案】D

【解析】中国免税品（集团）总公司供货的其他免税商品经营企业，在企业纳税所在地就地解缴。

【多选题】免税商品特许经营费的范围是指免税商经营业务。具体包括（　　）。

A. 中国免税品（集团）总公司的免税商品经营业务

B. 设立在机场、港口、车站、陆路边境口岸和海关监管特定区域合并而来的免税商店

C. 在出境飞机、火车、轮船上向出境的国际旅客、驻华外交官和国际海员等提供免税商品购物服务

D. 免税店经营的完税国产品

【参考答案】ABC

【解析】免税商品特许经营费的范围是指免税商品经营业务。包括：中国免税品（集团）总公司的免税商品经营业务；设立在机场、港口、车站、陆路边境口岸海关监管特定区域的免税商店；在出境飞机、火车、轮船上向出境的国际旅客、驻华外交官和国际海员等提供免税商品购物服务的特种销售业务。

十、石油特别收益金

石油特别收益金是指国家对石油开采企业销售国产原油因价格超过一定水平所获得的超额收入按比例征收的收益金。

1. 征收管理

凡在中华人民共和国陆地领域和所辖海域独立开采并销售原油的企业，以及在上述领域以合资、合作等方式开采并销售原油的其他企业（以下简称"合资合作企业"），均应当按规定缴纳石油特别收益金。

依据财政部关于印发《石油特别收益金征收管理办法》的通知（财企

〔2006〕72号）的规定，石油特别收益金实行5级超额累进从价定率计征，按月计算、按季缴纳。

石油特别收益金征收比率按石油开采企业销售原油的月加权平均价格确定。为便于参照国际市场油价水平，原油价格按美元/桶计价，起征点为40美元/桶。依据《财政部关于提高石油特别收益金起征点的通知》（财税〔2014〕115号）的精神，经国务院批准，财政部决定从2015年1月1日起，将石油特别收益金起征点提高至65美元/桶。起征点提高后，石油特别收益金征收仍实行5级超额累进从价定率计征（见表3-1）。

表3-1　　　　石油特别收益金征收比率及速算扣除数

原油价格	征收比率	速算扣除数
65—70（含）（美元/桶）	20%	0
70—75（含）（美元/桶）	25%	0.25
75—80（含）（美元/桶）	30%	0.75
80—85（含）（美元/桶）	35%	1.5
85（美元/桶）以上	40%	2.5

石油特别收益金＝{[当月加权平均销售价格(美元/桶)－起征点(美元/桶)]×征收标准－速算扣除数(美元/桶)}×销售数量(桶数)×美元兑换人民币汇率

计算石油特别收益金时，原油价格计量单位不同，应按照原油吨桶比换算。原油吨桶比按石油开采企业实际执行或挂靠油种的吨桶比计算；美元兑换人民币汇率以中国人民银行当月每日公布的中间价按月平均计算。石油特别收益金以人民币缴纳。

依据《财政部关于调整石油特别收益金征收方式的通知》（财企〔2012〕42号）的规定，从申报2012年征收石油特别收益金开始，将征收方式由原"按月计算，按季缴纳"，调整为"按月计算、按季申报、按月缴纳"。

石油开采企业集团公司下属多家石油开采企业的；石油特别收益金以石油开采企业集团公司为单位汇总缴纳。

缴纳石油特别收益金的石油开采企业，应当如实填写石油特别收益金申报表，各集团的公司汇总后，在每季度结束后的10个工作日内，向财政机关申报缴纳。

2. 减免管理

(1) 依据《财政部关于征收石油特别收益金有关问题的补充通知》(财企〔2006〕183号),中外合作油田按规定缴纳的石油增值税、矿区使用费、国家留成油不征收石油特别收益金。

(2) 依据《财政部关于原油天然气资源税改革后石油特别收益金征收有关问题的通知》(财企〔2014〕24号),2011年11月1日原油、天然气资源税改革后,新签订合同的中外合作油田按规定缴纳的资源税,不征收石油特别收益金。

3. 监督管理

石油开采企业在规定的期限内未足额缴纳石油特别收益金的,由财政机关责令限期缴纳,并从滞纳之日起按日加收0.5‰的滞纳金。财政机关不得擅自减征或免征石油开采企业应缴纳的石油特别收益金。石油特别收益金列入企业成本费用,准予在企业所得税税前扣除。石油开采企业未按照《石油特别收益金征收管理办法》规定缴纳石油特别收益金的,由财政机关按照《财政违法行为处罚处分条例》的规定予以处罚。

【多选题】中外合作油田( )收入不征收石油特别收益金。

A. 石油增值税　　　　　　　　B. 矿区使用费
C. 国家留成油　　　　　　　　D. 资源税

【参考答案】ABCD

【解析】根据《财政部关于征收石油特别收益金有关问题的补充通知》(财企〔2006〕183号)的规定,中外合作油田按规定缴纳的石油增值税、矿区使用费、国家留成油不征收石油特别收益金。依据《财政部关于原油天然气资源税改革后石油特别收益金征收有关问题的通知》(财企〔2014〕24号)的规定,2011年11月1日原油、天然气资源税改革后,新签订合同的中外合作油田按规定缴纳的资源税,不征收石油特别收益金。

【判断题】石油特别收益金,是指国家对石油开采业销售国产原油因价格超过一定水平所获得的超额收入按比例征收的收益金。石油特别收益金属于中央财政非税收入,纳入中央财政预算管理。

【参考答案】√

【解析】略。

【判断题】石油特别收益金实行 7 级超额累进从价定率计征,按月计算、按季缴纳。

【参考答案】×

【解析】石油特别收益金实行 5 级超额累进从价定率计征,按月计算、按季缴纳。

十一、油价调控风险准备金

油价调控风险准备金是为进一步完善成品油价格机制,并进一步推进价格市场化,当国际市场原油价格低于 40 美元/桶调控下限时,成品油价格未调金额全部纳入油价调整风险准备金,设立专项账户存储。

1. 征收管理

油价调控风险准备金的缴纳义务人为中华人民共和国境内生产、委托加工和进口汽油、柴油的成品油生产经营企业。

计费依据和费额计算:

(1) 当国际市场原油价格低于国家规定的成品油价格调控下限时,缴纳义务人应按照汽油、柴油的销售数量和规定的征收标准缴纳油价调整风险准备金。

(2) 汽油、柴油销售数量是指缴纳义务人于相邻两个调价窗口期之间实际销售数量。

(3) 油价调整风险准备金征收标准按照成品油价格未调金额确定。成品油价格未调金额由国家发展改革委、财政部根据国际原油价格变动情况,按照现行成品油价格形成机制计算核定,于每季度前 10 个工作日内,将上季度每次调价窗口期的征收标准,书面告知征收机关。

依据财政部 国家发展改革委关于印发《油价调控风险准备金征收管理办法》的通知(财税〔2016〕137 号)规定,中国石油天然气集团公司、中国石油化工集团公司、中国海洋石油总公司等中央企业应当缴纳的风险准备金,由财政部驻北京市专员办负责征收;地方企业应当缴纳的风险准备金,由所在省(自治区、直辖市)征收机关负责征收。

风险准备金的缴纳地点为缴纳义务人注册登记地。

风险准备金由缴纳义务人申报缴纳。其中，缴纳义务人有两个及以上从事成品油生产经营企业的，可由征收机关指定集团公司或其他公司实行汇总缴纳。

缴纳义务人可以选择按季度或者按年度缴纳风险准备金。具体缴纳方式由缴纳义务人报征收机关核准。缴纳方式一经确定，不得随意变更。

按季度缴纳的，缴纳义务人应当于每季度前15个工作日内，如实填写油价调控风险准备金申报表，提交给征收机关审核。

按年度缴纳的，缴纳义务人应当于每年1月20日前，如实填写油价调控风险准备金申报表，提交给征收机关审核。

对于按季缴纳的，征收机关根据缴纳义务人实际销售的汽油、柴油数量，在次年3月底完成对缴纳义务人全年风险准备金的汇算清缴工作。

2. 使用管理

经国家批准后使用，主要用于节能减排、提升油品质量、保障石油供应安全等方面以及应对国际油价大幅波动，实施保障措施的资金来源。油价调控风险准备金全额上缴中央国库，纳入一般公共预算管理，列入"其他专项收入"。

3. 监督管理

任何单位和个人不得违反财税〔2016〕137号的规定，擅自减免或缓征风险准备金，不得自行调整风险准备金征收对象、范围和标准。

【单选题】油价调控风险准备金的缴纳义务人不包括中华人民共和国境内（　　）。

A. 生产汽油、柴油的成品油生产经营企业

B. 委托加工汽油、柴油的成品油生产经营企业

C. 汽油、柴油的成品油经销企业

D. 进口汽油、柴油的成品油生产经营企业

【参考答案】C

【解析】油价调控风险准备金的缴纳义务人为中华人民共和国境内生产、委托加工和进口汽油、柴油的成品油生产经营企业。

【单选题】当国际市场原油价格低于国家规定的成品油价格调控下限时,缴纳义务人应按照汽油、柴油的销售数量和规定的征收标准缴纳风险准备金。下列关于销售数量的说法不正确的是( )。

A. 直接生产销售汽油、柴油的(不包括销售未经生产加工的外购汽油、柴油),其销售数量以发票开具日期及数量为准

B. 来料加工贸易以及直接用于一般贸易出口的汽油、柴油,以报关日期及报关数量为准

C. 进口汽油、柴油的,其销售数量以报关日期及报关数量为准

D. 委托加工汽油、柴油的,其销售数量按已委托加工合同签署日期及交货凭证确认

【参考答案】B

【解析】当国际市场原油价格低于国家规定的成品油价格调控下限时,缴纳义务人应按照汽油、柴油的销售数量和规定的征收标准缴纳风险准备金。汽油、柴油销售数量是指缴纳义务人于相邻两个调价窗口期之间实际销售数量。(1)直接生产销售汽油、柴油的(不包括销售未经生产加工的外购汽油、柴油),其销售数量以发票开具日期及数量为准。如无法提供发票的,以无法确定销售日期的全月销售量和窗口期占全月时间比合理确定。(2)进口汽油、柴油的,其销售数量以报关日期及报关数量为准。(3)委托加工汽油、柴油的,其销售数量按已委托加工合同签署日期及交货凭证确认。如没有交货凭证,以月度总交货量和窗口期占全月时间比合理确定。(4)来料加工贸易以及直接用于一般贸易出口的汽油、柴油,不纳入风险准备金征收范围。

【单选题】下列关于风险准备金的说法不正确的有( )。

A. 风险准备金的缴纳地点为缴纳义务人注册登记地

B. 按季度缴纳的,缴纳义务人应当于每季度终了后15个工作日内,如实填写油价调控风险准备金申报表,提交给征收机关审核

C. 风险准备金计入"其他应付款"核算,不得计入企业当期收入

D. 油价调控风险准备金全额上缴中央国库,纳入一般公共预算管理,列"其他专项收入"

【参考答案】B

【解析】风险准备金按季度缴纳的,缴纳义务人应当于每季度前15个工作日内,如实填写油价调控风险准备金申报表,提交给征收机关审核。

十二、国家留成油收入

国家留成油是指中国公司对外合作勘探开发生产海上石油,按规定缴纳增值税和矿区使用费后,在余额油分配时根据石油合同的约定比例留给国家的权益。国家留成油收入凭借的是资产所有权征收的收入。

"石油合同"是资源国或其国家石油公司与外国石油公司依东道国法律,为合作开采石油资源订立的,包括石油勘探、开发和生产等内容的协议的简称。

1. 合作油田分成模式与计算

中国公司对外合作勘探开发生产海上石油所取得的收入,首先应该向中国政府缴纳增值税、矿区费或资源税;其次用来弥补回收作业费(开发成本,包括双方的弃置费、勘探费、开发投资资金及成本)。剩余的部分称为余额油。"余额油"分为"留成油"和"分成油"两部分。留成油成为国家收入,分成油作为开发企业投资收入。一般情况下,会按照合同约定阶梯分成率,进行分成。所谓阶梯分成率是指在不同的产量水平采用不同的分成率。这样,就需要根据最后的产量水平,确定一个平均的分成率(X)。每个油田每个日历年的"分成油"应等于该日历年的"余额油"乘以分成率(X),即分成油 = 余额油 × X;留成油 = 余额油 × (1 − X)。

国家留成油随其合作油田生产的原油一起销售,实现变现折价,每月结束后30日内申报,并作为专项收入上缴中央财政。滞纳之日起按日加收0.5‰的滞纳金。

2. 变现折价中的销售费用处理

公司应缴纳的国家留成油变价款,应当按照国家留成油实际销售额扣除其本身所发生的销售费用进行核定。销售费用包括国家留成油销售过程中实际发生的商检费用及销售机构管理费。

年度终了后的3个月内,将上年合作油田上缴国家留成油的实际销售费用情况报送相关部门审核。经审核后,可在缴纳以后期间国家留成油变价收入时扣除销售费用。

【判断题】国家留成油收入的征缴期限由石油企业报财政部核准。按照现

行规定，中石油、中石化、中海油均按年申报缴纳。　　　　　（　　）

【参考答案】×

【解析】国家留成油收入的征缴期限由石油企业报财政部核准。按照现行规定，中石油按月申报缴纳，中石化、中海油按年申报缴纳。

【判断题】每个油田每个日历年的"分成油"应等于该日历年的"余额油"乘以分成率（X），即分成油＝余额油×(1－X)。　　　　　（　　）

【参考答案】×

【解析】每个油田每个日历年的"分成油"应等于该日历年的"余额油"乘以分成率（X），即分成油＝余额油×X；留成油＝余额油×(1－X)。

【判断题】国家留成油随其合作油田生产的原油一起销售，实现变现折价，每月结束后15日内申报，并作为专项收入上缴中央财政。　　（　　）

【参考答案】×

【解析】国家留成油随其合作油田生产的原油一起销售，实现变现折价，每月结束后30日内申报，并作为专项收入上缴中央财政。

第二部分　自测练习题

一、单选题

1. 重大水利工程建设基金征收开始时间是（　　）。

    A. 2009 年 1 月 1 日　　　　　　　　B. 2010 年 1 月 1 日

    C. 2011 年 1 月 1 日　　　　　　　　D. 2012 年 1 月 1 日

    【参考答案】B

    【解析】依据《国家重大水利工程建设基金征收使用管理暂行办法》第六条："重大水利基金从 2010 年 1 月 1 日起开始征收。"

2. 自（　　）起，对国家重大水利工程建设基金免征城市维护建设税和教育费附加。

    A. 2010 年 5 月 25 日　　　　　　　B. 2013 年 11 月 19 日

    C. 2018 年 7 月 1 日　　　　　　　　D. 2019 年 7 月 1 日

    【参考答案】A

    【解析】依据《财政部 国家税务总局关于免征国家重大水利工程建设基

金的城市维护建设税和教育费附加的通知》(财税〔2010〕44号),2010年5月25日起,对国家重大水利工程建设基金免征城市维护建设税和教育费附加。

3. 根据现行规定,国家重大水利工程建设基金征收截止时限为( )。

   A. 2019年12月31日   B. 2022年12月31日
   C. 2025年12月31日   D. 2030年12月31日

   【参考答案】C

   【解析】根据《财政部关于调整部分政府性基金有关政策的通知》(财税〔2019〕46号),国家重大水利工程建设基金征收至2025年12月31日。

4. 国家重大水利工程建设基金的纳税期限为按( )。

   A. 月   B. 季   C. 年   D. 次

   【参考答案】A

   【解析】国家重大水利工程基金申报日期与按月申报的增值税纳税人一致。

5. 省级电网企业、拥有自备电厂企业和地方独立电网企业应及时足额上缴国家重大水利工程建设基金,不得拖延缴纳,如逾期不缴纳的,应责令其限期缴纳,并从滞纳之日起按日加收滞纳部分( )的滞纳金。

   A. 1‰   B. 2‰   C. 3‰   D. 5‰

   【参考答案】B

   【解析】滞纳之日起按日加收滞纳部分2‰的滞纳金

6. 重大水利基金在除( )自治区以外的全国范围内筹集。

   A. 西藏   B. 内蒙古
   C. 宁夏回族   D. 新疆维吾尔

   【参考答案】A

   【解析】依据《国家重大水利工程建设基金征收使用管理暂行办法》第五条,重大水利基金在除西藏自治区以外的全国范围内筹集,按照各省、自治区、直辖市扣除国家扶贫开发工作重点县农业排灌用电后的全部销售电量和规定征收标准计征。

7. 拥有自备电厂企业、地方独立电网企业应准确计量自发自用电量和销售电量,不能准确计量的,由专员办和省级财政部门按照其( )发电(售电)能力核定自发自用电量和销售电量,并确定重大水利基金征收数额。

   A. 基本   B. 平均   C. 最小   D. 最大

   【参考答案】D

【解析】依据《国家重大水利工程建设基金征收使用管理暂行办法》第十一条，拥有自备电厂企业、地方独立电网企业应准确计量自发自用电量和销售电量，不能准确计量的，由专员办和省级财政部门按照其最大发电（售电）能力核定自发自用电量和销售电量，并确定重大水利基金征收数额。

8. 未经（　　）批准，任何地方、部门和单位均不得擅自减免重大水利基金，不得调整基金征收范围和征收标准。

　　A. 国务院　　　　B. 财政部　　　　C. 国家税务总局　　D. 水利部

【参考答案】A

【解析】依据《国家重大水利工程建设基金征收使用管理暂行办法》，未经国务院批准，任何地方、部门和单位均不得擅自减免重大水利基金，不得调整基金征收范围和征收标准。

9. 北京、天津、河北、河南、山东、江苏、上海、浙江、安徽、江西、湖北、湖南、广东、重庆等14个南水北调和三峡工程直接受益省市省级电网企业代征重大水利基金，由中央财政按代征额的（　　）比例付给代征手续费。

　　A. 1‰　　　　　B. 2‰　　　　　C. 3‰　　　　　D. 4‰

【参考答案】B

【解析】依据《国家重大水利工程建设基金征收使用管理暂行办法》第十三条，14个省份省级电网企业代征重大水利基金，由中央财政按代征额的2‰付给代征手续费，代征手续费从重大水利基金支出预算中安排，分别支付给国家电网公司和中国南方电网有限责任公司，具体支付方式按照财政部有关规定执行。代征电网企业不得从代征收入中直接提留代征手续费。

10. 根据《财政部关于降低国家重大水利工程建设基金和大中型水库移民后期扶持基金征收标准的通知》（财税〔2017〕51号），将国家重大水利工程建设基金和大中型水库移民后期扶持基金的征收标准统一降低（　　）。

　　A. 15%　　　　B. 25%　　　　C. 50%　　　　D. 75%

【参考答案】B

【解析】依据《财政部关于降低国家重大水利工程建设基金和大中型水库移民后期扶持基金征收标准的通知》（财税〔2017〕51号），将国家重大水利工程建设基金和大中型水库移民后期扶持基金的征收标准统一降低25%。

11. 地方水利建设基金的来源包括从地方收取的政府性基金和行政事业性收费

收入中提取3%，提取水利建设基金的地方政府性基金和行政事业性收费项目不包括（　　）。

A. 车辆通行费　　　　　　　　B. 城市基础设施配套费

C. 铁路建设基金　　　　　　　D. 征地管理费

【参考答案】C

【解析】从地方收取的政府性基金和行政事业性收费收入中提取3%。应提取水利建设基金的地方政府性基金和行政事业性收费项目包括：车辆通行费、城市基础设施配套费、征地管理费，以及省、自治区、直辖市人民政府确定的政府性基金和行政事业性收费项目。

12. 下列不属于企事业单位水利建设基金计费依据的是（　　）。

　　A. 销售商品的主营业务收入

　　B. 提供劳务的主营业务收入

　　C. 让渡资产使用权的其他业务收入

　　D. 让渡资产所有权的营业外收入

【参考答案】D

【解析】凡有销售收入和营业收入的企事业单位和个体经营者，按其上年销售收入征收地方水利基金。

13. 下列不属于地方水利建设基金专项用途的是（　　）。

　　A. 农村饮水和灌区节水改造工程建设　　B. 城市防洪设施建设

　　C. 地方水资源配置工程建设　　　　　　D. 河流污染治理

【参考答案】D

【解析】地方水利建设基金专项用于：大江大河主要支流、中小河流、湖泊治理；病险水库除险加固；城市防洪设施建设；地方水资源配置工程建设；地方重点水土流失防治工程建设；农村饮水和灌区节水改造工程建设；地方水利工程维修养护和更新改造；防汛应急度汛；其他经省级人民政府批准的水利工程项目。

14. 企业自备电厂自发自用电量应缴纳的可再生能源电价附加，由（　　）代征。

　　A. 代为输送电量的电网企业　　　　　　B. 地方电网企业

　　C. 所在地电网企业　　　　　　　　　　D. 省级电网企业

【参考答案】C

【解析】依据《可再生能源发展基金征收使用管理暂行办法》第八条，企业自备电厂自发自用电量应缴纳的可再生能源电价附加，由所在地电网企业代征。

15. 随着生产效益不断提高，生产规模不断扩大，同时响应国家节能减排的号召，2021年3月，该企业实现资源综合利用自发自用电，成为自备电厂企业，合计自发自用生产经营用电1万千瓦时，请问该部分用电需缴纳（　　）元可再生能源发展基金。

    A. 0　　　　　B. 10　　　　　C. 80　　　　　D. 190

【参考答案】D

【解析】各省居民生活和农业生产以外全部销售电量的可再生能源发展基金征收标准为1.9分/千瓦时。可再生能源发展基金＝销售电量×征收标准。

16. 2021年5月，省级电网企业销售给居民个人的生活用电1万千瓦时，请问该部分用电需缴纳（　　）元可再生能源发展基金。

    A. 0　　　　　B. 10　　　　　C. 80　　　　　D. 190

【参考答案】D

【解析】各省居民生活和农业生产以外全部销售电量的可再生能源发展基金征收标准为1.9分/千瓦时。可再生能源发展基金＝销售电量×征收标准。

17. 关于电力用户应缴纳的可再生能源发展基金的征收方式，下列说法错误的是（　　）。

    A. 大用户与发电企业直接交易电量的可再生能源电价附加，由代为输送电量的电网企业代征
    B. 地方独立电网销售电量的可再生能源电价附加，由地方电网企业在向电力用户收取电费时一并代征
    C. 企业自备电厂自发自用电量应缴纳的可再生能源电价附加，由所在地电网企业代征
    D. 其他社会销售电量的可再生能源电价附加，由市级电网企业在向电力用户收取电费时一并代征

【参考答案】D

【解析】依据《可再生能源发展基金征收使用管理暂行办法》第八条，其他社会销售电量的可再生能源电价附加，由省级电网企业在向电力用户收取电费时一并代征。

第三章 2019—2020 年划转税务机关征收的非税收入

18. 下列发电站需要缴纳跨省际大中型水库库区基金的是（　　）。

    A. 装机容量2.0万千瓦时，存在发电收入

    B. 装机容量2.5万千瓦时，存在发电收入

    C. 装机容量2.0万千瓦时，不存在发电收入

    D. 装机容量2.5万千瓦时，不存在发电收入

    【参考答案】B

    【解析】大中型水库是指装机容量在2.5万千瓦及以上有发电收入的水库和水电站。

19. 省级电网企业应于每月（　　）日前向驻当地专员办申报上月实际销售电量和应缴纳的大中型水库移民后期扶持基金，专员办应于每月（　　）日前完成对申报的审核，并向申报企业开具征缴后期扶持基金《非税收入一般缴款书》。省级电网企业应在每月（　　）前，按照专员办开具的《非税收入一般缴款书》所规定的缴款额，足额上缴资金。

    A. 5；10；15　　　　　　　　B. 5；12；15

    C. 7；10；15　　　　　　　　D. 10；12；15

    【参考答案】D

    【解析】依据财政部关于印发《大中型水库移民后期扶持基金征收使用管理暂行办法》（财综〔2006〕29号）的规定。

20. 因特殊情况需减免、缓征或停征库区基金的省份，应由（　　）报省级人民政府同意后，由省级人民政府向国务院提出申请。

    A. 财政监察专员办事处　　　　B. 省级税务部门

    C. 省级财政部门　　　　　　　D. 省级民政部门

    【参考答案】C

    【解析】确因特殊情况需减免、缓征或停征库区基金的省份，应由省级财政部门报省级人民政府同意后，由省级人民政府向国务院提出申请。

21. 跨省际大中型水库为（　　）的，由（　　）大中型水库库区基金；跨省际大中型水库为（　　）的，由（　　）缴纳大中型水库库区基金。

    A. 独立法人；所在省份财政监察专员办事处；非独立法人；当地财政部门

    B. 独立法人；当地财政部门；非独立法人；所在省份财政监察专员办事处

C. 独立法人；水库（水电站）；非独立法人；归属企业

D. 独立法人；归属企业；非独立法人；水库（水电站）

【参考答案】C

【解析】跨省际大中型水库为独立法人的，由水库（水电站）缴纳大中型水库库区基金；跨省际大中型水库为非独立法人的，由其归属企业缴纳大中型水库库区基金。

22. 大中型水库移民后期扶持基金的筹集渠道不包括（   ）。

   A. 对省级电网企业在本省（自治区、直辖市）区域内扣除农业生产用电后的全部销售电量加价征收

   B. 财政预算安排的大中型水库移民后期扶持专项资金，包括用对销售电量加价部分征收的增值税安排的资金和用于解决中央直属水库移民遗留问题的定额补助资金

   C. 经营性大中型水库应承担的移民后期扶持资金

   D. 对省级电网企业在本省（自治区、直辖市）区域内的全部销售电量加价征收

【参考答案】D

【解析】依据《大中型水库移民后期扶持基金征收使用管理暂行办法)（财综〔2006〕29号）的规定。

23. 电网企业应按照规定及时足额上缴代征的大中型水库移民后期扶持基金，不得延期缴纳。如发生延期缴纳，征收机关应责令其尽快足额缴纳基金，并从逾期之日起加收滞纳金，标准为每日（   ）。

   A. 1‰   B. 2‰   C. 3‰   D. 5‰

【参考答案】B

【解析】依据《财政部关于印发大中型水库移民后期扶持基金征收使用管理暂行办法》（财综〔2006〕29号）第九条，电网企业应按规定及时足额上缴代征的后期扶持基金，不得延期缴纳。如发生延期缴纳，征收机关应责令其尽快足额缴纳基金，并从逾期之日起按每日2‰的标准加收滞纳金。

24. 大中型水库库区基金的缴纳义务人是（   ）。

   A. 所有大中型水库

   B. 总装机容量在1.5万千瓦以上（含）有发电收入的水库和水电站

   C. 总装机容量在2.5万千瓦以上（含）有发电收入的水库和水电站

D. 各类电力用户

【参考答案】C

【解析】依据《财政部关于印发大中型水库库区基金征收使用管理暂行办法》(财综〔2007〕26号)第三条、第十五条的规定。

25. 下列关于三峡电站水资源费的说法中,不正确的是( )。

    A. 三峡电站水资源费的征收范围是三峡电站实际发电量
    B. 缴入地方国库的三峡电站水资源费收入按湖北省16.67%、重庆市83.33%的比例在两省(直辖市)之间进行分配
    C. 三峡电站水资源费的湖北省分成部分,由缴费人向湖北省税务部门申报缴纳
    D. 三峡电站水资源费的中央分成和重庆市分成部分,由缴费人向重庆市税务部门申报缴纳

【参考答案】D

【解析】三峡电站水资源费的中央分成和湖北分成部分,由缴费人向湖北省税务部门申报缴纳;重庆市分成部分,由缴费人向重庆市税务部门申报缴纳。

26. 按现行政策规定,分布式光伏发电自发自用电量不予免收的非税收入是( )。

    A. 可再生能源电价附加
    B. 农网还贷资金
    C. 跨省区大中型水库库区基金
    D. 大中型水库移民后期扶持基金

【参考答案】C

【解析】为了促进光伏产业健康发展,根据《国务院关于促进光伏产业健康发展的若干意见》(国发〔2013〕24号)的有关规定,对分布式光伏发电自发自用电量免收可再生能源电价附加、国家重大水利工程建设基金、大中型水库移民后期扶持基金、农网还贷资金等4项针对电量征收的政府性基金。

27. 下列有关油价调控风险准备金申报缴纳的表述错误的是( )。

    A. 缴纳义务人可以选择按季度或者按年度缴纳
    B. 按季度缴纳的,缴纳义务人应当于每季度前15个工作日内,如实填写油价调控风险准备金申报表

C. 缴纳义务人有两个及以上从事成品油生产经营企业的，可实行汇总缴纳

D. 按年度缴纳的，缴纳义务人应当于次年3月底前申报缴纳应缴费款。

【参考答案】D

【解析】按年度缴纳的，缴纳义务人应当于次年2月底前申报缴纳应缴费款

28. 某电网企业拟完成2020年度可再生能源发展基金的汇算清缴，该电网企业应于2021年（　　）月底前完成年度清算申报。

　　A. 3　　　　　　B. 4　　　　　　C. 5　　　　　　D. 6

【参考答案】A

【解析】应于次年3月底前完成应缴可再生能源发展基金的汇算清缴工作。

29. 下列关于农网还贷资金的说法错误的是（　　）。

A. 农网还贷资金是对农网改造贷款"一省多贷"的省、自治区、直辖市电力用户征收的政府性基金，专项用于农村电网改造贷款还本付息

B. 自备电厂自用电量征收农网还贷资金

C. 农业排灌、抗灾救灾及氮肥、磷肥、钾肥和原化工部颁发生产许可证的复合肥生产用电免征农网还贷资金

D. 农网还贷资金由电网经营企业在向用户收取电费时一并收取

【参考答案】B

【解析】依据《财政部关于印发农网还贷资金征收使用管理办法》（财企〔2001〕820号）第三条规定，自备电厂自用电量免征农网还贷资金。

30. 免税商品特许经营费取得的依据是（　　）。

A. 特许经营权

B. 国家资源（资产）所有者权益

C. 国家权力

D. 政府信誉

【参考答案】A

【解析】免税商品特许经营费属于十二类非税收入中的特许经营权收入。

31. 彩票公益金纳入（　　）预算管理，专款专用，结余结转下年继续使用。

　　A. 一般公共　　　　　　　　　　B. 政府性基金

C. 国有资本经营   D. 社会保险

【参考答案】B

【解析】彩票公益金纳入政府性基金预算管理，专款专用，结余结转下年继续使用。

32. 彩票公益金收入按照（　　）的比例在中央和地方进行分配。

　　A. 50∶50   B. 60∶40   C. 70∶30   D. 80∶20

【参考答案】A

【解析】彩票公益金收入按照50∶50的比例在中央和地方进行分配。

33. 彩票公益金按照（　　）彩票销售额据实结算后分别上缴中央财政和省级财政。

　　A. 每周   B. 每月   C. 每季度   D. 每年

【参考答案】B

【解析】彩票公益金按照每月彩票销售额据实结算后分别上缴中央财政和省级财政。

34. 彩票发行机构应当根据彩票需求状况及彩票品种的特性，在彩票游戏规则中合理拟定彩票公益金比例。彩票公益金比例最低不得低于（　　）。

　　A. 30%   B. 25%   C. 20%   D. 15%

【参考答案】C

【解析】依据《财政部关于进一步规范和加强彩票资金构成比例政策管理的通知》（财综〔2015〕94号）的规定。

35. 未经（　　）或（　　）批准，任何地方、部门和单位不得擅自改变乏燃料处理处置基金的征收对象、范围和标准，不得减征、免征、缓征、停征乏燃料处理处置基金，也不得改变乏燃料处理处置基金的使用范围和原则。

　　A. 国务院；财政部   B. 财政部；国家税务总局
　　C. 财政部；国家能源局   D. 国务院；国家税务总局

【参考答案】A

【解析】关于印发《核电站乏燃料处理处置基金征收使用管理暂行办法》的通知第四章第十六条："未经国务院或财政部批准，任何地方、部门和单位不得擅自改变乏燃料处理处置基金的征收对象、范围和标准，不得减征、免征、缓征、停征乏燃料处理处置基金，也不得改变乏燃料处理处置基金的使用范围和原则。"

36. 核电站乏燃料处理处置基金缴费人按（　　）自行申报缴纳，凡无正当理由拖欠缴纳乏燃料处理处置基金的，税务部门应责令其尽快补缴，并从逾期之日起按日加收滞纳金额1‰的滞纳金。

   A. 年　　　　　B. 季　　　　　C. 月　　　　　D. 次

   【参考答案】A

   【解析】《核电站乏燃料处理处置基金征收使用管理暂行办法》第一章第八条：核电厂应于每年1月10日前向所在地专员办申报上年实际上网销售电量和应缴纳的乏燃料处理处置基金。

37. 核电站乏燃料处理处置基金征收对象为拥有已投入商业运行（　　）年以上压水堆核电机组的核电厂。

   A. 一　　　　　B. 三　　　　　C. 五　　　　　D. 十

   【参考答案】C

   【解析】《核电站乏燃料处理处置基金征收使用管理暂行办法》第二章第四条：凡拥有已投入商业运行五年以上压水堆核电机组的核电厂，应当按照本办法规定缴纳乏燃料处理处置基金。

38. 核电站乏燃料处理处置基金征收标准为（　　）元/千瓦时。

   A. 0.012　　　B. 0.02　　　C. 0.026　　　D. 0.03

   【参考答案】C

   【解析】《核电站乏燃料处理处置基金征收使用管理暂行办法》第二章第五条：乏燃料处理处置基金按照核电厂已投入商业运行五年以上压水堆核电机组的实际上网销售电量征收，征收标准为0.026元/千瓦时。

39. 海南离岛旅客免税购物商店按经营免税商品业务年销售收入的（　　）缴纳免税商品特许经营费。

   A. 1%　　　　B. 2%　　　　C. 3%　　　　D. 4%

   【参考答案】D

   【解析】离岛免税店按经营免税商品业务年销售收入的4%，向国家上缴免税商品特许经营费。

40. 除海南离岛旅客免税购物商店以外的其他经营免税商品或代理销售免税商品的企业，按经营免税商品业务年销售收入的（　　）缴纳免税商品特许经营费。

A. 1% B. 2% C. 3% D. 4%

【参考答案】A

【解析】免税商品特许经营费征收标准是年销售收入的1%。

41. 电力用户应缴纳的重大水利建设工程建设基金、农网还贷资金由（ ）代征。

    A. 商业银行 B. 电网企业
    C. 基层组织 D. 邮政部门

【参考答案】B

【解析】省级电网企业在向电力用户收取电费时一并代征重大水利建设工程建设基金、农网还贷资金。

42. 2016年2月1日起，省级大中型水库库区基金、小型水库移民扶助基金合并为（ ）。

    A. 农网还贷基金 B. 地方水库移民扶持基金
    C. 地方水利建设基金 D. 国家重大水利工程建设基金

【参考答案】B

【解析】依据《财政部关于取消、停征和整合部分政府性基金项目等有关问题的通知》（财税〔2016〕11号）。

43. 石油特别收益金征收比率按石油开采企业销售原油月加权平均价格确定，起征点为每桶（ ）美元。

    A. 55 B. 60 C. 65 D. 70

【参考答案】C

【解析】经国务院批准，财政部决定从2015年1月1日起，将石油特别收益金起征点提高至65美元/桶。

44. 安徽省与江苏省交接地带，存在小部分安徽省向江苏省销售电量的情况，请问这部分跨省份销售电量由（ ）可再生能源发展基金。

    A. 由安徽省征收
    B. 由江苏省征收
    C. 由安徽省与江苏省各征收50%
    D. 由国家电网有限公司总部征收

【参考答案】B

【解析】依据《可再生能源发展基金征收使用管理暂行办法》第六条，

省（自治区、直辖市）际间交易电量，计入受电省份的销售电量征收可再生能源电价附加。

45. 使用移民后期扶持基金的省、自治区、直辖市人民政府，应在每年（　　）截止前，将上年度基金使用情况书面报送财政部和国务院移民管理机构。

A. 一季度　　　B. 二季度　　　C. 三季度　　　D. 四季度

【参考答案】A

【解析】依据《大中型水库移民后期扶持基金征收使用管理暂行办法》第十九条，使用移民后期扶持基金的省、自治区、直辖市人民政府，应在每年一季度截止前，将上年度基金使用情况书面报送财政部和国务院移民管理机构。

46. 大中型水库移民后期扶持基金由各（　　）在向电力用户收取电费时一并代征，按月上缴中央国库。

A. 市县（区）级电网企业　　　B. 省级电网企业
C. 市级电网企业　　　D. 区级电网企业

【参考答案】B

【解析】依据《大中型水库移民后期扶持基金征收使用管理暂行办法》第七条，后期扶持基金由各省级电网企业在向电力用户收取电费时一并代征，按月上缴中央国库。

二、多选题

1. 下列属于地方水利建设基金的来源是（　　）。

   A. 从地方收取的政府性基金中提取
   B. 从地方收取的行政事业性收费收入中提取
   C. 经财政部批准，各省、自治区、直辖市向企事业单位征收
   D. 经财政部批准，各省、自治区、直辖市向个体经营者征收

【参考答案】ABCD

【解析】地方水利建设基金的来源：（1）从地方收取的政府性基金和行政事业性收费收入中提取3%。应提取水利建设基金的地方政府性基金和行政事业性收费项目包括：车辆通行费、城市基础设施配套费、征地管理费，以及省、自治区、直辖市人民政府确定的政府性基金和行政事业性收费项目。

(2) 经财政部批准,各省、自治区、直辖市向企事业单位和个体经营者征收的水利建设基金。(3) 地方人民政府按规定从中央对地方成品油价格和税费改革转移支付资金中足额安排资金,划入水利建设基金。(4) 有重点防洪任务和水资源严重短缺的城市要从征收的城市维护建设税中划出不少于15%的资金,用于城市防洪和水源工程建设。具体比例由省、自治区、直辖市人民政府确定。

2. 可再生能源发展基金包括（　　）等部分。

　　A. 国家财政公共预算安排的专项资金

　　B. 农网还贷资金

　　C. 电站水资源费

　　D. 依法向电力用户征收的可再生能源电价附加收入

【参考答案】AD

【解析】依据《可再生能源发展基金征收使用管理暂行办法》第三条,可再生能源发展基金包括国家财政公共预算安排的专项资金和依法向电力用户征收的可再生能源电价附加收入等。

3. 可再生能源电价附加征收范围的销售电量包括（　　）。

　　A. 省级电网企业（含各级子公司）销售给电力用户的电量

　　B. 省级电网企业扣除合理线损后的趸售电量

　　C. 省级电网企业对境外销售电量

　　D. 企业自备电厂自发自用电量

【参考答案】ABCD

【解析】依据《可再生能源发展基金征收使用管理暂行办法》第六条,各省、自治区、直辖市纳入可再生能源电价附加征收范围的销售电量包括:(1) 省级电网企业（含各级子公司）销售给电力用户的电量;(2) 省级电网企业扣除合理线损后的趸售电量（即实际销售给转供单位的电量,不含趸售给各级子公司的电量）;(3) 省级电网企业对境外销售电量;(4) 企业自备电厂自发自用电量;(5) 地方独立电网（含地方供电企业,下同）销售电量（不含省级电网企业销售给地方独立电网的电量）;(6) 大用户与发电企业直接交易的电量。

4. 可再生能源发展专项资金主要用于支持以下（　　）可再生能源开发利用活动。

A. 可再生能源开发利用的科学技术研究、标准制定和示范工程

B. 农村、牧区生活用能的可再生能源利用项目

C. 偏远地区和海岛可再生能源独立电力系统建设

D. 可再生能源的资源勘查、评价和相关信息系统建设

【参考答案】ABCD

【解析】依据《可再生能源发展基金征收使用管理暂行办法》第十四条,可再生能源发展专项资金主要用于支持以下可再生能源开发利用活动:(1)可再生能源开发利用的科学技术研究、标准制定和示范工程;(2)农村、牧区生活用能的可再生能源利用项目;(3)偏远地区和海岛可再生能源独立电力系统建设;(4)可再生能源的资源勘查、评价和相关信息系统建设;(5)促进可再生能源开发利用设备的本地化生产;(6)《中华人民共和国可再生能源法》规定的其他相关事项。

5. 核电厂缴纳的乏燃料处理处置基金具体使用范围包括(　　)。

    A. 乏燃料运输

    B. 乏燃料离堆贮存

    C. 乏燃料后处理所产生的高放废物的处理处置

    D. 乏燃料后处理厂的建设、运行、改造和退役

【参考答案】ABCD

【解析】《核电站乏燃料处理处置基金征收使用管理暂行办法》第三章第十条,核电厂缴纳的乏燃料处理处置基金,由政府相关部门和机构专项用于乏燃料处理处置。具体使用范围包括:(1)乏燃料运输;(2)乏燃料离堆贮存;(3)乏燃料后处理(含乏燃料后处理中试厂进行的商用核电站乏燃料后处理);(4)乏燃料后处理所产生的高放废物的处理处置;(5)乏燃料后处理厂的建设、运行、改造和退役;(6)乏燃料处理处置的其他支出。

6. 未经(　　)或(　　)批准,任何地方、部门和单位不得擅自改变乏燃料处理处置基金的征收对象、范围和标准,不得减征、免征、缓征、停征乏燃料处理处置基金,也不得改变乏燃料处理处置基金的使用范围和原则。

    A. 国务院　　　　　　　　　　B. 财政部

    C. 国家税务总局　　　　　　　D. 国家能源局

【参考答案】AB

【解析】依据《财政部 发展改革委 工业和信息化部关于印发〈核电站乏

燃料处理处置基金征收使用管理暂行办法〉的通知》第四章第十六条，未经国务院或财政部批准，任何地方、部门和单位不得擅自改变乏燃料处理处置基金的征收对象、范围和标准，不得减征、免征、缓征、停征乏燃料处理处置基金，也不得改变乏燃料处理处置基金的使用范围和原则。

7. 大中型水库移民后期扶持基金的征收原则是（　　）。

  A. 全国统筹，分省（区、市）计征

  B. 企业、社会、中央与地方合理负担

  C. 工业反哺农业

  D. 城市支持农村

  E. 东部地区支持中西部地区

【参考答案】ABCDE

【解析】后期扶持基金按以下原则进行筹集：全国统筹，分省（自治区、直辖市）计征；企业、社会、中央与地方合理负担；工业反哺农业，城市支持农村；东部地区支持中西部地区。

8. 可再生能源发展基金中的可再生能源包括（　　）。

  A. 风能 B. 太阳能 C. 水能 D. 地热能

【参考答案】ABCD

【解析】可再生能源是指自然界中可以不断利用、循环再生的一种能源，例如太阳能、风能、水能、生物质能、海洋能、潮汐能、地热能等。

9. 国家重大水利工程建设基金在除西藏自治区以外的全国范围内向电力用户征收。以各省、自治区、直辖市扣除国家扶贫开发工作重点县农业排灌用电后的全部销售电量为计费依据。各省、自治区、直辖市全部销售电量包括（　　）。

  A. 省级电网企业销售给电力用户的电量

  B. 省级电网企业扣除合理线损后的趸售电量（实际销售给转供单位的电量）

  C. 省级电网企业销售给子公司的电量和对境外销售电量

  D. 企业自备电厂自发自用电量

  E. 地方独立电网销售电量（不含省级电网企业销售给地方独立电网企业的电量）

【参考答案】ABCDE

【解析】国家重大水利建设基金的计费依据为各省、自治区、直辖市扣除国家扶贫开发工作重点县农业排灌用电后的全部销售电量。全部销售电量包括：省级电网企销售给电力用户的电量；省级电网企业扣除合理线损后的趸售电量（即实际销售给转供单位的电量）；省级电网企业销售给子公司的电量和对境外销售电量；企业自备电厂自发自用电量；地方独立电销售电量（不含省级电网企业销售给地方独立电网企业的电量）跨省（自治区、直辖市）电力交易，计入受电省份销售电量。

10. 国家重大水利工程建设基金是国家为（   ）而设立的政府性基金。

    A. 支持南水北调工程建设

    B. 增加财政收入

    C. 解决三峡工程后续问题

    D. 加强中西部地区重大水利工程建设

    【参考答案】 ACD

    【解析】依据《国家重大水利工程建设基金征收使用管理暂行办法》第二条，国家重大水利工程建设基金是国家为支持南水北调工程建设、解决三峡工程后续问题以及加强中西部地区重大水利工程建设而设立的政府性基金。

11. 为了促进光伏产业健康发展，根据《国务院关于促进光伏产业健康发展的若干意见》（国发〔2013〕24号）的有关规定，对分布式光伏发电自发自用电量免收（   ）这几项针对电量征收的政府性基金。

    A. 可再生能源电价附加　　　　B. 国家重大水利工程建设基金

    C. 大中型水库移民后期扶持基金　　D. 农网还贷资金

    【参考答案】 ABCD

    【解析】依据《财政部关于对分布式光伏发电自发自用电量免征政府性基金有关问题的通知》（财综〔2013〕103号），为了促进光伏产业健康发展，根据《国务院关于促进光伏产业健康发展的若干意见》（国发〔2013〕24号）的有关规定，对分布式光伏发电自发自用电量免收可再生能源电价附加、国家重大水利工程建设基金、大中型水库移民后期扶持基金、农网还贷资金等4项针对电量征收的政府性基金。

12. 下列基金和收费项目中，须提取水利建设基金的有（   ）。

    A. 城市维护建设税

    B. 中央对地方成品油价格和税费改革转移支付资金

C. 征地管理费

D. 城市基础设施配套费

E. 车辆通行费

【参考答案】BCDE

【解析】应提取水利建设基金的地方政府性基金和行政事业性收费项目包括：车辆通行费、城市基础设施配套费、征地管理费、中央对地方成品油价格和税费改革转移支付资金。

13. 电力类非税收入明细信息采集表可用于以下（　　）非税收入的申报。

    A. 国家重大水利工程建设基金

    B. 大中型水库移民后期扶持基金

    C. 农网还贷资金

    D. 可再生能源发展基金

【参考答案】ABCD

【解析】国家重大水利工程建设基金、大中型水库移民后期扶持基金、农网还贷资金、可再生能源发展基金均采用电力类非税收入明细信息采集表申报。

14. 可再生能源发展基金的缴费人包括（　　）。

    A. 非居民用电户　　　　　　　　B. 居民用电户

    C. 自备电厂企业　　　　　　　　D. 电力用户

【参考答案】ABCD

【解析】各省、自治区、直辖市纳入可再生能源电价附加征收范围的销售电量包括：（1）省级电网企业（含各级子公司）销售给电力用户的电量；（2）省级电网企业扣除合理线损后的趸售电量（即实际销售给转供单位的电量，不含趸售给各级子公司的电量）；（3）省级电网企业对境外销售电量；（4）企业自备电厂自发自用电量；（5）地方独立电网（含地方供电企业，下同）销售电量（不含省级电网企业销售给地方独立电网的电量）；（6）大用户与发电企业直接交易的电量。

15. 财政预算安排的大中型水库移民后期扶持专项资金，包括（　　）和（　　）。

    A. 用对销售电量加价部分征收的增值税安排的资金

    B. 用于解决中央直属水库移民遗留问题的定额补助资金

C. 用于移民生活的补助

D. 用于移民生产的补助

【参考答案】AB

【解析】依据《大中型水库移民后期扶持基金征收使用管理暂行办法》第五条，财政预算安排的大中型水库移民后期扶持专项资金，包括用对销售电量加价部分征收的增值税安排的资金和用于解决中央直属水库移民遗留问题的定额补助资金。

16. 根据《关于做好 2016 年油价调控风险准备金收缴工作的通知》（财税〔2016〕142 号）的规定，汽油、柴油实际销售数量按照以下（　　）规定确定。

    A. 直接生产销售汽油、柴油的（包括销售未经生产加工的外购汽油、柴油），其销售数量以发票开具日期及数量为准。如无法提供发票的，以无法确定销售日期的全月销售量和窗口期占全月时间比合理确定

    B. 直接生产销售汽油、柴油的（不包括销售未经生产加工的外购汽油、柴油），其销售数量以发票开具日期及数量为准。如无法提供发票的，以无法确定销售日期的全月销售量和窗口期占全月时间比合理确定

    C. 进口汽油、柴油的，其销售数量以报关日期及报关数量为准

    D. 委托加工汽、柴油的，其销售数量按已委托加工合同签署日期及交货凭证确认。如没有交货凭证的，以月度总交货量和窗口期占全月时间比合理确定

    E. 来料加工贸易以及直接用于一般贸易出口的汽油、柴油，不纳入风险准备金征收范围

【参考答案】BCDE

【解析】直接生产销售汽油、柴油的（不包括销售未经生产加工的外购汽、柴油），其销售数量以发票开具日期及数量为准。如无法提供发票的，以无法确定销售日期的全月销售量和窗口期占全月时间比合理确定。

17. 关于油价调控风险准备金征收管理，下列说法正确的有（　　）。

    A. 风险准备金的缴纳地点为缴纳义务人注册登记地

    B. 按季度缴纳的，缴纳义务人应当于每季度后 15 个工作日内，如实填写油价调控风险准备金申报表，提交给征收机关审核

    C. 按年度缴纳的，缴纳义务人应当于每年 1 月 15 日前，如实填写油价调

控风险准备金申报表,提交给征收机关审核

D. 征收机关应当于 5 个工作日内完成对申报材料的审核,并向缴纳义务人开具《非税收入一般缴款书》

E. 缴费人按照《非税收入一般缴款书》所规定的缴款额,在 5 个工作日内足额上缴风险准备金

【参考答案】ADE

【解析】依据《油价调控风险准备金征收管理办法》的规定,按季度缴纳的,缴纳义务人应当于每季度前 15 个工作日内,如实填写油价调控风险准备金申报表,提交给征收机关审核。按年度缴纳的,缴纳义务人应当于每年 1 月 20 日前,如实填写油价调控风险准备金申报表,提交给征收机关审核。

18. 以下非税收入申报缴纳使用非税收入通用申报表的是（   ）。
    A. 核电站乏燃料处理处置基金　　B. 可再生能源发展基金
    C. 国家重大水利工程建设基金　　D. 石油特别收益金

【参考答案】ABC

【解析】依据《国家税务总局关于国家重大水利工程建设基金等政府非税收入项目征管职责划转有关事项的公告》（国家税务总局公告 2018 年第 63 号）,国家重大水利工程建设基金、农网还贷资金、可再生能源发展基金、中央水库移民扶持基金（含大中型水库移民后期扶持基金、三峡水库库区基金、跨省际大中型水库库区基金）、三峡电站水资源费、核电站乏燃料处理处置基金、免税商品特许经营费、核事故应急准备专项收入和国家留成油收入等非税收入的申报,统一使用非税收入通用申报表,石油特别收益金使用石油特别收益金申报表,油价调控风险准备金使用油价调控风险准备金申报表。

三、判断题

1. 三峡库区移民专项资金从三峡电站投产发电时开始计提,每台机组提取期限为整个服役期。　　　　　　　　　　　　　　　　　　　　　　（　　）

【参考答案】×

【解析】三峡库区移民专项资金从三峡电站投产发电时开始计提,每台机组提取期限为 10 年。

2. 油价调控风险准备金的缴纳义务人为中华人民共和国境内生产、委托加工和进口汽油、柴油、润滑油等成品油生产经营企业。　　　　　　（　　）

【参考答案】×

【解析】缴纳义务人为中华人民共和国境内生产、委托加工和进口汽油、柴油等成品油生产经营企业。

3. 凡拥有已投入商业运行的压水堆核电机组的核电厂,应当按规定缴纳乏燃料处理处置基金。 (　)

【参考答案】√

【解析】略。

4. 在确定国家重大水利工程建设基金的计费依据时,跨省(自治区、直辖市)电力交易应计入供电省份销售电量。 (　)

【参考答案】×

【解析】《国家重大水利工程建设基金征收使用管理暂行办法》(财综〔2009〕90号)第五条规定,跨省(自治区、直辖市)电力交易,计入受电省份销售电量。

5. 拥有自备电厂企业、地方独立电网企业应准确计量自发自用电量和销售电量,不能准确计量的,按照其设计发电(售电)能力核定自发自用电量和销售电量,并确定重大水利基金征收数额。 (　)

【参考答案】×

【解析】拥有自备电厂企业、地方独立电网企业应准确计量自发自用电量和销售电量,不能准确计量的,按照其最大发电(售电)能力核定自发自用电量和销售电量,并确定重大水利基金征收数额。

6. 《免税商品特许经营费缴纳办法》规定的免税商品是指免征关税、进口环节税的进口商品,不包括进入免税店销售的国产商品。 (　)

【参考答案】×

【解析】依据财企〔2004〕241号,免税商品是指免征关税、进口环节税的进口商品和实行退(免)税(增值税、消费税)进入免税店销售的国产商品。

7. 油价调控风险准备金由缴纳义务人申报缴纳。其中,缴纳义务人有两个及以上从事成品油生产经营企业的,可由征收机关指定集团公司或其他公司实行汇总缴纳。 (　)

【参考答案】√

【解析】略。

8. 当国际市场原油价格低于国家规定的成品油价格调控下限时,缴纳义务人应按照汽油、柴油的销售数量和规定的征收标准缴纳石油特别收益金。

（　　）

【参考答案】×

【解析】当国际市场原油价格低于国家规定的成品油价格调控下限时,缴纳义务人应按照汽油、柴油的销售数量和规定的征收标准缴纳油价调控风险准备金。

9. 自2019年1月1日起,免税商品特许经营费因误收误缴、汇算清缴、收入减免等政策性原因需要退库的,缴费人向主管税务机关申请办理。（　　）

【参考答案】×

【解析】涉及误收误缴、汇算清缴需要退库的,缴费人向主管税务机关申请办理。涉及收入减免等政策性原因需要退库的,按照财政部有关退库管理规定办理。

10. 根据现行税收政策规定,国家重大水利工程建设基金减半征收教育费附加。

（　　）

【参考答案】×

【解析】依据《财政部 国家税务总局关于免征国家重大水利工程建设基金的城市维护建设税和教育费附加的通知》（财税〔2010〕44号）,经国务院批准,为支持国家重大水利工程建设,对国家重大水利工程建设基金免征城市维护建设税和教育费附加。

11. 重大水利基金应严格按规定安排使用,实行专款专用,年终不得结余。

（　　）

【参考答案】×

【解析】依据《国家重大水利工程建设基金征收使用管理暂行办法》第二十二条,重大水利基金应严格按规定安排使用,实行专款专用,年终结余结转下年度继续使用。

12. 对于国家重大水利工程建设基金、可再生能源发展基金、跨省际大中型水库库区基金、地方水库移民后期扶持基金、三峡电站水资源费2018年度以后的汇算清缴,缴费人向税务部门申请办理。（　　）

【参考答案】×

【解析】依据《国家税务总局关于国家重大水利工程建设基金等政府非税

收入项目征管职责划转有关事项的公告》（国家税务总局公告 2018 年第 63 号），对于国家重大水利工程建设基金、可再生能源发展基金、跨省际大中型水库库区基金、大中型水库移民后期扶持基金、三峡电站水资源费 2018 年度的汇算清缴，缴费人向专员办申报办理。以后年度的汇算清缴，缴费人向税务部门申报办理。

13. 自 2019 年 1 月 1 日起，国家重大水利工程建设基金涉及收入减免等政策性原因需要退库的，按照税务机关有关退库管理规定办理。（　　）

【参考答案】×

【解析】依据《国家税务总局关于国家重大水利工程建设基金等政府非税收入项目征管职责划转有关事项的公告》（国家税务总局公告 2018 年第 63 号），涉及误收误缴、汇算清缴需要退库的，缴费人向主管税务机关申请办理。涉及收入减免等政策性原因需要退库的，按照财政部有关退库管理规定办理。

14. 专员办应根据省级电网企业、拥有自备电厂企业和地方独立电网企业全年实际销售电量（自发自用电量），在次年 5 月底前完成对相关企业全年应缴重大水利基金的汇算清缴工作。（　　）

【参考答案】×

【解析】依据《国家重大水利工程建设基金征收使用管理暂行办法》第十条，专员办应根据省级电网企业、拥有自备电厂企业和地方独立电网企业全年实际销售电量（自发自用电量），在次年 3 月底前完成对相关企业全年应缴重大水利基金的汇算清缴工作。

15. 自 2019 年 1 月 1 日起，国家重大水利工程基金缴费人申报符合非税收入减免政策的，缴费人自行申报享受，相关资料需送当地税务部门备案。

（　　）

【参考答案】×

【解析】依据《国家税务总局关于国家重大水利工程建设基金等政府非税收入项目征管职责划转有关事项的公告》（国家税务总局公告 2018 年第 63 号），缴费人采用自行申报方式办理非税收入申报缴纳等有关事项。相关电网企业按照现行规定进行代征，并向税务部门申报缴纳。符合非税收入减免政策的，缴费人自行申报享受，相关资料由缴费人留存备查，并对资料的真实性和合法性承担责任。

16. 2019 年 1 月 1 日划转税务征收的国家重大水利工程建设基金通过非税收

入通用申报表进行申报。（　　）

【参考答案】√

【解析】依据《国家税务总局关于国家重大水利工程建设基金等政府非税收入项目征管职责划转有关事项的公告》（国家税务总局公告2018年第63号），国家重大水利工程建设基金、农网还贷资金、可再生能源发展基金、中央水库移民扶持基金（含大中型水库移民后期扶持基金、三峡水库库区基金、跨省际大中型水库库区基金）、三峡电站水资源费、核电站乏燃料处理处置基金、免税商品特许经营费、核事故应急准备专项收入和国家留成油收入等非税收入的申报，统一使用非税收入通用申报表。

17. 国家财政设立可再生能源发展基金，资金来源包括国家财政年度安排的专项资金和依法征收的可再生能源电价附加收入。（　　）

【参考答案】√

【解析】依据《可再生能源发展基金征收使用管理暂行办法》第三条，可再生能源发展基金包括国家财政公共预算安排的专项资金和依法向电力用户征收的可再生能源电价附加收入等。

18. 可再生能源电价附加在除西藏自治区以外的全国范围内，对各省、自治区、直辖市扣除农业生产用电（不含农业排灌用电）后的销售电量征收。

（　　）

【参考答案】×

【解析】依据《可再生能源发展基金征收使用管理暂行办法》第五条，可再生能源电价附加在除西藏自治区以外的全国范围内，对各省、自治区、直辖市扣除农业生产用电（含农业排灌用电）后的销售电量征收。

四、综合题

某商贸企业2021年1月取得销售收入110 000元，2月取得销售收入90 000元，已知该企业的地方水利建设基金按月申报缴纳，该企业2021年1—2月应缴纳多少地方水利建设基金？

【答案与解析】

已知该企业是商贸企业，地方水利建设基金按其销售收入或营业收入的0.6‰征收；该企业的地方水利建设基金按月申报缴纳，根据《财政部 国家税务总局关于扩大有关政府性基金免征范围的通知》（财税〔2016〕12号）

按月纳税的月销售额或营业额不超过 10 万元的缴纳义务人免征水利建设基金。

2021 年 1 月取得销售收入 110 000 元,应缴纳地方水利建设基金 = 110 000 × 0.6‰ = 66 元,2 月取得销售收入 90 000 元,符合免征条件,应缴纳地方水利建设基金为 0 元。

综上,该企业 2021 年 1—2 月应缴纳地方水利建设基金 66 + 0 = 66 元。

第四章　2021年以后划转税务机关征收的非税收入

第一部分　知识结构

2021年1月1日，水利部、生态环境部、国家人防办主管的水土保持补偿费、地方水库移民扶持基金、排污权出让收入、防空地下室易地建设费划转税务部门征收。

2021年7月1日，自然资源部、住建部主管的土地闲置费、城镇垃圾处理费两个项目将划转税务部门征收；自然资源部主管的国有土地使用权出让收入、矿产资源专项收入、海域使用金、无居民海岛使用金四项非税收入同步在部分地区试点，并于2022年1月1日在全国实施划转。

2023年1月1日，林草局主管的森林植被恢复费、草原植被恢复费划转至税务部门征收。

本章主要讲解水土保持补偿费、地方水库移民扶持基金、排污权出让收入、防空地下室易地建设电费、土地闲置费、城镇垃圾处理费、国有土地使用权出让收入、矿产资源专项收入、海域使用金、无居民海岛使用金、森林植被恢复费、草原植被恢复费的内容。

【本章思维导图】

2021年以后划转税务机关征收的非税收入
- 水土保持补偿费
- 地方水库移民扶持基金
- 排污权出让收入
- 防空地下室易地建设费
- 土地闲置费
- 城镇垃圾处理费
- 国有土地使用权出让收入
- 矿产资源专项收入
- 海域使用金
- 无居民海岛使用金
- 森林植被恢复费
- 草原植被恢复费

【知识要点】

一、水土保持补偿费

水土保持补偿费是水行政主管部门对损坏水土保持设施和地貌植被、不能恢复原有水土保持功能的生产建设单位和个人征收并专项用于水土流失预防治理的资金。

1. 征收管理

征收对象：在山区、丘陵区、风沙区以及水土保持规划确定的容易发生水土流失的其他区域开办生产建设项目或者从事其他生产建设活动，损坏水土保持设施、地貌植被、不能恢复原有水土保持功能的单位和个人。

这里的其他生产建设活动包括：

（1）取土、挖砂、采石（不含河道采砂）；

（2）烧制砖、瓦、瓷、石灰；

（3）排放废弃土、石、渣。

征收标准：

（1）对于一般性生产建设项目，需缴纳建设期水土保持补偿费。按照征占用土地面积,每平方米1元。

(2) 对于开采矿产资源类项目,除一次性缴纳建设期补偿费,建设单位还需按季度缴纳开采期补偿费。开采期补偿费采用从价计征的方法,以矿产资源的销售额为基数计算开采期补偿费,具体标准是:开采期间,石油、天然气根据油、气生产井(不包括水井、勘探井)占地面积按年征收,每口油、气生产井占地面积按2000平方米计算;对丛式井每增加一口井,增加计征面积按400平方米计算,每平方米每年收费1元。石油、天然气以外的矿产资源按照开采量(采掘、采剥总量)销售额计征,其中井下开采类项按销售额1‰计征,露天开采类项目按销售额1.5‰计征。对已实行资源税改革的煤炭企业减半收费。

(3) 取土、挖砂(河道采砂除外)、采石以及烧制砖、瓦、瓷、石灰的,根据取土、挖砂、采石量,按照每立方米0.5元计征(不足1立方米的按1立方米计算)。对缴纳义务人已按前两种方式计征水土保持补偿费的,不再重复计征。

(4) 排放废弃土、石、渣的,根据土、石、渣排放量,按照每立方米0.5元计征(不足1立方米的按1立方米计算)。对缴纳义务人已按前三种方式计征水土保持补偿费的,不再重复计征。

缴费期限:

按次缴纳的,开办一般性生产建设项目的在项目开工前、开采矿产资源处于建设期的在建设活动开始前,缴费人按水行政主管部门审核确定的应征费额自行申报缴纳。

按期缴纳的,在项目投产后,由缴费人按照法定的计费依据、征收标准等确定应缴费额,缴费人按季自行申报缴纳,缴纳期限为季度终了后15日内。

从事其他生产建设活动的,缴纳水土保持补偿费的时限由县(市、区)水行政主管部门确定。

2. 减免管理

以下情形免征水土保持补偿费:

(1) 建设学校、幼儿园、医院、养老服务设施、孤儿院、福利院等公益性工程项目的;

(2) 农民依法利用农村集体土地新建、翻建自用住房的;

（3）按照相关规划开展小型农田水利建设、田间土地整治建设和农村集中供水工程建设的；

（4）建设保障性安居工程、市政生态环境保护基础设施项目的；

（5）建设军事设施的；

（6）按照水土保持规划开展水土流失治理活动的；

（7）法律、行政法规和国务院规定免征水土保持补偿费的其他情形。

3. 监督管理

《中华人民共和国水土保持法》第五十七条规定：对违反本法，拒不缴纳水土保持补偿费的，由县级以上人民政府水行政主管部门责令限期缴纳；逾期不缴纳的，自滞纳之日起按日加收滞纳部分万分之五的滞纳金，可以处应缴水土保持补偿费三倍以下的罚款。

【多选题】下列为水土保持补偿费的缴纳义务人的有（　　）。

A. 在山区开办砖厂的单位　　B. 在丘陵区采石的个人
C. 在风沙区烧制石灰的企业　D. 在平原排放废弃土的企业

【参考答案】ABC

【解析】水土保持补偿费的缴纳义务人为在山区、丘陵区、风沙区以及水土保持规划确定的容易发生水土流失的其他区域开办生产建设项目或者从事其他生产建设活动，损坏水土保持设施、地貌植被、不能恢复原有水土保持功能的单位和个人。

【多选题】下列关于水土保持补偿费收费标准的说法正确的有（　　）。

A. 开采矿产资源的，建设期间，按照征占用土地面积一次性计征

B. 开采期间，石油、天然气按照开采量计征

C. 取土、挖砂（河道采砂除外）、采石以及烧制砖、瓦、瓷、石灰的，根据取土、挖砂、采石量计征

D. 对水利水电工程建设项目，水库淹没区不在水土保持补偿费计征范围之内

【参考答案】ACD

【解析】开采期间，石油、天然气根据油、气生产井（不包括水井、勘探井）占地面积按年征收，每口油、气生产井占地面积按2 000平方米计算。

二、地方水库移民扶持基金

地方水库移民扶持基金由省级大中型水库库区基金和小型水库移民扶助基金组成。

（1）省级大中型水库库区基金。

库区基金属于政府性基金，实行分省统筹，纳入财政预算，实行"收支两条线"管理。其中，省级辖区内大中型水库的库区基金，由省级财政部门负责征收。

库区基金从有发电收入的大中型水库发电收入中筹集，根据水库实际上网销售电量，按不高于8厘/千瓦时的标准征收。

地方政府在安排库区基金时，应将其中的75%用于支持实施库区及移民安置区基础设施建设和经济发展规划，以及解决水库移民的其他遗留问题，其余部分用于库区防护工程及移民生产、生活设施维护。库区基金列入企业成本，按规定不征收企业所得税。应缴纳库区基金的大中型水库应在每月终了后7日内，按规定上缴库区基金。

（2）小型水库移民扶助基金。

小型水库移民扶助基金的管理办法由各省自行制定。

【判断题】地方水库移民扶持基金由省级大中型水库库区基金和小型水库移民扶助基金组成。（　　）

【参考答案】√

【解析】略。

三、排污权出让收入

排污权出让收入，是指政府以有偿出让方式配置排污权取得的收入，包括采取定额出让方式出让排污权收取的排污权使用费和通过公开拍卖等方式出让排污权取得的收入。

1. 征收管理

现有排污单位；新建项目排污权和改建、扩建项目新增排污权，排污单位为缴纳义务人。

现有排污单位，是指试点地区核定初始排污权以及排污权有效期满后重新核定排污权时，已建成投产并通过环保验收的排污单位。排污权，是指排污单位按照国家或者地方规定的污染物排放标准，以及污染物排放总量控制要求，经核定允许其在一定期限内排放污染物的种类和数量。排污权由试点地区县级以上地方环境保护主管部门按照污染源管理权限核定，并以排污许可证形式予以确认。污染物，是指国家作为约束性指标进行总量控制的污染物，以及试点地区选择对本地区环境质量有突出影响的其他污染物。

现有排污单位取得排污权，原则上采取定额出让方式，出让标准由试点地区价格、财政、环境保护部门根据当地污染治理成本、环境资源稀缺程度、经济发展水平等因素确定，在试点初期可暂免缴纳排污权使用费。新建项目排污权和改建、扩建项目新增排污权，原则上通过公开拍卖方式取得，拍卖底价可参照定额出让标准。

2. 监督管理

排污权使用费由地方环境保护部门按照污染源管理权限收取，全额缴入地方国库，纳入地方财政预算管理。排污权出让收入统筹用于污染防治，任何单位和个人不得截留、挤占和挪用。缴纳排污权使用费金额较大、一次性缴纳确有困难的排污单位，可分期缴纳，缴纳期限不得超过五年，首次缴款不得低于应缴总额的40%。试点地区财政、审计部门要加强对排污权出让收入使用情况的监督。

【多选题】排污权出让收入的缴费主体包括（　　）。

A. 现有排污单位　　　　　　　　B. 新建项目排污权

C. 改建、扩建项目新增排污权　　D. 排放污染物的个人

【参考答案】ABC

【解析】对于新建项目排污权和改建、扩建项目新增排污权的，现有排污单位为缴纳义务人。

【多选题】下列关于排污权出让收入的说法正确的有（　　）。

A. 现有排污单位取得排污权，原则上采取公开拍卖方式

B. 新建项目排污权和改建、扩建项目新增排污权，原则上通过定额出让方式取得

C. 排污权出让收入按次缴纳。缴纳排污权使用费金额较大、一次性缴纳

确有困难的排污单位,可在排污权有效期内分次缴纳,首次缴款不得低于应缴总额的40%

D. 排污单位应当自接到地方环境保护部门送达的排污权使用费缴纳通知单之后,自主填写非税收入通用申报表,向税务登记确认的主管税务机关申报缴纳排污权出让收入

【参考答案】CD

【解析】现有排污单位取得排污权,原则上采取定额出让方式;新建项目排污权和改建、扩建项目新增排污权,原则上通过公开拍卖方式取得。

四、防空地下室易地建设费

在人防重点城市的市区(直辖市含近郊区)新建民用建筑,要按规定修建防空地下室。但因条件限制不能同步配套建设的,建设单位可以申请易地建设。建设单位提出易地建设申请,经有批准权限的人防主管部门批准后,应按应建防空地下室的建筑面积和规定的易地建设费标准缴纳建设费用,由人防主管部门统一就地就近安排易地建设人防工程。

1. 征收管理

防空地下室易地建设费的缴费义务人为易地建设人防工程的建设单位。

2. 减免管理

(1)经有权部门认定的保障性住房,包括廉租住房、公共租赁住房、经济适用住房、易地扶贫搬迁、棚户区改造安置住房以及老旧住宅区整治建设项目,免收防空地下室易地建设费。

(2)经有权部门认定的中、小学(含幼儿园)"校安工程",免收防空地下室易地建设费。新建学校(幼儿园、小学、初中、高中和大学)教学楼(包含但不限于教室、实验室、公共教学用房、教师办公场所以教学活动为主的单体多层教学综合楼项目),减半收取防空地下室易地建设费。

(3)经有权部门批准(备案)的养老和医疗机构建设项目,非营利性的全额免收防空地下室易地建设费,营利性的减半收取防空地下室易地建设费。

(4)为残疾人修建的生活服务设施,减半收取防空地下室易地建设费。

(5)临时民用建筑、不增加面积的危房翻建改造商品住宅项目以及因遭

受水灾、火灾或其他不可抗拒的灾害造成损坏后按原面积修复的民用建筑，免收防空地下室易地建设费。

（6）其他按照国家规定减免的情形。

3. 监督管理

防空地下室易地建设费由各级人防主管部门严格按照国家规定组织收取。收取的收入属于预算外资金，应全额缴入预算外资金财政专户，实行"收支两条线"管理：防空地下室易地建设费应纳入人防经费预算，统筹安排并专项用于安排易地建设人防工程，各级人民政府和有关部门不得统筹调剂，不得用于平衡本级预算，不得挪作他用。

【单选题】经人民防空主管部门批准需缴纳防空地下室易地建设费的，建设单位在（   ），应当先缴纳防空地下室易地建设费。

A. 建设工程开工前　　　　　　　　B. 人防主管部门批准后
C. 建设工程完工前　　　　　　　　D. 办理建设工程规划许可证前

【参考答案】D

【解析】依据《人民防空工程建设管理规定》第五十四条规定。

【单选题】对以下新建民用建筑项目应减半收取防空地下室易地建设费的是（   ）。

A. 新建幼儿园、学校教学楼、养老院及为残疾人修建的生活服务设施等民用建筑
B. 临时民用建筑和不增加面积的危房翻新改造商品住宅项目
C. 因遭受水灾、火灾或其他不可抗拒的灾害造成损坏后按原面积修复的民用建筑
D. 非营利性养老和医疗机构建设

【参考答案】A

【解析】临时民用建筑、不增加面积的危房翻建改造商品住宅项目以及因遭受水灾、火灾或其他不可抗拒的灾害造成损坏后按原面积修复的民用建筑，免收防空地下室易地建设费。

五、土地闲置费

土地闲置费是指土地使用者依法取得土地使用权后，未经原批准用地的

人民政府同意，超过规定的期限未动工开发建设造成土地荒芜、闲置时，由土地使用者向土地行政主管部门缴纳的费用。

1. 征收管理

闲置土地，是指国有建设用地使用权人超过国有建设用地使用权有偿使用合同或者划拨决定书约定、规定的动工开发日期满 1 年未动工开发的国有建设用地。已动工开发但开发建设用地面积占应动工开发建设用地总面积不足 1/3 或者已投资额占总投资额不足 25%，中止开发建设满 1 年的国有建设用地，也可以认定为闲置土地。

以出让方式取得土地使用权进行房地产开发的，必须按照土地使用权出让合同约定的土地用途、动工开发期限开发土地。超过出让合同约定的动工开发日期满一年未动工开发的，可以征收相当于土地使用权出让金百分之二十以下的土地闲置费。

土地闲置费由自然资源部门向缴纳义务人（土地使用权人）出具《征缴土地闲置费决定书》等文书，并向税务部门推送《征缴土地闲置费决定书》等费源信息。缴纳义务人依据《征缴土地闲置费决定书》向税务部门申报缴纳，税务部门开具缴费凭证。土地闲置费申报期限按现行规定执行，未按时缴纳的，由税务部门出具催缴通知，并通过涉税渠道及时追缴。

《征缴土地闲置费决定书》应当包括下列内容：（1）国有建设用地使用权人的姓名或者名称、地址；（2）违反法律、法规或者规章的事实和证据；（3）决定的种类和依据；（4）决定的履行方式和期限；（5）申请行政复议或者提起行政诉讼的途径和期限；（6）作出决定的行政机关名称和作出决定的日期；（7）其他需要说明的事项。

2. 监督管理

国有建设用地使用权人违反法律法规规定和合同约定、划拨决定书规定恶意囤地、炒地的，依照《闲置土地处置办法》规定处理完毕前，市、县国土资源主管部门不得受理该国有建设用地使用权人新的用地申请，不得办理被认定为闲置土地的转让、出租、抵押和变更登记。市、县国土资源主管部门应当将本行政区域内的闲置土地信息按宗录入土地市场动态监测与监管系统备案。闲置土地按照规定处置完毕后，市、县国土资源主管部门应当及时更新该宗土地相关信息。

【多选题】以下可以被认定为闲置土地的有（   ）。

A. 超过国有建设用地使用权有偿使用合同或者划拨决定书约定、规定的动工开发日期满 2 年未动工开发的国有建设用地

B. 已动工开发但开发建设用地面积占应动工开发建设用地总面积不足 1/2

C. 已投资额占总投资额不足 25%

D. 中止开发建设满 1 年的国有建设用地

【参考答案】CD

【解析】闲置土地，是指国有建设用地使用权人超过国有建设用地使用权有偿使用合同或者划拨决定书约定、规定的动工开发日期满 1 年未动工开发的国有建设用地；已动工开发但开发建设用地面积占应动工开发建设用地总面积不足 1/3，也可以认定为闲置土地。

【多选题】土地闲置费缴纳完毕开具中央非税收入统一票据，中央非税收入统一票据"备注"栏需要打印（   ）。

A. 项目名称   B. 项目地点

C. 土地闲置费   D. 征缴土地闲置费决定书文号

【参考答案】CD

【解析】土地闲置费中央非税收入统一票据"备注"栏需要打印"土地闲置费""征缴土地闲置费决定书文号"。

六、城镇垃圾处理费

城镇垃圾处理费是用于城镇垃圾的清扫、收集、运输（中转）、处理所发生而向相关单位和个人收取的费用。

城镇垃圾是指在日常生活中或日常生活提供服务的活动中产生的固体废物以及法律、法规等规定视为城镇生活垃圾的固体废物。

1. 征收管理

产生城镇生活垃圾的单位和个人，即所有产生生活垃圾的国家机关、企事业单位（包括交通运输工具）、个体经营者、社会团体、城市居民和城市暂

住人口等,均为城镇生活垃圾处理费的缴费人。

根据《关于实行城市生活垃圾处理收费制度促进垃圾处理产业化的通知》(计价格〔2002〕872号)的规定,生活垃圾处理费应本着简便、有效、易操作的原则,按不同的收费对象采取不同的计费方法。对城市居民,可以以户或居民人数为单位收取;对纳入城市暂住人口管理的居民以及国家机关、事业单位,可以以人为单位收取;对生产经营单位,商业网点可以按营业面积收取;船舶、列车及飞机等交通工具可以按核定的载重吨位或座位收取;其他生产经营单位产生的生活垃圾,原则上以人为单位计收,生产垃圾与工业废物垃圾处理费不得相互重复计收。具备条件的城市可以按照生活垃圾量计收垃圾处理费。

垃圾处理费的具体计收办法依照当地人民政府根据实际情况制定。

2. 减免管理

对下岗职工自谋职业者和城市下岗职工、失业人员及低保对象,应实行收费减免政策。垃圾处理费的具体收费减免办法由城市人民政府根据实际情况制定。

【多选题】下列属于城镇垃圾处理费缴费地点的是(   )。

A. 经营所在地　　　　　　　　　B. 居住地
C. 机构所在地　　　　　　　　　D. 垃圾产生地

【参考答案】BCD

【解析】城镇垃圾处理费缴纳义务人按照属地原则办理缴费。自行申报的缴纳义务人向机构所在地或居住地的税务部门申报缴纳,机构所在地和垃圾产生地不一致的,向垃圾产生地的税务部门申报缴纳。

【多选题】下列说法中,关于城镇垃圾处理费缴费期限的说法中正确的是(   )。

A. 对按月自行缴费的,应在月度终了后15日内缴费
B. 对按季自行缴费的,应在季度终了后15日内缴费
C. 对按年自行缴费的,应在每年12月31日前缴费
D. 对按年自行缴费的,应在次年3月31日前缴费

【参考答案】ABC

【解析】城镇垃圾处理费缴费期限，分为月、季、年、次；对按月自行缴费的，应在月度终了后 15 日内缴费；对按季自行缴费的，应在季度终了后 15 日内缴费；对按年自行缴费的，应在每年 12 月 31 日前缴费；对按次自行缴费的，应在缴费义务发生之日起 15 日内缴费。

七、国有土地使用权出让收入

国有土地使用权出让收入是指政府以出让等方式配置国有土地使用权取得的全部土地价款。包括受让人支付的征地和拆迁补偿费用、土地前期开发费用和土地出让收益等。

1. 征收管理

（1）缴纳主体。

国有土地使用权受让人为国有土地使用权出让收入的缴纳主体。

市、县国土资源部门与国有土地使用权受让人在签订土地出让合同时，应当明确约定该国有土地使用权受让人应当缴纳的土地出让收入具体数额、缴交地方国库的具体时限以及违约责任等内容。

（2）征收范围。

出让土地收入包括：

①以招标、拍卖、挂牌和协议方式出让国有土地使用权所得的总成交价款；

②转让划拨国有土地使用权或依法利用原划拨土地进行经营性建设应当补缴的土地价款；

③处置抵押划拨国有土地使用权应当补缴的土地价款；

④转让房改房、经济适用房按照规定应当补缴的土地价款；

⑤转让划拨国有土地使用权或依法利用原划拨土地进行经营性建设应当补缴的土地价款。

出租、划拨土地收入包括：

①自然资源管理部门依法出租国有土地向承租者收取的土地租金收入；

②出租划拨土地上的房屋应当上缴的土地收益；

③土地使用者以划拨方式取得国有土地使用权，依法向市、县人民政府缴纳的土地补偿费、安置补偿费、地上附着物和青苗补偿费、拆迁补偿费等

费用（不含征地管理费）。

（3）保证金（定金、预付款）管理。

按照规定依法向国有土地使用权受让人收取的定金、保证金和预付款，在国有土地使用权出让合同生效后可以抵作土地价款。划拨土地的预付款也按照上述要求管理。

（4）征收标准。

①以招标、拍卖、挂牌和协议方式出让国有土地使用权的，为总成交价款；

②转让划拨国有土地使用权或依法利用原划拨土地进行经营性建设的，按照市场价补缴国有土地使用权出让收入；

③转让已购公房、经济适用房征收土地出让金，按照规定的计算公式补缴国有土地使用权出让收入。

补缴土地价款（元）=标定地价（元/平方米）×缴纳比例（≥10%）×上市房屋分摊土地面积（平方米）×年期修正系数

④改变出让国有土地使用权土地用途、容积率等土地使用条件的，对需补缴国有土地使用权出让收入进行评估。

（5）缴纳期限。

国有土地使用权出让收入按次缴纳。《财政部关于进一步加强土地出让收支管理的通知》（财综〔2009〕74号）规定，市县国土资源管理部门与土地受让人在土地出让合同中依法约定的分期缴纳全部土地出让价款的期限原则上不超过一年。经当地土地出让协调决策机构集体认定，特殊项目可以约定在两年内全部缴清。首次缴纳比例不得低于全部土地出让价款的50%。土地租赁合同约定的当期应缴土地价款（租金）应当一次性全部缴清，不得分期缴纳。

（6）违约金。

土地出让合同、征地协议等应约定对土地使用者不按时足额缴纳国有土地使用权出让收入的，按日加收违约金额1‰的违约金。违约金随同国有土地使用权出让收入一并缴入地方国库。

（7）计收利息。

分期支付国有建设用地使用权出让价款的，受让人在支付第二期及以后各期国有建设用地使用权出让价款时，同意按照支付第一期土地出让价款之日中国人民银行公布的贷款利率，向出让人支付利息。

2. 监督管理

对未按照缴款通知书规定及时足额缴纳土地出让收入,并提供有效缴款凭证的,国土资源管理部门不予核发国有土地使用证。国土资源管理部门要完善制度规定对违规核发国有土地使用证的,应予收回和注销,并依照有关法律法规追究有关领导和人员的责任。

对未按时缴纳土地价款的单位和个人,要依法采取有效措施限期追缴。拖欠土地出让收入期间不得参与新的土地出让交易活动;有关拖欠和违约信息要计入其诚信档案,可以通过提高竞买保证金或违约金等方式,限制其参加土地招拍挂活动。

【多选题】下列属于国有土地出让收入的是(   )。

A. 受让人支付的征地费用　　　B. 土地前期开发费用
C. 土地出让收益　　　　　　　D. 受让人支付拆迁补偿费用

【参考答案】ABCD

【解析】国有土地使用权出让收入是指政府以出让等方式配置国有土地使用权取得的全部土地价款。包括受让人支付的征地和拆迁补偿费用、土地前期开发费用和土地出让收益等。

【单选题】土地出让合同中依法约定的分期缴纳全部土地出让价款的期限原则上不超过(   ),并且首次缴纳比例不得低于全部土地出让价款的(   )。

A. 一年;50%　　　　　　　　B. 一年;70%
C. 两年;50%　　　　　　　　D. 两年;70%

【参考答案】A

【解析】《财政部关于进一步加强土地出让收支管理的通知》(财综〔2009〕74号)规定,市县国土资源管理部门与土地受让人在土地出让合同中依法约定的分期缴纳全部土地出让价款的期限原则上不超过一年。经当地土地出让协调决策机构集体认定,特殊项目可以约定在两年内全部缴清。首次缴纳比例不得低于全部土地出让价款的50%。

八、矿产资源专项收入

矿产资源专项收入是指国家以矿产资源所有者身份对在中华人民共和国

领域及管辖海域勘查、开采、使用、占用矿产资源的探矿权人或采矿权人收取的各项收入。分别设有四个子目：（1）矿产资源补偿费收入；（2）探矿权、采矿权使用费收入；（3）矿业权出让收益；（4）矿业权占用费收入。根据《国务院关于印发矿产资源权益金制度改革方案的通知》（国发〔2017〕29号），矿产资源补偿费已被并入资源税，探矿权采矿权使用费整合为矿业权占用费。因此，现行矿产资源专项收入即指矿业权出让收益和矿业权占用费。

1. 征收管理

矿业权出让收益，是指出国家基于自然资源所有权，将探矿权、采矿权（以下简称"矿业权"）出让给探矿权人、采矿权人（以下简称"矿业权人"）而依法收取的国有资源有偿使用收入。矿业权出让收益包括探矿权出让收益和采矿权出让收益。矿业权出让收益中央与地方分享比例确定为4∶6。

（1）计费方法。

①通过招标、拍卖、挂牌等竞争方式出让矿业权的，矿业权出让收益按招标、拍卖、挂牌的结果确定；

②通过协议方式出让矿业权的，矿业权出让收益按照评估价值、市场基准价从高确定。市场基准价由地方矿产资源主管部门参照类似市场条件定期制定，经省级人民政府同意后公布执行。

（2）缴款方式。

以出让金额形式征收的矿业权出让收益，低于规定额度的，可一次性征收；高于规定额度的，可按以下原则分期缴纳：

①探矿权人在取得勘查许可证前，首次缴纳比例不得低于探矿权出让收益的20%；剩余部分在转为采矿权后，在采矿权有效期内按年度缴纳；

②采矿权人在取得采矿许可证前，首次缴纳比例不得低于采矿权出让收益的20%；剩余部分在采矿权有效期内分年度缴纳。

（3）缴款期限。

一次性缴纳标准、首次缴纳比例和分期缴纳年限，由省级财政部门、矿产资源主管部门制定。

矿业权占用费收入，分为探矿权使用费和采矿权使用费。

探矿权使用费，是指国家将矿产资源探矿权出让给探矿权人，按规定向探矿权人收取的使用费。采矿权使用费,是指国家将矿产资源采矿权出让给采矿权人,按规定向采矿权人收取的使用费。矿业权占用费中央与地方分享比例确定为 2∶8。

(1) 计费方法。

①探矿权使用费:第一个勘查年度至第三个勘查年度,每平方公里每年缴纳 100 元;从第四个勘查年度起,每平方公里每年增加 100 元,但是最高不得超过每平方公里每年 500 元。

②采矿权使用费:按矿区范围面积逐年缴纳,每平方公里每年 1 000 元。

(2) 缴款期限。

探矿权采矿权使用费由探矿权采矿权人在办理勘查、采矿登记或年检时缴纳。

探矿权采矿权人在办理勘查、采矿登记或年检时,按照登记管理机关确定的标准,申报缴纳探矿权采矿权使用费。

探矿权采矿权人在缴纳费用后,自然资源部门予以颁发勘查许可证和采矿许可证。

2. 减免管理

有下列情形之一的,经由探矿权人提出申请,经登记管理机关审查批准,可以减缴、免缴相关收入:

(1) 国家鼓励勘查的矿种;

(2) 国家鼓励勘查的区域;

(3) 国务院地质矿产主管部门会同国务院财政部门规定的其他情形。

3. 监督管理

矿业权人未按时足额缴纳矿业权出让收益的,县级以上矿产资源主管部门按照征收管理权限责令改正,从滞纳之日起每日加收千分之二的滞纳金,并将相关信息纳入企业诚信系统。加收的滞纳金应当不超过欠缴金额本金。

未按规定及时缴纳探矿权采矿权使用费款的,由探矿权采矿权登记管理机关责令其在 30 日内缴纳,并从滞纳之日起,每日加收 2‰ 滞纳金;逾期仍不缴纳的,由探矿权、采矿权登记管理机关吊销其勘查许可证或采矿许可证。

探矿权采矿权使用费和矿业出让收益按照规定的分成比例和范围纳入各

级财政支出预算，专款专用，主要用于矿产资源勘查、保护、管理及相关支出，不得挪用。

【多选题】下列关于矿业权占用费收入的说法错误的有（   ）。

A. 矿业权占用费中央与地方分享比例确定为 4∶6
B. 矿业权占用费收入，分为探矿权使用费和采矿权使用费
C. 采矿权使用费，按矿区范围面积逐年缴纳，每平方公里每年 100 元
D. 探矿权使用费，第一个勘查年度至第三个勘查年度，每平方公里每年缴纳 100 元
E. 探矿权使用费从第四个勘查年度起，每平方公里每年增加 100 元，但是最高不得超过每平方公里每年 400 元

【参考答案】ACE

【解析】矿业权占用费收入，分为探矿权使用费和采矿权使用费。矿业权占用费中央与地方分享比例确定为 2∶8。探矿权使用费第一个勘查年度至第三个勘查年度，每平方公里每年缴纳 100 元；从第四个勘查年度起，每平方公里每年增加 100 元，但是最高不得超过每平方公里每年 500 元。采矿权使用费按矿区范围面积逐年缴纳，每平方公里每年 1 000 元。

【判断题】探矿权人在取得勘查许可证前，首次缴纳比例不得低于探矿权出让收益的 20%；剩余部分在转为采矿权后，在采矿权有效期内按年度缴纳。
（   ）

【参考答案】√

【解析】略。

九、海域使用金收入

海域使用金收入是指按照《中华人民共和国海域使用管理法》（以下简称《海域使用管理法》）征收的国家海域使用金收入，属于国有资源（资产）有偿使用收入。

1. 征收管理

根据《海域使用管理法》第三十三条的规定，海域属国家所有，任何单位和个人使用海域，必须依法缴纳海域使用金，取得海域使用权。

（1）缴纳义务人。

根据《海域使用管理法》的规定，海域使用金收入缴纳者为依法申请取得，或者通过招标、拍卖方式取得海域使用权证书的海域使用权人。

海域是指中华人民共和国内水、领海的水面、水体、海床和底土。

内水是指中华人民共和国领海基线向陆地一侧至海岸线的海域。

在中华人民共和国内水、领海持续使用特定海域3个月以上的排他性用海活动，适用《海域使用管理法》。

（2）海域使用权使用期限。

按照下列用途确定最高使用期限：（1）养殖用海15年；（2）拆船用海20年；（3）旅游、娱乐用海25年；（4）盐业、矿业用海30年；（5）公益事业用海40年；（6）港口、修造船厂等建设工程用海50年。

海域使用权期限届满，海域使用权人需要继续使用海域的，应当至迟于期限届满前2个月向原批准用海的人民政府申请续期。除根据公共利益或者国家安全需要收回海域使用权的外，原批准用海的人民政府应当批准续期，准予续期的，海域使用权人应当依法缴纳续期的海域使用金。

（3）征收标准。

自2018年5月1日起，征收海域使用金统一按照国家标准执行。沿海省、自治区、直辖市、计划单列市应根据本地区情况合理划分海域级别，制定不低于国家标准的地方海域使用金征收标准。

①以申请审批方式出让海域使用权的，执行地方标准；以招标、拍卖、挂牌方式出让海域使用权的，出让底价不得低于按照地方标准计算的海域使用金金额；

②尚未颁布地方海域使用金征收标准的地区，执行国家标准；

③养殖用海海域使用金执行地方标准；

④地方人民政府管理海域以外的用海项目，执行国家标准，相关等别按照毗邻最近行政区的等别确定。养殖用海的海域使用金征收标准参照毗邻最近行政区的地方标准执行。

（4）缴纳方式。

按比例缴纳：使用海域不超过6个月的，按年征收标准的50%一次性计征海域使用金；超过6个月不足1年的，按年征收标准一次性计征海域使用金。经营性临时用海按年征收标准的25%一次性计征海域使用金。

分期缴纳：用海项目应缴超过 1 亿元，用海单位或者个人一次性缴纳海域使用金确有困难的，经有关海洋行政主管部门商同级财政部门同意，可批准其分期缴纳。时间跨度最长不得超过 3 年，第一期缴纳金额不得低于应缴金额的 50%。

2. 减免管理

下列用海可以免缴海域使用金：军事用海，公务船舶专用码头用海，非经营性的航道、锚地等交通基础设施用海，教学、科研、防灾减灾、海难搜救打捞等非经营性公益事业用海。

按照国务院财政部门和国务院海洋行政主管部门的规定，经有批准权的人民政府财政部门和海洋行政主管部门审查批准，下列用海可以减缴或者免缴海域使用金：公用设施用海、国家重大建设项目用海、养殖用海。

3. 监督管理

（1）未经批准或者骗取批准，非法占用海域的，责令退还非法占用的海域，恢复海域原状，没收违法所得，并处非法占用海域期间内该海域面积应缴纳的海域使用金 5 倍以上 15 倍以下的罚款。

（2）对未经批准或者骗取批准，进行围海、填海活动的，并处非法占用海域期间内该海域面积应缴纳的海域使用金 10 倍以上 20 倍以下的罚款。

（3）海域使用权期满，未办理有关手续仍继续使用海域的，责令限期办理，可以并处 1 万元以下的罚款；拒不办理的，以非法占用海域论处。

（4）擅自改变海域用途的，责令限期改正，没收违法所得，并处非法改变海域用途的期间内该海域面积应缴纳的海域使用金 5 倍以上 15 倍以下的罚款；对拒不改正的，由颁发海域使用权证书的人民政府注销海域使用权证书，收回海域使用权；按年度逐年缴纳海域使用金的海域使用权人不按期缴纳海域使用金的，限期缴纳；在限期内仍拒不缴纳的，由颁发海域使用权证书的人民政府注销海域使用权证书，收回海域使用权。

国务院海洋行政主管部门负责全国海域使用的监督管理。沿海县级以上地方人民政府海洋行政主管部门根据授权，负责本行政区毗邻海域使用的监督管理。中央人民政府海洋行政主管部门行使对海域使用的监督检查，财政部行使对海域使用金缴纳情况的监督检查。

【单选题】海域使用金收入属于（　　）。

A. 行政事业性收费

B. 政府性基金收入

C. 国有资本收益

D. 国有资源（资产）有偿使用收入

【参考答案】D

【解析】海域使用金收入是指按照《中华人民共和国海域使用管理法》征收的国家海域使用金收入，属于国有资源（资产）有偿使用收入。

【多选题】下列用海可以免征海域使用金的有（　　）。

A. 军事用海

B. 公务船舶专用码头用海

C. 非经营性的航道、锚地等交通基础设施用海

D. 教学、科研、防灾减灾、海难搜救打捞等非经营性公益事业用海

【参考答案】ABCD

【解析】下列用海可以免缴海域使用金：军事用海，公务船舶专用码头用海，非经营性的航道、锚地等交通基础设施用海，教学、科研、防灾减灾、海难搜救打捞等非经营性公益事业用海。

【判断题】单位使用海域，应当按照国务院的规定缴纳海域使用金，个人使用海域不需要缴纳海域使用金。（　　）

【参考答案】×

【解析】单位和个人使用海域，应当按照国务院的规定缴纳海域使用金。

十、无居民海岛使用金收入

无居民海岛使用金收入是指按照《海域使用管理法》征收的国家无居民海岛使用金收入，属于国有资源（资产）有偿使用收入。

1. 征收管理

无居民海岛使用金收入分为中央无居民海岛使用金收入和地方无居民海岛使用金收入。中央无居民海岛使用金收入归属中央财政，地方无居民海岛使用金收入归属地方财政。

（1）缴纳义务人。

无居民海岛使用金的缴纳义务人是指依法取得一定年限内国家无居民海岛使用权的无居民海岛使用者。

无居民海岛使用金是指无居民海岛使用者依法向国家缴纳的无居民海岛使用权价款，不包括无居民海岛使用者取得无居民海岛使用权应当依法缴纳的其他相关税费。

无居民海岛使用权可以通过申请审批方式出让，也可以通过招标、拍卖、挂牌的方式出让。其中，旅游、娱乐、工业等经营性用岛有两个及两个以上意向者的，一律实行招标、拍卖、挂牌方式出让。未经批准，无居民海岛使用者不得转让、出租和抵押无居民海岛使用权，不得改变海岛用途和用岛性质。

（2）缴纳标准。

①无居民海岛使用权出让实行最低标准限制制度。

无居民海岛使用权出让由国家或省级海洋行政主管部门按照相关程序通过评估提出出让标准，作为无居民海岛市场化出让或申请审批出让的使用金征收依据，出让标准不得低于按照最低标准核算的最低出让标准。

②财政部会同国家海洋局将根据海域、无居民海岛资源环境承载能力和国民经济社会发展情况，综合评估用海用岛需求、海域和无居民海岛使用权价值、生态环境损害成本、社会承受能力等因素的变化，建立价格监测评价机制，对海域、无居民海岛使用金征收标准进行动态调整。

③无居民海岛使用权出让最低价的计算。

出让最低价＝使用权出让面积×使用年限×出让最低价标准（公式中，无居民海岛使用权出让面积以无居民海岛使用批准文件确定的开发利用面积为准）

（3）缴纳方式。

①无居民海岛使用金按照批准的使用年限实行一次性计征。

②应缴纳的无居民海岛使用金额度超过 1 亿元的，无居民海岛使用者可以提出申请，经批准用岛的海洋主管部门商同级财政部门同意后，可以在 3 年时间内分次缴纳。

③分次缴纳无居民海岛使用金的，首次缴纳额度不得低于总额度的 50%。在首次缴纳无居民海岛使用金后，由国务院海洋主管部门或者省级海洋主管

部门依法颁发无居民海岛使用临时证书；全部缴清无居民海岛使用金后，由国务院海洋主管部门或者省级海洋主管部门依法换发无居民海岛使用权证书。

无居民海岛使用者申请分次缴纳无居民海岛使用金的申请和批准程序，按照《无居民海岛使用金征收使用管理办法》规定的免缴无居民海岛使用金的申请和核准程序执行。

（4）征收管理。

①无居民海岛使用金属于政府非税收入，由省级以上财政部门负责征收管理，由省级以上海洋主管部门负责具体征收。

②国务院批准用岛的，无居民海岛使用金由国务院海洋主管部门负责征收。省级人民政府批准用岛的，无居民海岛使用金由海岛所在地省级海洋主管部门负责征收。

③无居民海岛使用者未按规定及时足额缴纳无居民海岛使用金的，按日加收1‰的滞纳金。滞纳金随同无居民海岛使用金按规定分成比例和科目一并缴入相应级次国库。

2. 减免管理

下列用岛免缴无居民海岛使用金：

（1）国防用岛。（2）公务用岛（指各级国家行政机关或者其他承担公共事务管理任务的单位依法履行公共事务管理职责的用岛）。（3）教学用岛（指非经营性的教学和科研项目用岛）。（4）防灾减灾用岛。（5）非经营性公用基础设施建设用岛，包括非经营性码头、桥梁、道路建设用岛，非经营性供水、供电设施建设用岛，不包括为上述非经营性基础设施提供配套服务的经营性用岛。（6）基础测绘和气象观测用岛。（7）国务院财政部门、海洋主管部门认定的其他公益事业用岛。

免缴无居民海岛使用金的，应当依法申请并经核准。申请人在收到《无居民海岛使用金缴款通知书》之日起30日内，按照下列规定提出免缴无居民海岛使用金的书面申请，逾期不予受理：申请人申请免缴国务院审批项目用岛应缴的无居民海岛使用金，应当分别向国务院财政、海洋主管部门提出书面申请；申请人申请免缴省级人民政府审批项目用岛应缴的无居民海岛使用金，应当分别向项目所在地的省级财政、海洋主管部门提出书面申请。

申请人申请免缴无居民海岛使用金，应当提交下列相关资料：免缴无居民海岛使用金的书面申请，包括免缴理由、免缴金额、免缴期限等内容；能够证明项目用岛性质的相关证明材料；省级以上财政、海洋主管部门认为应当提交的其他相关材料。

国务院财政、海洋主管部门原则上应当在收到申请人的申请后 60 日内，由国务院海洋主管部门对免缴无居民海岛使用金的合法性提出初审意见，经同级财政部门审核同意后，由国务院财政部门会同同级海洋主管部门以书面形式批复申请人。

省级财政、海洋主管部门原则上应当在收到申请人的申请后 60 日内，由省级海洋主管部门对免缴无居民海岛使用金的合法性提出初审意见，经同级财政部门审核同意后，由省级财政部门会同同级海洋主管部门以书面形式批复申请人。

经依法核准免缴无居民海岛使用金的用岛项目，申请转让无居民海岛使用权或者改变海岛用途和用岛性质的，应当按照有关规定重新履行无居民海岛使用金免缴申请和报批手续。

3. 使用管理

无居民海岛使用金纳入一般预算管理，主要用于海岛保护、管理和生态修复。

（1）无居民海岛使用金的具体使用范围。

海岛保护。包括海岛及其周边海域生态系统保护、无居民海岛自然资源保护和特殊用途海岛保护，即保护海岛资源、生态，维护国家海洋权益和国防安全。

海岛管理。包括各级政府及其海岛管理部门依据法律及法定职权，综合运用行政、经济、法律和技术等措施对海岛保护和合理利用进行的管理和监督。

海岛生态修复。包括依据生态修复方案，通过生物技术、工程技术等人工方法对生态系统遭受破坏的海岛进行修复，并对修复效果进行追踪的工作。

省级以上财政、海洋主管部门确定的其他项目。

（2）当年缴入国库的无居民海岛使用金由财政部门在下一年度支出预算中安排使用。

（3）中央分成的无居民海岛使用金支出预算，按照部门预算管理的规定进行编报、审核和下达。中央分成的无居民海岛使用金在用于中央本级支出有结余时，可以视情况安排补助地方无居民海岛使用金支出预算，或者由国务院财政部门统筹安排。

（4）地方分成的无居民海岛使用金支出预算，按照本地区关于部门预算管理的规定执行。

（5）无居民海岛使用金的支付按照财政国库管理制度的规定执行。资金使用中涉及政府采购的，按照《中华人民共和国政府采购法》及政府采购的有关规定执行。

（6）无居民海岛使用金项目资金应当纳入单位财务统管理，分账核算，确保专款专用。严禁将无居民海岛使用金项目资金用于支付各种罚款、捐助、赞助、投资等。

（7）跨年度执行的项目在项目未完成时形成的年度结转资金，结转下一年度按规定继续使用。项目因故终止的，结余资金按照国务院财政部门关于财政拨款结余资金的有关规定办理。

4. 监督管理

各级财政、海洋主管部门负责对无居民海岛使用金征收、使用情况的管理，定期或不定期地开展无居民海岛使用金征收、使用情况的专项检查；拒不缴纳无居民海岛使用金的，由依法颁发无居民海岛使用权证书的海洋主管部门无偿收回无居民海岛使用权；无居民海岛使用金项目承担单位未按照批准的用途使用无居民海岛使用金的，由县级以上财政部门会同同级海洋主管部门依据职权责令限期改正；逾期不改正的，项目承担单位应将无居民海岛使用金按原拨款渠道退回批准预算的财政部门，并给予5年内不得申请无居民海岛使用金项目的处理。

【单选题】未按规定及时足额缴纳无居民海岛使用金的无居民海岛使用者，按日加收（　　）的滞纳金。

A. 1‰　　　　　　B. 2‰　　　　　　C. 3‰　　　　　　D. 5‰

【参考答案】A

【解析】无居民海岛使用者未按规定及时足额缴纳无居民海岛使用金的，按日加收1‰的滞纳金。

【多选题】下列用岛无须缴纳无居民海岛使用金的有（　　）。

A. 经营性科研用岛　　　　　　B. 国防用岛
C. 公务用岛　　　　　　　　　D. 防灾减灾用岛
E. 非经营性供水用岛

【参考答案】BCDE

【解析】下列用岛免缴无居民海岛使用金：（1）国防用岛。（2）公务用岛（指各级国家行政机关或者其他承担公共事务管理任务的单位依法履行公共事务管理职责的用岛）。（3）教学用岛（指非经营性的教学和科研项目用岛）。（4）防灾减灾用岛。（5）非经营性公用基础设施建设用岛，包括非经营性码头、桥梁、道路建设用岛，非经营性供水、供电设施建设用岛，不包括为上述非经营性基础设施提供配套服务的经营性用岛。（6）基础测绘和气象观测用岛。（7）国务院财政部门、海洋主管部门认定的其他公益事业用岛。

【判断题】无居民海岛使用金实行中央地方分成。其中80%缴入中央国库，20%缴入地方国库。（　　）

【参考答案】×

【解析】无居民海岛使用金实行中央地方分成。其中20%缴入中央国库，80%缴入地方国库。

十一、森林植被恢复费

森林植被恢复费是指凡勘查、开采矿藏和修建道路、水利、电力、通信等各项建设工程需要占用、征用或者临时占用林地的，经县级以上林业主管部门审核同意或批准的，用地单位向县级以上林业主管部门预缴的政府性基金。

1. 征收管理

（1）征收对象。

①占用或者临时占用国务院确定的国家所有的重点林区林地的，由国务院林业主管部门或其委托的单位负责预收。

②占用或者征用除重点林区以外林地的，由省、自治区、直辖市林业主管部门负责预收。

③临时占用重点林区以外林地的，由县、地（州、市）、省（自治区、直辖市）林业主管部门按照国家林业局《占用征用林地审核审批管理办法》

(国家林业局令第 2 号)规定的审批权限负责预收。其中,属于国家林业局审批的,由省、自治区、直辖市林业主管部门负责预收。

(2)征收标准。

森林植被恢复费征收标准应当按照恢复不少于被占用征收林地面积的森林植被所需要的调查规划设计、造林培育、保护管理等费用进行核定。具体征收标准如下:

①郁闭度 0.2 以上的乔木林地(含采伐迹地、火烧迹地)、竹林地、苗圃地,每平方米不低于 10 元;灌木林地、疏林地、未成林造林地,每平方米不低于 6 元;宜林地,每平方米不低于 3 元。

各省、自治区、直辖市财政、林业主管部门在上述下限标准基础上,结合本地实际情况,制定本省、自治区、直辖市具体征收标准。

②国家和省级公益林林地,按照第①款规定征收标准 2 倍征收。

③城市规划区的林地,按照第①、②款规定征收标准 2 倍征收。

④城市规划区外的林地,按占用征收林地建设项目性质实行不同征收标准。属于公共基础设施、公共事业和国防建设项目的,按照第①、②款规定征收标准征收;属于经营性建设项目的,按照第①、②款规定征收标准 2 倍征收。

公共基础设施建设项目包括:公路、铁路、机场、港口码头、水利、电力、通信、能源基地、电网、油气管网等建设项目。公共事业建设项目包括:教育、科技、文化、卫生、体育、环境和资源保护、防灾减灾、文物保护、社会福利、市政公用等建设项目。经营性建设项目包括:商业、服务业、工矿业、仓储、城镇住宅、旅游开发、养殖、经营性墓地等建设项目。

2. 减免管理

对农村居民按规定标准建设住宅,农村集体经济组织修建乡村道路、学校、幼儿园、敬老院、福利院、卫生院等社会公益项目以及保障性安居工程,免征森林植被恢复费。

3. 使用管理

森林植被恢复费实行专款专用,专项用于林业主管部门组织的植树造林、恢复森林植被,包括调查规划设计、整地、造林、抚育、护林防火、病虫害防治、资源管护等开支，不得平调、截留或挪作他用。

4. 监督管理

占用或者临时占用林地的单位和个人不按规定缴纳森林植被恢复费；县级以上林业主管部门违反《森林植被恢复费征收使用管理暂行办法》规定，多收、减收、免收、缓收，或者隐瞒、截留、挪用、坐收坐支森林植被恢复费，由上级或同级财政部门会同有关部门责令改正，并按照《国务院关于违反财政法规处罚的暂行规定》（国发〔1987〕58号）等有关法律、行政法规的规定进行处罚。

【多选题】以下项目免征森林植被恢复费的有（　　）。
A. 学校　　　　　B. 福利院　　　　C. 机场　　　　D. 铁路
E. 乡村道路
【参考答案】ABE
【解析】对农村集体经济组织修建乡村道路、学校、幼儿园、敬老院、福利院、卫生院等社会公益项目以及保障性安居工程，免征森林植被恢复费。

【单选题】公共基础设施占用宜林地的，按（　　）标准缴纳森林植被恢复费。
A. 每平方米不低于10元　　　　B. 每平方米不低于6元
C. 每平方米不低于5元　　　　　D. 每平方米不低于3元
【参考答案】D
【解析】公共基础设施征收标准：郁闭度0.2以上的乔木林地（含采伐迹地、火烧迹地）、竹林地、苗圃地，每平方米不低于10元；灌木林地、疏林地、未成林造林地，每平方米不低于6元；宜林地，每平方米不低于3元。

十二、草原植被恢复费

草原植被恢复费是国家为加强草原资源和生态环境保护，建立草原生态补偿制度、确保草原资源平衡，向征用或使用草原的单位和个人征收的专项收入。

1. 征收管理

征收对象包括：

（1）进行矿藏勘查开采和工程建设征用或使用草原的单位和个人；

(2) 在草原上进行勘探、钻井、修筑地上地下工程、采土、采砂、采石、开采矿产资源、开展经营性旅游活动、车辆行驶、影视拍摄等临时占用草原占用期已满，且未按要求履行恢复义务的；

(3) 采集（收购）野生植物的单位和个人。

2. 减免管理

在草原上修建直接为草原保护和畜牧业生产服务的工程设施，以及农牧民按规定标准建设住宅使用草原的，不缴纳草原植被恢复费。

3. 使用管理

草原植被恢复费专项用于草原行政主管部门组织的草原植被恢复、保护和管理。使用范围包括：草原植被恢复、退化沙化草原改良和治理、人工草地建设、草原调查规划、草原生态监测、草原病虫害防治、草原防水和管护等支出。

4. 监督管理

草原植被恢复费的征收、使用和管理，应当严格按规定执行，任何单位和个人不得以任何名义重收、多收、减收、缓收、停收或者侵占、截留、挪用，并自觉接受财政、价格、审计部门和上级草原行政主管部门的监督检查。

【多选题】以下项目需要缴纳草原植被恢复费的有（　　）。

A. 采集野生植物　　　　　　　B. 农牧民按标准建设住宅
C. 修筑地下工程　　　　　　　D. 开采矿产资源

【参考答案】ACD

【解析】在草原上修建直接为草原保护和畜牧业生产服务的工程设施，以及农牧民按规定标准建设住宅使用草原的，不缴纳草原植被恢复费。

【例题】草原植被恢复费的缴纳义务人为进行矿藏勘查开采和工程建设征用或使用草原的单位。（　　）

【参考答案】×

【解析】进行矿藏勘查开采和工程建设征用或使用草原的个人也需要缴纳草原植被恢复费。

第二部分　自测练习题

一、单选题

1. 水土保持补偿费等四项政府非税收入划转至税务部门征收后，有关以前年度应缴未缴的收入的处理，下列说法正确的是（　　）。

    A. 由税务部门负责征缴入库

    B. 由财政部门负责征缴入库

    C. 由原执收部门负责征缴入库

    D. 不追溯以前年度应缴未缴收入

    【参考答案】A

    【解析】依据《财政部关于水土保持补偿费等四项非税收入划转税务部门征收的通知》（财税〔2020〕58号），以前年度应缴未缴的收入，由税务部门负责征缴入库。

2. 拒不缴纳水土保持补偿费的，由县级以上人民政府水行政主管部门责令限期缴纳；逾期不缴纳的，自滞纳之日起按日加收滞纳部分万分之五的滞纳金，可以处应缴水土保持补偿费（　　）倍以下的罚款。

    A. 1　　　　B. 2　　　　C. 3　　　　D. 4

    【参考答案】C

    【解析】依据《中华人民共和国水土保持法》第五十七条，违反本法规定，拒不缴纳水土保持补偿费的，由县级以上人民政府水行政主管部门责令限期缴纳；逾期不缴纳的，自滞纳之日起按日加收滞纳部分万分之五的滞纳金，可以处应缴水土保持补偿费三倍以下的罚款。

3. 水土保持补偿费等四项政府非税收入划转至税务部门征收后，有关征收范围、对象、标准、分成、使用等政策，下列说法正确的是（　　）。

    A. 由原执收部门根据现行情况制定新的规定

    B. 由税务部门根据现行情况制定新的规定

    C. 由财政部门根据现行情况制定新的规定

    D. 继续按照现行规定执行

    【参考答案】D

    【解析】依据《财政部关于水土保持补偿费等四项非税收入划转税务部门

征收的通知》（财税〔2020〕58号）规定，上述非税收入的征收范围、对象、标准、分成、使用等政策继续按照现行规定执行。

4. 水土保持补偿费缴费义务人到税务机关申报缴费，税务人员在征收开票时，应在开票界面最后一列备注栏中，填写告知书编号和（　　）。

  A. 项目地址　　　　　　　　B. 项目名称

  C. 缴款期限　　　　　　　　D. 预算级次

【参考答案】B

【解析】依据《国家税务总局关于水土保持补偿费等政府非税收入项目征管职责划转有关事项的公告》（国家税务总局公告2020年第21号）。

5. 有关水土保持补偿费等四项政府非税收入退库工作，下列说法错误的是（　　）。

  A. 资金入库后需要退库的，按照财政部门有关退库管理规定办理。

  B. 因缴费人误缴、税务部门误收以及汇算清缴需要退库的，由财政部门授权税务部门审核退库。

  C. 具体由缴费人直接向税务部门申请办理。

  D. 因缴费人误缴、税务部门误收以及汇算清缴需要退库的，由财政部门审核退库。

【参考答案】D

【解析】依据《财政部关于水土保持补偿费等四项非税收入划转税务部门征收的通知》（财税〔2020〕58号）规定，资金入库后需要退库的，按照财政部门有关退库管理规定办理。其中，因缴费人误缴、税务部门误收以及汇算清缴需要退库的，由财政部门授权税务部门审核退库，具体由缴费人直接向税务部门申请办理。

6. 征期在2021年度、所属期为2020年度的水土保持补偿费、防空地下室易地建设费，收缴及汇算清缴工作由（　　）负责。

  A. 税务部门　　　　　　　　B. 财政部门

  C. 原执收（监缴）单位　　　　D. 人行部门

【参考答案】C

【解析】自2021年1月1日起，将水土保持补偿费、地方水库移民扶持基金、排污权出让收入、防空地下室易地建设费划转至税务部门征收。征期在2021年度、所属期为2020年度的上述收入，收缴及汇算清缴工作继续由原执收（监缴）单位负责。

7. 排污权出让收入，是指政府以有（ ）式配置排污权取得的收入，包括采取定额出让方式出让排污权收取的排污权使用费和通过公开拍卖等方式出让排污权取得的收入。

   A. 无偿出让 B. 有偿出让
   C. 协议出让 D. 市场公开出让

   【参考答案】B

   【解析】排污权出让收入是指政府以有偿出让方式配置排污权取得的收入。

8. 缴纳排污权使用费金额较大、一次性缴纳确有困难的排污单位，可在排污权有效期内分次缴纳，首次缴款不得低于应缴总额的（ ）。

   A. 20% B. 30% C. 40% D. 50%

   【参考答案】C

   【解析】缴纳排污权使用费金额较大、一次性缴纳确有困难的排污单位，可分期缴纳，缴纳期限不得超过五年，首次缴款不得低于应缴总额的40%。

9. 排污单位应当自接到排污权使用费缴纳通知单之日起（ ）日内，缴纳排污权使用费。

   A. 3 B. 5 C. 7 D. 10

   【参考答案】C

   【解析】排污单位应当自接到排污权使用费缴纳通知单之日起7日内，缴纳排污权使用费。

10. 排污权出让收入纳入一般（ ），统筹用于污染防治。

    A. 污染治理预算 B. 环境治理预算
    C. 财政预算 D. 公共预算

    【参考答案】D

    【解析】排污权出让收入纳入一般公共预算，统筹用于污染防治。

11. 对新建项目排污权和改建、扩建项目新增排污权，以及现有排污单位为达到污染物排放总量控制要求新增排污权，通过（ ）方式。

    A. 市场公开出让 B. 定额出让
    C. 政府公开出让 D. 协议出让

    【参考答案】A

【解析】新建项目排污权和改建、扩建项目新增排污权，以及现有排污单位为达到污染物排放总量控制要求新增排污权，原则上通过公开拍卖方式取得。

12. 排污单位通过（　　）方式购买政府出让的排污权的，应当一次性缴清款项，或者按照排污权交易合同的约定缴款。

    A. 市场公开出让　　　　　　　　B. 定额出让

    C. 政府公开出让　　　　　　　　D. 协议出让

    【参考答案】A

    【解析】排污单位通过市场公开出让方式购买政府出让的排污权的，应当一次性缴清款项，或者按照排污权交易合同的约定缴款。

13. 《排污权出让收入管理暂行办法》自（　　）起开始实施。

    A. 2015 年 1 月 1 日　　　　　　B. 2015 年 10 月 1 日

    C. 2016 年 1 月 1 日　　　　　　D. 2016 年 10 月 1 日

    【参考答案】B

    【解析】2015 年 7 月 23 日，财政部、国家发展改革委、环境保护部以财税〔2015〕61 号印发《排污权出让收入管理暂行办法》，自 2015 年 10 月 1 日起施行。

14. 污染物，是指国家作为（　　）进行总量控制的污染物，以及试点地区选择对本地区环境质量有突出影响的其他污染物。

    A. 合格性指标　　　　　　　　　B. 质量性指标

    C. 预期性指标　　　　　　　　　D. 约束性指标

    【参考答案】D

    【解析】污染物，是指国家作为约束性指标进行总量控制的污染物，以及试点地区选择对本地区环境质量有突出影响的其他污染物。

15. 防空地下室易地建设费属于（　　）。

    A. 政府性基金收入　　　　　　　B. 行政事业性收费

    C. 建设性收费　　　　　　　　　D. 行政管理类收费

    【参考答案】B

    【解析】人防工程易地建设费属于行政事业性收费，是人防战备建设的专项资金。

16. 经人民防空主管部门批准需缴纳防空地下室易地建设费的，建设单位在

( )，应当先缴纳防空地下室易地建设费。

A. 建设工程开工前 B. 人防主管部门批准后

C. 建设工程完工前 D. 办理建设工程规划许可证前

【参考答案】D

【解析】依据《人民防空工程建设管理规定》第五十四条规定。

17. 财政部公告2019年第76号规定，用于提供社区养老、托育、家政服务的建设项目，确因地质条件等原因无法修建防空地下室的，免征防空地下室异地建设费，自（　　）起执行至（　　）。

A. 2019年6月1日；2025年12月31日

B. 2020年1月1日；2022年12月31日

C. 2019年7月1日；2022年12月31日

D. 2020年6月1日；2025年12月31日

【参考答案】A

【解析】依据《关于养老、托育、家政等社区家庭服务业税费优惠政策的公告》（财政部 税务总局公告2019年第76号），自2019年6月1日起执行至2025年12月31日。

18. 下列各项中，减半收取防空地下室易地建设费的是（　　）。

A. 不增加面积的危房翻新改造商品住宅项目

B. 因遭受水灾、火灾或其他不可抗拒的灾害造成损坏后按原面积修复的民用建筑

C. 为残疾人修建的生活服务设施等民用建筑

D. 棚户区改造项目

【参考答案】C

【解析】为残疾人修建的生活服务设施，减半收取防空地下室易地建设费。

19. 2017年7月1日起，根据地面总建筑面积按以下比例修建：一类、二类国家人民防空重点城市（　　），三类国家人民防空重点城市和省直管县县城（　　），其他县城和建制镇（　　）。

A. 7%；5%；3% B. 7%；5%；5%

C. 7%；6%；5% D. 7%；6%；3%

【参考答案】C

【解析】一类、二类国家人民防空重点城市7%，三类国家人民防空重点城市和省直管县县城6%，其他县城和建制镇5%。建设单位须按照规划修建医疗救护、专业队等专用人民防空工程。

20. 对新建民用建筑项目应减半收取防空地下室易地建设费的有（　　）。

    A. 新建幼儿园、学校教学楼、养老院及为残疾人修建的生活服务设施等民用建筑
    B. 临时民用建筑和不增加面积的危房翻新改造商品住宅项目
    C. 因遭受水灾、火灾或其他不可抗拒的灾害造成损坏后按原面积修复的民用建筑
    D. 非营利性养老和医疗机构建设

【参考答案】A

【解析】新建学校（幼儿园、小学、初中、高中和大学）教学楼（包含但不限于教室、实验室、公共教学用房、教师办公场所以教学活动为主的单体多层教学综合楼项目），减半收取防空地下室易地建设费。为残疾人修建的生活服务设施，减半收取防空地下室易地建设费。临时民用建筑、不增加面积的危房翻建改造商品住宅项目以及因遭受水灾、火灾或其他不可抗拒的灾害造成损坏后按原面积修复的民用建筑，免收防空地下室易地建设费。经有权部门批准（备案）的养老和医疗机构建设项目，非营利性的全额免收防空地下室易地建设费。

21. 下列费种，在申报前，需由税务系统以外的部门开具征缴决定书的费种是（　　）。

    A. 国有土地使用权出让收入　　B. 城镇垃圾处理费
    C. 土地闲置费　　D. 矿产资源专项收入

【参考答案】C

【解析】城镇垃圾处理费由缴费人自行申报。国有土地使用权出让收入、矿产资源专项收入均由税务部门依据自然资源部门推送的费源信息，开具《缴款通知书》并通知缴费人。而土地闲置费申报时的费款金额和缴费期限由自然资源部门出具的《征缴土地闲置费决定书》确定。

22. 财政部规定从国有土地使用权出让收益中按一定比例计提农田水利建设资金、教育资金和（　　）。

    A. 农村危房改造资金　　B. 保障性安居工程资金

C. 城市基础设施建设资金   D. 人民防空工程建设资金

【参考答案】B

【解析】国有土地使用权出让收益严格按照不低于10%的比例安排资金，统筹用于廉租住房、公共租赁住房、城市和国有工矿棚户区改造等保障性安居工程。

23. 2021年7月，甲企业通过拍卖以60 000万元的价格获得了一块国有土地的使用权，与自然资源管理部门签订了国有土地使用权出让合同，约定1个月内缴纳出让价款50%的首付款。已知拍卖土地前已缴纳竞买保证金3 000万元，请问甲企业首期申报时，自行申报缴纳的国有土地使用权出让收入为（ ）万元。

 A. 60 000   B. 57 000   C. 30 000   D. 27 000

【参考答案】D

【解析】$60\,000 \times 0.5 - 3\,000 = 27\,000$万元。因为国有土地使用权出让收入涉及竞买保证金的，出让合同签订后由竞买保证金账户管理单位将竞买保证金抵作国有土地使用权出让收入，代缴费人向税务部门申报缴纳。因此企业自行申报时应当不包含竞买保证金的款项。

24. 国有土地使用权出让合同有变更或签订补充协议的，自然资源部门应在（ ）内向税务部门推送相应信息。

 A. 3个工作日   B. 5个工作日
 C. 7个工作日   D. 10个工作日

【参考答案】A

【解析】竞得人、自然资源部门签订出让合同后，3个工作日内由自然资源部门向税务部门推送合同、缴费期限和国有土地使用权出让收入费源信息表等费源信息。出让合同有变更或签订补充协议的，自然资源部门应在3个工作日内向税务部门推送相应信息。

25. 下列各项中，现行政策下，不属于矿产资源专项收入的是（ ）。

 A. 探矿权使用费   B. 采矿权使用费
 C. 矿产资源补偿费收入   D. 探矿权出让收益

【参考答案】C

【解析】现行政策下，矿产资源专项收入包括矿业权出让收益（包括探矿权出让收益和采矿权出让收益），及矿业权占用费收入（包括探矿权使用费和采矿权使用费)。

26. 甲企业主要经营探矿、采矿业务,获得 A 地某地区探矿权,2021 年为该地区第 4 个勘探年度,面积为 100 平方公里;获得 B 地某地区采矿权,矿区面积为 120 平方公里。请问甲企业 2021 年在 A、B 两地分别缴纳矿业权占用费收入为(　　)元。

　　A. 200 000;120 000　　　　　B. 20 000;120 000
　　C. 200 000;12 000　　　　　D. 20 000;12 000

【参考答案】B

【解析】矿业权占用费收入计费方法为:(1)探矿权使用费:第一个勘查年度至第三个勘查年度,每平方公里每年缴纳 100 元;从第四个勘查年度起,每平方公里每年增加 100 元,但是最高不得超过每平方公里每年 500 元。本题 A 地应缴纳(100+100)×100 元。(2)采矿权使用费:按矿区范围面积逐年缴纳,每平方公里每年 1 000 元。本题 B 地应缴纳 120×1 000 元。

27. 国有建设用地使用权人缴纳土地闲置费的时间应当自《征缴土地闲置决定书》送达之日起(　　)。

　　A. 十五日内　　　　　　　　B. 三十日内
　　C. 六十日内　　　　　　　　D. 九十日内

【参考答案】B

【解析】国有建设用地使用权人缴纳土地闲置费的时间应当自《征缴土地闲置决定书》送达之日起三十日内。

二、多选题

1. 2021 年 7 月 1 日起,在全国范围内划转至税务部门征收的非税收入有(　　)。

　　A. 土地闲置费　　　　　　　B. 城镇垃圾处理费
　　C. 国有土地使用权出让收入　　D. 海域使用金
　　E. 矿产资源专项收入

【参考答案】AB

【解析】依据财综〔2021〕19 号,CDE 三项自 2021 年 7 月 1 日起在 7 个省(自治区、直辖市、计划单列市)范围内试点划转,2022 年 1 月 1 日在全国范围内全面划转。

2. 在山区、（　）（　）以及水土保持规划确定的容易发生水土流失的其他区域开办生产建设项目或者从事其他生产建设活动，损坏水土保持设施、地貌植被、不能恢复原有水土保持功能的单位和个人为水土保持补偿费的缴纳义务人。

  A. 沙漠区   B. 高原区

  C. 丘陵区   D. 风沙区

【参考答案】CD

【解析】水土保持补偿费的征收对象为在山区、丘陵区、风沙区以及水土保持规划确定的容易发生水土流失的其他区域开办生产建设项目或者从事其他生产建设活动，损坏水土保持设施、地貌植被、不能恢复原有水土保持功能的单位和个人。

3. 防空地下室异地建设费征收入库后，专项用于人民防空建设，任何单位和个人不得（　）（　）和（　）。

  A. 截留   B. 挪用   C. 占用   D. 平调

【参考答案】ABD

【解析】防空地下室易地建设费，按照国家国防动员委员会、财政部和省、自治区、直辖市人民政府财政主管部门的规定，全额上缴同级财政预算外专户，实行收支两条线管理，专项用于人民防空建设，任何单位和个人不得平调、截留和挪用。

4. 下列属于防控地下室异地建设费减免政策的是（　　）。

  A. 享受政府优惠政策建设的廉租房、经济适用房等居民住房，减半收取

  B. 新建幼儿园、学校教学楼、养老院及为残疾人修建的生活服务设施等民用建筑，减半收取

  C. 临时民用建筑和不增加面积的危房翻新改造商品住宅项目，减半收取

  D. 因遭受水灾、火灾或其他不可抗拒的灾害造成损坏后按原面积修复的民用建筑，予以免收

  E. 廉租住房和经济适用住房、棚户区改造、旧住宅区整治，予以免收

  F. 所有学校"校安工程"建设，予以免收

【参考答案】ABDE

【解析】临时民用建筑、不增加面积的危房翻建改造商品住宅项目免收防空地下室易地建设费。经有权部门认定的中、小学（含幼儿园）"校安工

程"，免收防空地下室易地建设费。

5. 试点地区地方人民政府采取（　　）或通过（　　）（包括拍卖、挂牌、协议等）方式出让排污权。

   A. 市场公开出让　　　　　　　B. 定额出让

   C. 政府公开出让　　　　　　　D. 协议出让

   【参考答案】AB

   【解析】政府以有偿出让方式配置排污权取得的收入，包括采取定额出让方式出让排污权收取的排污权使用费和通过公开拍卖等方式出让排污权取得的收入。

6. 排污权使用费的征收标准由试点地区价格、财政、环境保护部门根据当地（　　）等因素确定。

   A. 环境治理成本　　　　　　　B. 环境资源稀缺程度

   C. 经济发展水平　　　　　　　D. 污染治理成本

   【参考答案】BCD

   【解析】现有排污单位取得排污权，原则上采取定额出让方式，出让标准由试点地区价格、财政、环境保护部门根据当地污染治理成本、环境资源稀缺程度、经济发展水平等因素确定。

7. 试点地区应当建立排污权储备制度，将储备排污权适时投放市场，调控排污权市场，重点支持战略性新兴产业、重大科技示范等项目建设。储备排污权主要来源包括（　　）。

   A. 预留初始排污权

   B. 通过市场交易回购排污单位的富余排污权

   C. 政府投入资金进行污染治理形成的富余排污权

   D. 排污单位破产、关停、被取缔、迁出本行政区域或不再排放实行总量控制的污染物等原因，收回其无偿取得的排污权

   【参考答案】ABCD

   【解析】试点地区应当建立排污权储备制度，将储备排污权适时投放市场，调控排污权市场，重点支持战略性新兴产业、重大科技示范等项目建设。储备排污权主要来源包括：（1）预留初始排污权；（2）通过市场交易回购排污单位的富余排污权；（3）政府投入资金进行污染治理形成的富余排污权；（4）排污单位破产、关停、被取缔、迁出本行政区域或不再排放实行总量控

制的污染物等原因,收回其无偿取得的排污权。

8. 地方环境保护部门应当定期向社会公开( )等信息。

　　A. 污染物总量控制　　　　　　B. 排污权核定
　　C. 排污权出让方式　　　　　　D. 排污权回购和储备

【参考答案】ABCD

【解析】地方环境保护部门应当定期向社会公开污染物总量控制、排污权核定、排污权出让方式、价格和收入、排污权回购和储备等信息。

9. 单位和个人违反规定,有( )之一的,依照《财政违法行为处罚处分条例》和《违反行政事业性收费和罚没收入收支两条线管理规定行政处分暂行规定》等国家有关规定追究法律责任;涉嫌犯罪的,依法移送司法机关处理。

　　A. 擅自减免排污权出让收入或者改变排污权出让收入征收范围、对象和标准的
　　B. 隐瞒、坐支应当上缴的排污权出让收入的
　　C. 滞留、截留、挪用应当上缴的排污权出让收入的
　　D. 不按照规定的预算级次、预算科目将排污权出让收入缴入国库的

【参考答案】ABCD

【解析】单位和个人违反本办法规定,有下列情形之一的,依照《财政违法行为处罚处分条例》和《违反行政事业性收费和罚没收入收支两条线管理规定行政处分暂行规定》等国家有关规定追究法律责任;涉嫌犯罪的,依法移送司法机关处理:(1)擅自减免排污权出让收入或者改变排污权出让收入征收范围、对象和标准的;(2)隐瞒、坐支应当上缴的排污权出让收入的;(3)滞留、截留、挪用应当上缴的排污权出让收入的;(4)不按照规定的预算级次、预算科目将排污权出让收入缴入国库的;(5)违反规定使用排污权出让收入的;(6)其他违反国家财政收入管理规定的行为。

10. 因条件限制不能同步配套建设防空地下室的新建民用建筑,缴费人为需要缴纳防空地下室的建设单位。下列限制条件正确的有( )。

　　A. 采用桩基且桩基承台顶面埋置深度小于4米(或者不足规定的地下室空间净高)的
　　B. 建在在流砂、暗河、基岩埋深很浅等地段的项目,因地质条件不适于修建的

C. 因建设地段房屋或地下管道设施密集，防空地下室不能施工或者难以采取措施保证施工安全的

D. 按规定指标应建防空地下室的面积只占地面建筑首层的局部，结构和基础处理困难，且经济很不合理的

【参考答案】BCD

【解析】应当修建防空地下室的民用建筑，确因下列地质、地形、施工等客观条件限制，不能修建防空地下室的，经权限部门批准后，按应建防空地下室面积缴纳人防工程易地建设费，由人防部门统一组织易地修建：（1）采用桩基且桩基承台顶面埋置深度小于3米（或者不足规定的地下室空间净高）的；（2）按规定指标应建防空地下室的面积只占地面建筑首层的局部，结构和基础处理困难，且经济很不合理的；（3）建在流沙、暗河、基岩埋深很浅等地段的项目，因地质条件不适合修建的；（4）因建设地段房屋或地下管道设施密集，防空地下室不能施工或者难以采取措施保证施工安全的。

11. 对以下新建民用建筑项目予以减半收取防空地下室易地建设费的有（　　）。

    A. 享受政府优惠政策建设的廉租房、经济适用房等居民住房
    B. 新建幼儿园、学校教学楼、养老院及为残疾人修建的生活服务设施等民用建筑
    C. 临时民用建筑和不增加面积的危房翻新改造商品住宅项目
    D. 因遭受水灾、火灾或其他不可抗拒的灾害造成损坏后按原面积修复的民用建筑

【参考答案】AB

【解析】临时民用建筑、不增加面积的危房翻建改造商品住宅项目以及因遭受水灾、火灾或其他不可抗拒的灾害造成损坏后按原面积修复的民用建筑，免收防空地下室易地建设费。

12. 对以下新建民用建筑项目予以免收防空地下室易地建设费的是（　　）。

    A. 营利性养老和医疗机构建设
    B. 新建幼儿园、学校教学楼、养老院及为残疾人修建的生活服务设施等民用建筑
    C. 临时民用建筑和不增加面积的危房翻新改造商品住宅项目
    D. 因遭受水灾、火灾或其他不可抗拒的灾害造成损坏后按原面积修复的民用建筑

【参考答案】CD

【解析】营利性养老和医疗机构建设减半收取防空地下室易地建设费，新建学校（幼儿园、小学、初中、高中和大学）教学楼（包含但不限于教室、实验室、公共教学用房、教师办公场所以教学活动为主的单体多层教学综合楼项目），减半收取防空地下室易地建设费。为残疾人修建的生活服务设施，减半收取防空地下室易地建设费。

13. 下列关于防空地下室易地建设费优惠政策正确的有（　　）。

    A. 经有权部门认定的保障性住房，包括廉租住房、公共租赁住房、经济适用住房、易地扶贫搬迁、棚户区改造安置住房以及老旧住宅区整治建设项目，免收防空地下室易地建设费

    B. 经有权部门认定的中、小学（含幼儿园）"校安工程"，免收防空地下室易地建设费。新建学校（幼儿园、小学、初中、高中和大学）教学楼（包含但不限于教室、实验室、公共教学用房、教师办公场所以教学活动为主的单体多层教学综合楼项目），免收防空地下室易地建设费

    C. 经有权部门批准（备案）的养老和医疗机构建设项目，非营利性的全额免收防空地下室易地建设费，营利性的减半收取防空地下室易地建设费

    D. 为残疾人修建的生活服务设施，全额免收防空地下室易地建设费

【参考答案】AC

【解析】经有权部门认定的中、小学（含幼儿园）"校安工程"，免收防空地下室易地建设费。新建学校（幼儿园、小学、初中、高中和大学）教学楼（包含但不限于教室、实验室、公共教学用房、教师办公场所以教学活动为主的单体多层教学综合楼项目），减半收取防空地下室易地建设费。为残疾人修建的生活服务设施，减半收取防空地下室易地建设费。

14. 下列属于城镇垃圾处理费缴费地点的是（　　）。

    A. 经营所在地　　　　　　　　B. 居住地
    C. 机构所在地　　　　　　　　D. 垃圾产生地
    E. 注册登记地

【参考答案】BCD

【解析】城镇垃圾处理费缴纳义务人按照属地原则办理缴费。自行申报的缴纳义务人向机构所在地或居住地的税务部门申报缴纳，机构所在地和垃圾

产生地不一致的,向垃圾产生地的税务部门申报缴纳。

15. 下列说法中,关于城镇垃圾处理费缴费期限的说法中正确的是（　　）。

　　A. 对按月自行缴费的,应在月度终了后 15 日内缴费

　　B. 对按季自行缴费的,应在季度终了后 15 日内缴费

　　C. 对按年自行缴费的,应在每年 12 月 31 日前缴费

　　D. 对按年自行缴费的,应在次年 3 月 31 日前缴费

　　E. 对按次自行缴费的,应在缴费义务发生之日起 15 日内缴费

【参考答案】ABCE

【解析】城镇垃圾处理费缴费期限,分为月、季、年、次。对按月自行缴费的,应在月度终了后 15 日内缴费;对按季自行缴费的,应在季度终了后 15 日内缴费;对按年自行缴费的,应在每年 12 月 31 日前缴费;对按次自行缴费的,应在缴费义务发生之日起 15 日内缴费。

16. 城镇垃圾处理费缴费期限有（　　）。

　　A. 月　　　　　　B. 季　　　　　　C. 半年

　　D. 年　　　　　　E. 次

【参考答案】ABDE

【解析】城镇垃圾处理费缴费期限,分为月、季、年、次。对于自行向税务机关按期申报缴费的,需对缴纳义务人进行费种认定,按次的可以不进行认定。

17. 城镇垃圾处理费费款申报办理方式有（　　）。

　　A. 自助办税终端办理　　　　　B. 上门办理

　　C. 电子税务局办理　　　　　　D. 委托代征

　　E. 委托代收

【参考答案】BCDE

【解析】城镇垃圾处理费办理方式有委托代收、委托代征、上门办理、电子税务局办理。

18. 资金入库后需要退库的,因缴费人误缴、税务部门误收以及汇算清缴需要退库的,由缴费人直接向原申报地税务部门申请办理的费种有（　　）。

　　A. 城镇垃圾处理费　　　　　　B. 国有土地使用权出让收入

　　C. 土地闲置费　　　　　　　　D. 矿产资源专项收入

【参考答案】AC

【解析】城镇垃圾处理费、土地闲置费资金入库后，因缴费人误缴、税务部门误收以及汇算清缴需要退库的，由缴费人直接向原申报地税务部门申请办理。国有土地使用权出让收入、矿产资源专项收入资金入库后，因缴费人误缴、税务部门误收需要退库的，由缴费人向缴纳地税务部门申请办理，税务部门经严格审核并商有关自然资源、财政部门复核同意后，按规定办理退付手续；其他情形需要退库的，由缴费人向自然资源部门和财政部门申请办理。

19. 下列费种中，在申报前，需由税务部门在金三系统中开具非税收入《缴款通知书》的费种是（　　）。

    A. 城镇垃圾处理费　　　　　　　B. 国有土地使用权出让收入
    C. 土地闲置费　　　　　　　　　D. 矿产资源专项收入

    【参考答案】BD

    【解析】城镇垃圾处理费由缴费人自行申报。国有土地使用权出让收入、矿产资源专项收入均由税务部门依据自然资源部门推送的费源信息，开具《缴款通知书》并通知缴费人。而土地闲置费申报时的费款金额和缴费期限由自然资源部门出具的《征缴土地闲置费决定书》确定。

20. 下列各项中属于国有土地使用权出让收入使用范围的有（　　）。

    A. 青苗补偿费　　　　　　　　　B. 支农支出
    C. 土地商业开发支出　　　　　　D. 城镇廉租住房保障支出
    E. 补助被征地农民医疗保障支出

    【参考答案】ABD

    【解析】《国有土地使用权出让收支管理办法》第十八条第（三）款规定，从国有土地收益基金收入中安排用于土地收购储备的支出，包括土地补偿费、安置补助费、地上附着物和青苗补偿费、拆迁补偿费以及前期土地开发支出；城镇廉租住房保障支出。

21. 下列选项中，关于土地闲置费的表述正确的有（　　）。

    A. 土地闲置费应当在《征缴土地闲置费决定书》送达之日起三十日内缴纳
    B. 土地闲置费计费依据为土地出让价款
    C. 土地闲置费费率为10%
    D. 土地闲置费缴费人为所有国有建设用地使用权人
    E. 关于土地闲置费欠费追征，国有建设用地使用权人逾期不申请行政复议、不提起行政诉讼，也不履行相关义务的，市、县国土资源主管部门可以申请人民法院强制执行。

【参考答案】ABE

【解析】土地闲置费费率为20%；土地闲置费缴费人为国有建设用地被认定为闲置土地的国有建设用地使用权人。

22. 土地闲置费缴纳完毕开具中央非税收入统一票据，中央非税收入统一票据"备注"栏需要打印（　　）。

A. 项目名称　　　　　　　　B. 项目地点

C. 土地闲置费　　　　　　　D. 缴费人名称

E. 征缴土地闲置费决定书文号

【参考答案】CE

【解析】土地闲置费中央非税收入统一票据"备注"栏需要打印"土地闲置费""征缴土地闲置费决定书文号"。

23. 下列选项中，纳入土地出让收入管理的有（　　）。

A. 国土资源管理部门依法出租国有土地向承租者收取的土地租金收入

B. 出租划拨土地上的房屋应当上缴的土地收益

C. 土地使用者以划拨方式取得国有土地使用权，依法向市、县人民政府缴纳的土地补偿费

D. 土地使用者以划拨方式取得国有土地使用权，依法向市、县人民政府缴纳的地上附着物和青苗补偿费

E. 土地使用者以划拨方式取得国有土地使用权，依法向市、县人民政府缴纳的征地管理费

【参考答案】ABCD

【解析】国土资源管理部门依法出租国有土地向承租者收取的土地租金收入；出租划拨土地上的房屋应当上缴的土地收益；土地使用者以划拨方式取得国有土地使用权，依法向市、县人民政府缴纳的土地补偿费、安置补助费、地上附着物和青苗补偿费、拆迁补偿费等费用（不含征地管理费），一并纳入土地出让收入管理。

三、判断题

1. 缴纳义务人未按时缴纳土地闲置费的，由自然资源部门出具催缴通知追缴。

（　　）

第四章 2021年以后划转税务机关征收的非税收入

【参考答案】×

【解析】依据《国家税务总局等五部门关于土地闲置费城镇垃圾处理费划转有关征管事项的公告》（国家税务总局 财政部 自然资源部 住房和城乡建设部 中国人民银行公告2021年第12号），缴纳义务人未按时缴纳土地闲置费的，由税务部门出具催缴通知，并通过涉税渠道及时追缴。

2. 划转税务部门征收以前欠缴的土地闲置费、城镇垃圾处理费，由原征收部门负责征缴入库。（　　）

【参考答案】×

【解析】依据《国家税务总局等五部门关于土地闲置费城镇垃圾处理费划转有关征管事项的公告》（国家税务总局 财政部 自然资源部 住房和城乡建设部 中国人民银行公告2021年第12号），划转税务部门征收以前欠缴的土地闲置费、城镇垃圾处理费，由税务部门负责征缴入库。

3. 土地闲置费缴纳义务人向机构所在地税务部门自行申报缴纳土地闲置费。（　　）

【参考答案】×

【解析】缴纳义务人向闲置土地所在地税务部门自行申报缴纳。

4. 城市生活垃圾是指城市人口在日常生活中产生或为城市日常生活提供服务而产生的固体废物，以及法律、行政法规规定，视为城市生活垃圾的固体废物的工业固体废物和危险废物。（　　）

【参考答案】×

【解析】城市生活垃圾是指城市人口在日常生活中产生或为城市日常生活提供服务而产生的固体废物，以及法律、行政法规规定，视为城市生活垃圾的固体废物（包括建筑垃圾和渣土，不包括工业固体废物和危险废物）。

5. 国土资源管理部门依法出租国有土地向承租者收取的土地租金收入，属于2021年划转的国有土地使用权出让收入。（　　）

【参考答案】√

【解析】略。

6. 国有土地使用权出让收入划转至税务部门以后，因缴费人误缴、税务部门误收以及汇算清缴需要退库的，具体由缴费人直接向财政部门申请办理。（　　）

【参考答案】×

【解析】因缴费人误缴、税务部门误收以及汇算清缴需要退库的，由财政部门授权税务部门审核退库，具体由缴费人直接向税务部门申请办理。

7. 矿产资源专项收入包括矿产资源出让收益、矿业权占用费和矿产资源补偿费。   （   ）

   【参考答案】×

   【解析】矿产资源专项收入包括矿产资源出让收益、矿业权占用费。矿产资源补偿费已被并入资源税。

8. 城镇垃圾处理费可实行委托代收、委托代征等征收方式。   （   ）

   【参考答案】√

   【解析】城镇垃圾处理费办理方式有委托代收、委托代征、上门办理、电子税务局办理。

9. 防空地下室易地建设费的收费标准，由省、自治区、直辖市价格主管部门会同同级财政、人防主管部门按照当地防空地下室的造价制定，报国家计委、财政部、国家人防办审批。   （   ）

   【参考答案】√

   【解析】略。

10. 经人民防空主管部门批准需缴纳防空地下室易地建设费的，建设单位在建设工程开工前，应当先缴纳防空地下室易地建设费。   （   ）

    【参考答案】×

    【解析】经人民防空主管部门批准需缴纳防空地下室易地建设费的，建设单位在办理建设工程规划许可证前，应当先缴纳防空地下室易地建设费。

11. 防空地下室易地建设费的缴费义务人为异地建设人防工程的建设单位。
                                                                （   ）

    【参考答案】√

    【解析】略。

12. 防空地下室易地建设费收取的收入属于预算外资金，应全额缴入预算外资金财政专户，实行"收支两条线"管理。   （   ）

    【参考答案】√

    【解析】略。

13. 排污权出让收入属于政府非税收入，全额上缴地方国库，纳入地方财政预算管理。   （   ）

【参考答案】√

【解析】略。

14. 对现有排污单位取得排污权，采取市场公开出让方式。（　）

【参考答案】×

【解析】现有排污单位取得排污权，原则上采取定额出让方式。

15. 排污权有效期原则上为三年。有效期满后，排污单位需要延续排污权的，应当按照地方环境保护部门重新核定的排污权，继续缴纳排污权使用费。（　）

【参考答案】×

【解析】排污权有效期原则上为五年。有效期满后，排污单位需要延续排污权的，应当按照地方环境保护部门重新核定的排污权，继续缴纳排污权使用费。

16. 有偿取得排污权的单位，免除其法定污染治理责任和依法缴纳排污费等其他税费的义务。（　）

【参考答案】×

【解析】有偿取得排污权的单位，不免除其法定污染治理责任和依法缴纳排污费等其他税费的义务。

17. 水土保持补偿费、地方水库移民扶持基金、排污权出让收入、防空地下室易地建设费划转至税务部门征收后，以前年度应缴未缴的收入，由原执收部门负责征缴入库。（　）

【参考答案】×

【解析】上述非税收入划转至税务部门征收后，以前年度应缴未缴的收入，由税务部门负责征缴入库。

18. 水土保持补偿费、地方水库移民扶持基金、排污权出让收入、防空地下室易地建设费划转至税务部门征收后，各级财政部门可根据需要安排代扣代缴、代收代缴和委托代征经费。（　）

【参考答案】×

【解析】以上项目划转后，各级财政部门不安排代扣代缴、代收代缴和委托代征经费。

19. 水土保持补偿费、地方水库移民扶持基金、排污权出让收入、防空地下室易地建设费划转至税务部门征收后，因缴费人误缴、税务部门误收以及汇

算清缴需要退库的,由财政部门授权税务部门审核退库,具体由缴费人向财政部门申请办理。（　　）

【参考答案】×

【解析】以上项目划转后,因缴费人误缴、税务部门误收以及汇算清缴需要退库的,由财政部门授权税务部门审核退库,具体由缴费人直接向税务部门申请办理。

20. 按次缴纳的水土保持补偿费,缴费人应于项目竣工后或建设活动结束后,缴纳水土保持补偿费。（　　）

【参考答案】×

【解析】水土保持补偿费自 2021 年 1 月 1 日起,由缴费人向税务部门自行申报缴纳。按次缴纳的,应于项目开工前或建设活动开始前,缴纳水土保持补偿费。

21. 按次缴纳的水土保持补偿费,缴费人应在期满之日起 10 日内申报缴纳水土保持补偿费。（　　）

【参考答案】×

【解析】按次缴纳的水土保持补偿费,缴费人应在期满之日起 15 日内申报缴纳水土保持补偿费。

22. 地方水库移民扶持基金自 2021 年 2 月 1 日起,由缴费人按月或按季向税务部门自行申报缴纳。（　　）

【参考答案】×

【解析】地方水库移民扶持基金自 2021 年 2 月 1 日起,由缴费人按月向税务部门自行申报缴纳,申报缴纳期限按现行规定执行。

23. 防空地下室易地建设费自 2021 年 1 月 1 日起,由缴费人向税务部门自行申报缴纳。（　　）

【参考答案】×

【解析】防空地下室易地建设费自 2021 年 1 月 1 日起,由缴费人根据人防部门核定的收费金额向税务部门申报缴纳。

24. 土地闲置费根据自然资源部门出具的《征收土地闲置费决定书》申报缴纳。（　　）

【参考答案】√

【解析】略。

25. 税务部门征收土地闲置费、城镇垃圾处理费向缴费人出具税收完税凭证作为缴费凭证。   （   ）

    【参考答案】×

    【解析】税务部门征收土地闲置费、城镇垃圾处理费应当使用财政部统一监（印）制的非税收入票据。

26. 土地闲置费使用土地闲置费申报表申报缴纳。   （   ）

    【参考答案】×

    【解析】缴纳义务人或代征单位原则上使用非税收入通用申报表申报缴纳土地闲置费、城镇垃圾处理费。

27. 自2022年1月1日起，将国有土地使用权出让收入、矿产资源专项收入、海域使用金、无居民海岛使用金四项政府非税收入统一划转税务部门征收。   （   ）

    【参考答案】×

    【解析】自2021年7月1日起，将国有土地使用权出让收入、矿产资源专项收入、海域使用金、无居民海岛使用金四项政府非税收入统一划转税务部门征收。自2021年7月1日起，选择在河北、内蒙古、上海、浙江、安徽、青岛、云南省（自治区、直辖市、计划单列市）以省（区、市）为单位开展征管职责划转试点，探索完善征缴流程、职责分工等，自2022年1月1日起全面实施征管划转工作。

28. 国有土地使用权出让收入、矿产资源专项收入、海域使用金、无居民海岛使用金四项政府非税收入，除缴费人误缴、税务部门误收情形外需要退库的，由缴费人向财政部门申请办理。   （   ）

    【参考答案】×

    【解析】国有土地使用权出让收入等四项政府非税收入，因缴费人误缴、税务部门误收需要退库的，由缴费人向税务部门申请办理，税务部门经严格审核并商有关财政、自然资源部门复核同意后，按规定办理退付手续；其他情形需要退库的，由缴费人向财政部门和自然资源部门申请办理。

29. 国有土地使用权出让收入、矿产资源专项收入、海域使用金、无居民海岛使用金四项政府非税收入，应当使用财政部统一监（印）制的非税收入票据。   （   ）

    【参考答案】√

【解析】略。

30. 享受政府优惠政策建设的廉租房、经济适用房等居民住房免收防空地下室易地建设费。   (   )

    【参考答案】×

    【解析】享受政府优惠政策建设的廉租房、经济适用房等居民住房，减半收取防空地下室易地建设费。

31. 新建幼儿园、学校教学楼、养老院及为残疾人修建的生活服务设施等民用建筑免收防空地下室易地建设费。   (   )

    【参考答案】×

    【解析】新建幼儿园、学校教学楼、养老院及为残疾人修建的生活服务设施等民用建筑，减半收取防空地下室易地建设费。

32. 水土保持补偿费、地方水库移民扶持基金、排污权出让收入、防空地下室易地建设费划转至税务部门征收后，资金入库后需要退库的，由缴费人直接向税务部门申请办理。   (   )

    【参考答案】×

    【解析】以上项目划转后，资金入库后需要退库的，按照财政部门有关退库管理规定办理。其中，因缴费人误缴、税务部门误收以及汇算清缴需要退库的，由财政部门授权税务部门审核退库，具体由缴费人直接向税务部门申请办理。

33. 根据《国务院办公厅关于规范国有土地使用权出让收支管理的通知》土地出让合同、征地协议等应约定对土地使用者不按时足额缴纳土地出让收入的，按日加收违约金额1‰的滞纳金。   (   )

    【参考答案】√

    【解析】土地出让合同、征地协议等应约定对土地使用者不按时足额缴纳国有土地使用权出让收入的，按日加收违约金额1‰的违约金。违约金随同国有土地使用权出让收入一并缴入地方国库。

四、综合分析题

新华集团公司（属于产教融合试点企业）是一家综合性大型企业集团，注册资本10 000万元，职工总人数700人，经营范围包括：房地产开发、矿产资源开采、养老、职业教育投资等，企业自备电厂发电，2020年2月投资

A 市某职业技术学院，符合规定条件，投资额 25 万元。新华集团所在的市为一类人防重点城市。

（1）该公司于 2020 年 5 月 5 日取得稀土采矿权，按合同约定，在取得采矿许可证前，首次缴纳的矿业权出让收益金额为 1.5 亿元，剩余部分在采矿权有效期间内分期缴纳，该地块所在省份规定，矿业权出让收益率为 3%。

（2）2020 年 6 月，该公司通过招拍挂方式取得在 B 市郊区的一块土地使用权（属于水土保持规划规定的易发生水土流失的范围），开办生产性项目，拟开采稀土，占地面积 18 000 平方米。生产建设项目按照征占用土地面积一次性计征水土保持补偿费，计费标准为每平方米 1.2 元。

（3）2021 年开采稀土 5 000 吨，当年销售完毕，不含税销售价 23 000 元/吨。

根据上述资料回答下列问题：

（1）计算 2020—2021 年该公司应缴的矿产资源专项收入（矿业权出让收益）。

（2）计算该公司应缴纳的水土保持补偿费。

（3）假设该公司 2021 年度实际缴纳的增值税税额为 10 000 万元，计算该公司 2021 年应缴纳的教育费附加，地方教育附加。

【答案与解析】

（1）2020 年应缴矿产资源专项收入 1.5 亿元；

2021 年应缴矿产资源专项收入 =（5 000 × 23 000 ÷ 10 000 + 5 000 × 1.5）× 3% = 570（万元）

（2）应缴纳的水土保持补偿费 =（18 000 × 1.2 + 5 000 × 1.2）÷ 10 000 = 2.76（万元）

（3）教育费附加 = 10 000 × 3% × 3% = 9（万元）

地方教育附加 = 10 000 × 3% × 2% = 6（万元）

投资职业教育抵减教育费附加 = 25 × 30% = 7.5（万元）

因此，应缴教育费附加和地方教育附加 = 9 - 7.5 + 6 = 7.5（万元）

第五章 税务机关征收的其他收入

第一部分 知识结构

依据《中华人民共和国工会法》,工会经费由基层工会负责征收。为进一步加强工会经费管理,一些地区由政府协调或工会直接委托,将工会经费交由税务机关代收。截至目前,除上海、西藏等省(区)税务机关没有参与工会经费征收工作外,其他省税务机关受当地政府和工会委托,征收了全部或部分工会经费。本章详细介绍了工会经费的概念、内容、征收管理等内容。

【知识要点】

工会经费(筹备金)是指工会依法取得并开展正常活动所需的费用,是工会组织参与社会管理,发挥推动社会经济高质量发展作用的保障。

1. 工会经费的来源

(1)工会会员缴纳的会费。
(2)建立工会组织的企业、事业单位、机关按每月全部职工工资总额的2%向工会拨缴的经费。
(3)工会所属的企业、事业单位上缴的收入。
(4)人民政府的补助。
(5)其他收入。

未建立工会组织的企业、事业单位、机关的其他组织应当按规定向上级拨缴工会筹备金。工会经费主要用于为职工服务和工会活动。

2. 工会经费分成、使用的一般规定

（1）基层工会所收会费全部自行留用。

（2）行政拨交工会经费分成规定：基层工会分成不少于60%；省、县（市）两级工会不超过35%。各留多少由省（直辖市、自治区）总工会决定；上交全国总工会5%。

（3）中央或省、直辖市、自治区直属大型工矿联合企业的总厂、公司、矿区，有二级工会组织的，其经费分成一般不少于70%，或者对其总厂、公司、矿区一级工会组织的经费按预算拨款或经费领报办法解决。

（4）跨越数省、按系统核算、多层次的大型企业的工会，如内河航运、流域规划、石油管道等的工会组织，要求按系统管理经费的，经该企业工会组织所在地的省、市、自治区总工会报全国总工会批准后，可按企业系统管理经费，基层工会一般按80%分成。其余经费，由基层工会上交所在地的县、市总工会。

可以看出，由于工会经费具备税前扣除和拨缴返还的特征，且主要用于为职工服务和开展工会活动，不属于财政资金的范畴。

3. 工会经费的征收管理

（1）征缴范围。

①建立工会组织的企业、事业单位、机关按规定征收工会经费。

②上级工会派员帮助和指导尚未组建工会组织的企业、事业单位、机关和其他组织，按规定征收工会经费（筹备金）。

（2）缴费主体。

缴费主体是指建立工会或尚未组建工会的企业、事业单位、机关和其他组织（以下简称"缴费单位"）。

①企业是指从事生产、流通、服务等经济活动，以盈利为目的，实行自主经营、独立核算，并具备一定法律资格的组织形式，是社会经济生活中的基本经济单位，主要包括国有企业、集体企业、私营企业、联营企业、股份制企业、外商投资企业、外国企业、个人独资企业、合伙企业。

②事业单位是指为了社会公益目的，由国家机关举办或者其他组织利用国有资产举办的，从事教育、科技、文化、卫生等活动的社会服务组织。

③机关是指进行国家行政管理、组织经济建设和文化建设、维护社会公共秩序的单位,主要包括国家权力机关、行政机关、司法机关、检察机关以及实行预算管理的其他机关、政党组织等。

④其他组织是指除了上述企业、事业单位、机关之外的,尚未建立工会的组织。

4. 费额计算

缴费单位按全部职工工资总额的2%向本单位工会拨缴工会经费(筹备金)。

应缴工会经费 = 全部职工工资总额 × 2%

全部职工工资总额的含义具体如下:

(1) 全部职工。

依据《关于工资总额组成的规定》(国家统计局令第1号),全部职工是指在企业、事业单位工作,取得工资或其他形式劳动报酬的全部人员(含外籍人员和港澳台人员),包括临时性、季节性用工以及离开本单位但保留劳动关系并领取生活费的职工和内部退养职工等。

(2) 工资总额的范围。

工资总额是指单位在一定时期内直接支付给本单位全部职工的劳动报酬总额,包括计时工资、计件工资、奖金、津贴和补贴、加班加点工资、特殊情况下支付的工资。

①计时工资是指按计时工资标准(包括地区生活费补贴)和工作时间支付给个人的劳动报酬。

②计件工资是指对已做工作按计件单价支付的劳动报酬。

③奖金是指支付给职工的超额劳动报酬和增收节支的劳动报酬。

④津贴和补贴是指为了补偿职工特殊或额外的劳动消耗和因其他特殊原因支付职工的津贴,以及为了保证职工工资水平不受物价影响支付给职工的物价补贴。

⑤加班加点工资是指按规定支付的加班工资和加点工资。

⑥特殊情况下支付的工资是指根据国家法律、法规和政策规定,因病、工伤、产假计划生育假、婚丧假、定期休假、停工学习、执行国家或社会义务等原因按计时工资标准或计时工资标准的一定比例支付的工资以及附加工

资、保留工资。

（3）工资总额中不包括的项目。

①有关劳动保险和职工福利方面的费用，具体有：职工死亡丧葬费、医疗卫生费或公费医疗费用、职工生活困难补助费、集体福利事业补贴、工会文教费、集体福利费、探亲路费、冬季取暖补贴、上下班交通补贴以及洗理费等。

②劳动保护的各种支出，具体有：工作服、手套等劳保用品，解毒剂、清凉饮料，以及按照1963年7月19日劳动部等七个单位规定的对接触有毒物质、矽尘作业、放射性作业和潜水、沉箱作业、高温作业等五类工种所享受的由劳动保护费开支的保健食品待遇。

③离休、退休、退职人员待遇的各项支出。

④实行租赁经营单位承租人的风险性补偿收入。

⑤对购买本企业股票和债券的职工所支付的股息（包括股金分红）和利息。

⑥稿费、讲课费及专门工作报酬。

⑦劳动合同制职工解除劳动合同时由企业支付的医疗补助费、生活补助费，即解雇金。

5. 减免政策

工会经费（筹备金）不得减免。

缴费单位确因经营困难连续3个月以上发不出工资的，可提交书面材料，向地方主管工会申请缓缴工会经费（建会筹备金），地方主管工会应在10个工作日内予以批复，缓缴期最长不超过6个月。

6. 工会经费的征收管理

（1）缴交期限与缴费地点。

工会经费的缴交期限一般按季或按年缴纳。按季缴纳的，按照上季度职工工资总额缴纳；按年缴纳的，按照上年职工工资总额缴纳。

采用简并征期申报纳税方式的单位，拨缴工会经费的期限按当地税务部门核准的纳税期限办理。

工会经费收缴实行属地管理。

（2）征收凭证。

税务机关代收工会经费统一使用税收票证，地方总工会不再开具工会经费收入专用收据。缴费单位所缴工会经费按规定在企业所得税税前扣除。

依据《国家税务总局关于工会经费企业所得税税前扣除凭据问题的公告》（国家税务总局公告2010年第24号）规定，自2010年7月1日起，企业拨缴的职工工会经费，不超过工资薪金总额2%的部分，凭工会组织开具的《工会经费收入专用收据》在企业所得税税前扣除。依据《关于税务机关代收工会经费企业所得税税前扣除凭据问题的公告》（国家税务总局公告2011年第30号）规定，自2010年1月1日起，在委托税务机关代收工会经费的地区，企业拨缴的工会经费，也可凭合法、有效的工会经费代收凭据依法在税前扣除。对代收工会经费的征缴凭证统一按税收票证管理规定执行，除税务机关开具的税收票证外，银行出具的《电子缴税付款凭证》也可以作为征缴凭证。

（3）部门职责。

①联席会议制度。

地方总工会、税务机关应当建立联席会议制度，共同研究解决工会经费收缴管理过程中存在的问题。

②工会部门的主要职责。

(a) 负责工会经费日常上缴、下拨和退付管理。

(b) 负责工会经费法律、法规和政策宣传、解释。

(c) 负责与税务机关对账，建立和登记工会经费管理台账。

(d) 负责督促缴费单位按时足额拨缴工会经费，并协助税务机关开展工会经费的催报催缴。

(e) 负责工会经费的退费审批。

(f) 负责向人民法院申请对欠费单位的支付令、提起诉讼和申请强制执行。

③税务部门的主要职责。

(a) 负责工会经费代收及缴费信息传递。

(b) 负责对欠缴工会经费单位开展催报催缴。

(c) 协同工会部门开展工会经费法律、法规和政策宣传、解释。

（4）账务处理。

单位缴纳的工会经费，企业（公司）从"管理费用"中列支，事业单位直接冲减收入。企业拨缴的职工工会经费，不超过工资薪金总额2%的部分，凭工会组织开具的工会经费收入专用收据或税收凭证在企业所得税税前扣除。

另外，需要注意的是，劳务派遣工应首先选择参加劳务派遣单位工会，劳务派遣单位没有建立工会组织的，劳务派遣工直接参加用工单位工会。劳务派遣工的工会经费应由用工单位按劳务派遣工工资总额的2%提取并拨付劳务派遣单位工会，属于应上缴上级工会的经费，由劳务派遣单位工会按规定比例上缴。用工单位工会接受委托管理劳务派遣工会员的，工会经费留用部分由用工单位工会使用或由劳务派遣单位工会和用工单位工会协商确定。

（5）监督管理。

缴费单位无正当理由拖延或者拒不拨缴工会经费的，地方总工会可依据《中华人民共和国工会法》向所在地人民法院申请支付令；拒不执行支付令的，地方总工会可依法申请人民法院强制执行。

【多选题】下列工会经费缴费主体的有（　　）。

A. 外国企业

B. 国家机关

C. 事业单位

D. 尚未建立工会的个人独资企业

【参考答案】ABCD

【解析】建立工会组织的企业、事业单位、机关按规定征收工会经费。上级工会派员帮助和指导尚未组建工会组织的企业、事业单位、机关和其他组织，按规定征收工会经费（筹备金）。

【判断题】未建立工会组织的企业、事业单位、机关的其他组织无须缴纳工会经费。（　　）

【参考答案】×

【解析】尚未组建工会组织的企业、事业单位、机关和其他组织，应当按规定向上级拨缴工会筹备金。

第二部分　自测练习题

一、单选题

1. 建立工会组织的缴费单位按每月全部职工工资总额2%的比例计提并拨缴

工会经费，其中60%部分拨给所在单位工会，（　　）部分上缴上级主管工会。

A. 40%　　　　B. 30%　　　　C. 20%　　　　D. 10%

【参考答案】A

【解析】建立工会组织的缴费单位按每月全部职工工资总额2%的比例计提并拨缴工会经费，其中60%部分拨给所在单位工会，40%部分上缴上级主管工会。

2. 职工工会经费的计提比例是不超过工资薪金总额的（　　）。

A. 1%　　　　B. 2%　　　　C. 3%　　　　D. 4%

【参考答案】B

【解析】缴费单位按全部职工工资总额的2%向本单位工会拨缴工会经费（筹备金）。

3. 下列关于工会经费说法不正确的是（　　）。

A. 工会经费收缴实行属地管理

B. 缴费单位有困难的，可以向地方工会申请减免工会经费

C. 工会经费不属于财政资金的范畴

D. 基层工会所收会费全部自行留用

【参考答案】B

【解析】工会经费（筹备金）不得减免。

4. 因错缴等原因发生多缴工会经费的，缴费人应向（　　）申请退还。

A. 财政部门　　　　　　　　B. 税务部门

C. 总工会　　　　　　　　　D. 人民银行

【参考答案】C

【解析】工会部门负责工会经费的退费审批。

5. 缴纳工会经费的单位应于月度或季度终了后15日内（法定节假日顺延）向当地（　　）申报缴纳工会经费（建会筹备金）。

A. 税务机关　　　　　　　　B. 人民银行

C. 县总工会　　　　　　　　D. 市总工会

【参考答案】A

【解析】采用简并征期申报纳税方式的单位，拨缴工会经费的期限按当地税务部门核准的纳税期限办理。

6. 各级税务机关代收工会经费（建会筹备金）过程中，因误收、错收造成多缴的，缴费单位应向所在地（　　）提出申请，由所在地（　　）审核无误后，将多缴的工会经费（建会筹备金）直接退还缴费单位。

　　A. 总工会；总工会　　　　　　　　B. 总工会；人民银行

　　C. 总工会；税务局　　　　　　　　D. 人民银行；税务局

【参考答案】A

【解析】工会部门负责工会经费的退费审批。

7. 缴纳工会经费单位因经营困难连续（　　）个月以上不能发放工资的，可提交书面材料，向地方总工会申请缓缴工会经费。

　　A. 6　　　　B. 9　　　　C. 3　　　　D. 1

【参考答案】C

【解析】缴费单位确因经营困难连续3个月以上发不出工资的，可提交书面材料，向地方主管工会申请缓缴工会经费（建会筹备金），地方主管工会应在10个工作日内予以批复，缓缴期最长不超过6个月。

8. 税务机关代收工会经费（建会筹备金）实行属地管理、分级负责的原则，县以上（　　）、税务机关、人民银行分支机构共同负责本辖区内工会经费（建会筹备金）的收缴工作。

　　A. 地方总工会　　　　　　　　　　B. 财政部门

　　C. 事业单位　　　　　　　　　　　D. 市场监督管理局

【参考答案】A

【解析】略。

9. 工资总额是指用人单位一定时期内直接支付给职工的劳动报酬总额，包括以货币形式发放给职工的各种（　　）。

　　A. 工资、奖金　　　　　　　　　　B. 工资、奖金、津贴

　　C. 工资、奖金、津贴、补贴　　　　D. 工资

【参考答案】C

【解析】工资总额是指单位在一定时期内直接支付给本单位全部职工的劳动报酬总额，包括计时工资、计件工资、奖金、津贴和补贴、加班加点工资、特殊情况下支付的工资。

10. 工会经费（建会筹备金）收缴年度为每年的公历（　　）。

　　A. 1月1日至12月31日　　　　　　B. 1月1日至12月1日

C. 1月31日至12月1日   D. 1月31日至12月30日

【参考答案】A

【解析】工会经费（建会筹备金）收缴年度为每年的公历1月1日至12月31日。

11. 各企业应于月度或季度终了后（　　）（法定节假日顺延）内向主管税务机关申报缴纳工会经费（建会筹备金）。

    A. 3日   B. 7日   C. 5日   D. 15日

【参考答案】D

【解析】缴费单位应于月度或季度终了后15日内（法定节假日顺延）内向主管税务机关申报缴纳工会经费（建会筹备金）。

12. 基层工会应根据国家和全国总工会的有关政策规定以及上级工会的要求，制定（　　）工会工作计划，依法、真实、完整、合理地编制工会经费年度预算，依法履行必要程序后报上级工会批准。严禁无预算、超预算使用工会经费。（　　）预算原则上一年调整一次，调整预算的编制审批程序与预算编制审批程序一致。

    A. 月度；年度   B. 月度；月度

    C. 年度；月度   D. 年度；年度

【参考答案】D

【解析】依据中华全国总工会办公厅关于印发《基层工会经费收支管理办法》的通知（总工办发〔2017〕32号）。

13. 按照"统一领导、分级管理"的管理体制，省以下各级工会应加强对本级和下一级工会经费收支与使用管理情况的监督检查，下一级工会应（　　）向本级工会委员会和上一级工会报告财务监督检查情况。

    A. 按月   B. 按季   C. 按年   D. 定期

【参考答案】D

【解析】依据中华全国总工会办公厅关于印发《基层工会经费收支管理办法》的通知（总工办发〔2017〕32号）。

二、多选题

1. 下列选项中属于工会经费的来源有（　　）。

    A. 会员缴纳的会费

B. 会员的劳动收入

C. 工会所属的企业、事业单位上缴的收入

D. 人民政府和企业、事业单位、机关和其他社会组织的补助

【参考答案】ACD

【解析】工会经费来源包括：（1）会员缴纳的会费；（2）企业、事业单位、机关和其他社会组织按照全部职工工资总额的2%向工会拨缴的经费；（3）工会所属的企业、事业单位上缴的收入；（4）人民政府和企业、事业单位、机关和其他社会组织的补助；（5）其他收入。

2. 下列属于工会经费缴费主体的是（　　）。

    A. 外国企业　　　　　　　　　B. 事业单位
    C. 尚未建立工会的个人独资企业　D. 国家机关

【参考答案】ABCD

【解析】建立工会组织的企业、事业单位、机关按规定征收工会经费，尚未组建工会组织的企业、事业单位、机关和其他组织，按规定征收工会经费（筹备金）。

3. 工会经费的计提基数不包括（　　）。

    A. 职工生活困难补助费　　　　B. 劳保支出
    C. 加班工资　　　　　　　　　D. 冬季取暖补贴

【参考答案】ABCD

【解析】工资总额中不包括有关劳动保险和职工福利方面的费用，具体有：职工死亡丧葬费、医疗卫生费或公费医疗费用、职工生活困难补助费、集体福利事业补贴、工会文教费、集体福利费、探亲路费、冬季取暖补贴、上下班交通补贴以及洗理费等，也不包含劳动保护的各种支出。

4. 企业按照全部职工工资总额2%的比例计提工会经费，全部职工是指在用人单位取得工资或其他形式报酬的全部人员。全部职工包括：（　　）计划外用工；劳务派遣工；应订立劳动合同而未订立劳动合同的人员等。

    A. 固定职工　　　　　　　　　B. 合同制职工
    C. 临时性用工　　　　　　　　D. 季节性用工

【参考答案】ABCD

【解析】全部职工是指在企业、事业单位工作，取得工资或其他形式劳动报酬的全部人员（含外籍人员和港澳台人员），包括临时性、季节性用工以及

离开本单位但保留劳动关系并领取生活费的职工和内部退养职工等。

5. 税务机关在工会征缴中的职责有（　　）。

　　A. 积极做好工会经费（建会筹备金）收缴的法律、法规和政策的宣传工作

　　B. 按缴费单位申报数额及时足额收取工会经费（建会筹备金）

　　C. 负责将工会经费（建会筹备金）收缴的相关信息及时提供给同级地方总工会

　　D. 建立健全工会经费（建会筹备金）代收工作管理制度

【参考答案】ABCD

【解析】以上均为税务机关责任。

6. 行政拨缴工会经费是国家以立法形式维护工会权益的具体表现，它的特征有（　　）。

　　A. 强制性　　　B. 固定性　　　C. 无偿性　　　D. 普遍性

【参考答案】ABC

【解析】行政拨缴工会经费是《工会法》规定的，《工会法》与其他法律一样，具有同等的法律效力，必须执行；拨缴工会经费是国家为了支持工会履行社会职能的需要，因此不需要偿还；这是法律固定下来的，具有长期的法律效力。

7. 基层工会经费主要用于为职工服务和开展工会活动，支出范围包括（　　）。

　　A. 职工活动支出　　　　　　　B. 维权支出
　　C. 业务支出　　　　　　　　　D. 资本性支出
　　E. 事业支出和其他支出

【参考答案】ABCDE

【解析】依据中华全国总工会办公厅关于印发《基层工会经费收支管理办法》的通知（总工办发〔2017〕32号），基层工会经费支出范围包括：职工活动支出、维权支出、业务支出、资本性支出、事业支出和其他支出。

8. 下列收入属于基层工会经费收入的范围的是（　　）。

　　A. 会费收入　　　　　　　　　B. 行政事业补助收入
　　C. 投资收益　　　　　　　　　D. 事业收入

【参考答案】ABCD

【解析】依据中华全国总工会办公厅关于印发《基层工会经费收支管理办法》的通知（总工办发〔2017〕32号），基层工会经费收入范围包括：会费收入、拨缴经费收入、上级工会补助收入、行政补助收入、事业收入投资收益、其他收入等。

9. 基层工会应加强对本单位工会经费使用情况的（　　）和（　　）情况的审查审计监督，依法接受并主动配合国家审计监督。

　　A. 内部会计监督　　　　　　　B. 工会决算报告
　　C. 外部审计监督　　　　　　　D. 工会预算执行

【参考答案】AD

【解析】依据中华全国总工会办公厅关于印发《基层工会经费收支管理办法》的通知（总工办发〔2017〕32号），基层工会应加强对本单位工会经费使用情况的内部会计监督和工会预算执行情况的审查审计监督，依法接受并主动配合国家审计监督。

三、判断题

1. 工会经费征收不实行属地管理、分级负责的原则，由所在地人民银行代收。（　　）

【参考答案】×

【解析】工会经费收缴实行属地管理原则，由所在地税务机关代收。

2. 建立工会组织的缴费单位按每月全职职工工资总额2%的比例计提并拨缴工会经费，其中60%部分上缴到上级主管工会，通过税务机关代征。（　　）

【参考答案】×

【解析】建立工会组织的缴费单位按每月全职职工工资总额2%的比例计提并拨缴工会经费，其中60%部分拨给所在单位工会，40%部分上缴到上级主管工会。

3. 各级税务机关代征工会经费的征收主体机构是所在地方总工会。（　　）

【参考答案】√

【解析】略。

四、计算题

A企业在职职工50人，已经成立工会组织，2020年该企业发放工资总额

300万元,按照现行工会经费的政策规定,请计算 A 企业 2020 年共需缴纳工会经费的金额。

【答案与解析】3 000 000 × 2% × 40% = 24 000 元

该企业 2020 年共需缴纳工会经费为 24 000 元。

模拟试卷一

一、单项选择题（共 20 题，每小题 1.5 分，共 30 分。每题选项中，只有一项最符合题意）

1. 非税收入的征收通常与政府的社会服务和管理职能结合在一起，有特定的服务与管理对象、征收对象，其收费对象具有特定性，未消费服务或发生受管制行为的单位和个人则不属于征收对象，这体现了非税收入的（　　）特征。

    A. 多样性　　　　B. 固定性　　　　C. 特殊性　　　　D. 重要性

2. 下列收入中不属于政府性基金收入的是（　　）。

    A. 三峡水库库区基金收入　　　　B. 石油特别收益金专项收入
    C. 废弃电子产品处理基金收入　　D. 港口建设费收入

3. 下列各项中需要缴纳文化事业建设费的是（　　）。

    A. 月收入 10 万元提供广告代理服务的个人
    B. 月收入 10 万元的个体户酒吧
    C. 月收入 2 万元的广告代理小规模企业
    D. 月收入 5 万元的用于粘贴广告的灯箱制作工厂

4. 下列关于政府专项收入用途的说法中错误的是（　　）。

    A. 教育费附加收入用于支持中央教育事业发展
    B. 地方教育附加收入用于支持地方教育事业发展
    C. 场外核应急准备收入用于应对核电厂事故发生的应急准备
    D. 文化事业建设费收入用于加强社会主义精神文明建设、促进文化事业健康发展

5. 用人单位申请减免残疾人就业保障金的最高限额不得超过（　　）的保障金应缴额，申请缓缴保障金的最长期限不得超过（　　）。

    A. 6 个月；6 个月　　　　B. 1 年；6 个月
    C. 6 个月；1 年　　　　　D. 1 年；1 年

6. 彩票公益金的分配政策,由国务院财政部门会同国务院（　　）、体育行政等有关部门提出方案,报国务院批准后执行。

　　A. 民政　　　　　B. 财政　　　　　C. 税务　　　　　D. 办公厅

7. 关于废弃电器电子产品处理基金的缴纳义务人,下列说法错误的是（　　）。

　　A. 我国境内电器电子产品的自主品牌生产企业是基金的缴纳义务人

　　B. 我国境内电器电子产品的代工生产企业不是基金的缴纳义务人

　　C. 进口电器电子产品的收货人是基金的缴纳义务人

　　D. 进口电器电子产品收货人的代理人是基金的缴纳义务人

8. 大中型水库移民后期扶持基金的筹集渠道不包括（　　）。

　　A. 对省级电网企业在本省（自治区、直辖市）区域内扣除农业生产用电后的全部销售电量加价征收

　　B. 财政预算安排的大中型水库移民后期扶持专项资金,包括用对销售电量加价部分征收的增值税安排的资金和用于解决中央直属水库移民遗留问题的定额补助资金

　　C. 经营性大中型水库应承担的移民后期扶持资金

　　D. 对省级电网企业在本省（自治区、直辖市）区域内的全部销售电量加价征收

9. 彩票发行机构应当根据彩票需求状况及彩票品种的特性,在彩票游戏规则中合理拟定彩票公益金比例。彩票公益金比例最低不得低于（　　）。

　　A. 30%　　　　　B. 25%　　　　　C. 20%　　　　　D. 15%

10. 华夏公司为纳入产教融合型企业建设培育范围的试点企业。2020年,华夏公司符合条件的办学支出为500万元,该公司当年可以抵免的教育费附加和地方教育附加金额为（　　）。

　　A. 50万元　　　　　　　　　　　B. 100万元

　　C. 150万元　　　　　　　　　　D. 220万元

11. 关于教育费附加减免,下列说法错误的是（　　）。

　　A. 对由于减免增值税、消费税而发生退税的,可以同时退还已征收的教育费附加

　　B. 对出口产品退还增值税、消费税的,可以退还已征的教育费附加

　　C. 对"三税"实行先征后返、先征后退、即征即退办法,除另有规定外,对随"两税"附征的城市维护建设税和教育费附加,一律不予退

（返）还

D. 对国家重大水利工程建设基金免征教育费附加

12. 用人单位本年缴纳的残疾人就业保障金计算依据是用人单位安排残疾人就业未达到规定比例的差额人数和本单位在职职工年平均工资之积，其属期是（　　）。

    A. 上年　　　　　B. 本年　　　　　C. 上月　　　　　D. 当月

13. 下列关于农网还贷资金的说法错误的是（　　）。

    A. 农网还贷资金是对农网改造贷款"一省多贷"的省、自治区、直辖市电力用户征收的政府性基金，专项用于农村电网改造贷款还本付息

    B. 自备电厂自用电量征收农网还贷资金

    C. 农业排灌、抗灾救灾及氮肥、磷肥、钾肥和原化工部颁发生产许可证的复合肥生产用电免征农网还贷资金

    D. 农网还贷资金由电网经营企业在向用户收取电费时一并收取

14. 排污权有效期原则上为（　　）年。

    A. 3　　　　　B. 5　　　　　C. 10　　　　　D. 15

15. 自（　　）起，水土保持补偿费、地方水库移民扶持基金、排污权出让收入、防空地下室易地建设费划转至税务部门征收。征收范围、对象、标准、分成、使用等政策继续按照现行规定执行。

    A. 2019年1月1日　　　　　B. 2020年12月1日
    C. 2021年1月1日　　　　　D. 2021年7月1日

16. 向除居民生活和农业生产以外其他用电量征收的可再生能源发展基金的征收标准为（　　）。

    A. 1.5分/千瓦时　　　　　B. 2厘/千瓦时
    C. 8厘/千瓦时　　　　　D. 1.9分/千瓦时

17. 以下政府性基金对分布式光伏发电自发自用电量不免征的是（　　）。

    A. 国家重大水利工程建设基金　　　　　B. 农网还贷资金
    C. 可再生能源发展基金　　　　　D. 跨省际大中型水库库区基金

18. 某企业成立于2015年，2020年在职职工人数30人，在职职工工资总额为300万元，并未安置残疾人，该单位2021缴纳残疾人就业保障金（　　）元。

    A. 45 000　　　　　B. 40 500　　　　　C. 225 000　　　　　D. 0

19. 2019年1月1日起划转税务部门征收的13项中央非税收入，从（　　）

起，正式启用《中央非税收入统一票据》。

A. 2019 年 12 月 25 日　　　　　　B. 2019 年 11 月 1 日

C. 2020 年 1 月 1 日　　　　　　　D. 2019 年 12 月 1 日

20. A 公司 2017 年 1 月取得某矿区探矿权，该矿区占地 50 平方公里，则 A 公司 2021 年度应缴纳矿产资源占用费（探矿权使用费）（　　）元。

A. 5 000　　　　B. 15 000　　　　C. 20 000　　　　D. 25 000

二、多项选择题（共 20 小题，每小题 2 分，共 40 分。下列各题选项中，至少有两个选项是正确的，多选、少选和错选均不给分）

1. 下列各项中不属于非税收入的有（　　）。

    A. 社会保险费

    B. 公安罚没款

    C. 土地出让收入

    D. 计入缴存个人账户部分的住房公积金

    E. 文化事业建设费

2. 下列有关非税收入的说法错误的有（　　）。

    A. 非税收入不纳入财政预算管理

    B. 各级税务机关是非税收入的主管部门

    C. 彩票公益金属于非税收入

    D. 以政府名义接受的捐赠不属于非税收入

3. 非税收入票据实行（　　）制度。

    A. 购前审批　　　　　　　　　B. 分次限量

    C. 核旧领新　　　　　　　　　D. 凭证领取

4. 所有缴纳增值税、消费税的单位和个人都是缴纳地方附加教育收入的义务人，这些单位和个人包括（　　）。

    A. 境内企、事业单位　　　　　B. 中国籍自然人个人

    C. 外籍个人　　　　　　　　　D. 外商投资企业

    E. 外国企业

5. 在中华人民共和国境内提供广告服务的广告媒介单位和户外广告经营单位、应按照规定缴纳文化事业建设费。所称广告服务，包括（　　）。

    A. 广告设计

B. 文印晒图

C. 广告代理

D. 广告的发布、播映、宣传、展示

6. 应履行废弃电子产品处理基金缴纳义务的缴费人包括（　　）。

　　A. 电器电子产品生产者　　　　B. 电器电子产品零售商

　　C. 进口电器电子产品收货人　　D. 进口电器电子产品代理人

7. 杭州市某公司（一般纳税人）转让嘉兴某县城的房产，购进价55万，转让价85万，关于教育费附加和地方教育附加说法正确的有（　　）。

　　A. 两项附加在嘉兴某县缴纳

　　B. 两项附加在杭州缴纳

　　C. 教育费附加应交0.045万元

　　D. 地方教育附加应交0.025万元

8. 下列需要缴纳文化事业建设费的单位有（　　）。

　　A. 游艺园　　　　　　　　　　B. 广播电台

　　C. 电视台　　　　　　　　　　D. 歌厅

9. 目前，废弃电器电子产品处理基金已开征的产品包括（　　）。

　　A. 电视机　　　B. 电冰箱　　　C. 洗衣机　　　D. 电烤箱

10. 残疾人就业保障金计算时，上年在职职工人数表述正确的是（　　）。

　　A. 用人单位在职职工仅指用人单位在编人员

　　B. 季节性用工应当折算为年平均用工人数

　　C. 以劳务派遣用工的，计入派遣单位在职职工人数

　　D. 与用人单位签订1年以上（含1年）劳动（服务协议）的人员需计入在职职工人数

11. 根据非税收入征管职责划转现行政策，以下关于非税收入管理规定正确的有（　　）。

　　A. 自2021年1月1日起，水土保持补偿费、地方水库移民扶持基金、排污权出让收入、防空地下室易地建设费划转至税务部门征收

　　B. 水土保持补偿费缴费人应在缴纳义务发生次月15日内申报缴纳水土保持补偿费

　　C. 地方水库移民扶持基金自2021年1月1日起，由缴费人按月向税务部门自行申报缴纳

D. 已征收排污权出让收入的地区自 2021 年 1 月 1 日起，由缴费人向税务部门自行申报缴纳

E. 防空地下室易地建设费自 2021 年 1 月 1 日起，由缴费人根据税务部门同人防部门联合确认的金额申报缴纳

12. 以下关于纳入产教融合型企业建设培育范围的试点企业规定正确的有（　　）。

　　A. 试点企业当年实际发生的，独立举办或参与举办职业教育的办学投资和办学经费支出允许抵免

　　B. 按照有关规定与职业院校稳定开展校企合作，对产教融合实训基地等国家规划布局的产教融合重大项目建设投资和基本运行费用的支出允许抵免

　　C. 试点企业当年应缴教育费附加和地方教育附加不足抵免的，未抵免部分可在以后 5 个纳税年度继续抵免

　　D. 试点企业有撤回投资和转让股权等行为的，应当补缴已经抵免的教育费附加和地方教育附加

　　E. 试点企业属于集团企业的，其下属全资子公司可按规定抵免教育费附加和地方教育附加

13. 关于残疾人就业保障金征收政策，下列说法正确的（　　）。

　　A. 自 2020 年 1 月 1 日起至 2022 年 12 月 31 日，在职职工人数在 30 人（含）以下的企业，暂免征收残疾人就业保障金

　　B. 自 2020 年 1 月 1 日起至 2022 年 12 月 31 日，对残疾人就业保障金实行分档减缴政策。其中，用人单位安排残疾人就业比例达到 1%（含）以上，但未达到所在地省、自治区、直辖市人民政府规定比例的，按规定应缴费额的 50% 缴纳残疾人就业保障金；用人单位安排残疾人就业比例在 1% 以下的，按规定应缴费额的 90% 缴纳残疾人就业保障金

　　C. 用人单位应按本单位在职职工总数 1.5% 的比例安排残疾人就业

　　D. 残疾人就业保障金征收标准上限，按照当地社会平均工资 3 倍执行

14. 下列关于文化事业建设费说法正确的有（　　）。

　　A. 文化事业建设费的费率为 3%

　　B. 应缴费额 = 计费不含税销售额 × 3%

　　C. 缴纳义务人自行申报享受减免优惠，无须额外提交资料

D. 增值税小规模纳税人缴纳文化事业建设费，原则上实行按季申报

E. 提供娱乐服务的单位和个人，未达到增值税起征点的，免征文化事业建设费

15. 自2021年7月1日起，将自然资源部门负责征收的（　　）、住房和城乡建设等部门负责征收的按行政事业性收费管理的（　　）划转至税务部门征收。

    A. 土地闲置费　　　　　　　　B. 土地出让金
    C. 城镇垃圾处理费　　　　　　D. 排污权出让收入

16. 按现行政策，下列作为城建税及教育费附加计算基数的有（　　）。

    A. 个人缴纳的车辆购置税
    B. 某个体工商户缴纳的增值税
    C. 某外国企业缴纳的消费税
    D. 某进出口贸易公司缴纳的关税
    E. 某生产企业出口货物的免抵增值税税额

17. 关于废弃电器电子产品处理基金的征收管理，下列说法正确的有（　　）。

    A. 电器电子产品生产者应缴纳的基金，由税务局负责征收
    B. 电器电子产品生产者按月申报缴纳基金。基金缴纳义务人应当自月度终了之日起15日内申报缴纳基金，向主管税务机关报送《废弃电器电子产品处理基金申报表》
    C. 进口电器电子产品的收货人或者其代理人应缴纳的基金，由海关负责征收
    D. 进口电器电子产品的收货人或者其代理人在货物申报进口时缴纳基金
    E. 税务局征收基金使用税收票证

18. 关于教育费附加的征收范围和征收标准下列说法正确的有（　　）。

    A. 对实际缴纳增值税、消费税的单位和个人征收教育费附加
    B. 海关对进口产品征收的增值税、消费税应征收教育费附加
    C. 对缴纳了农村教育事业附加的单位，不征收教育费附加
    D. 自2005年1月1日起，经国家税务总局正式审核批准的当期免抵的增值税额应纳入教育费附加的计征范围，按规定的费率征收教育费附加
    E. 1994年1月1日起，教育费附加率为3%

19. 下列说法正确的有（　　）。

A. 文化事业建设费缴纳义务发生时间和地点，与缴纳义务人的增值税纳税义务发生时间和纳税地点相同

B. 文化事业建设费缴纳的期限与缴纳义务人的增值税纳税期限相同

C. 文化事业建设费缴纳义务人减除价款的，应当取得增值税专用发票或国家税务总局规定的其他合法有效凭证

D. 增值税小规模纳税人月销售额不超过3万元的企业和非企业性单位提供的应税服务，免征文化事业建设费

20. 土地闲置费、城镇垃圾处理费、国有土地使用权出让收入等三项非税收入，资金入库后需要办理退库的，应当按照财政部门有关退库管理规定办理。其中，因（　　）需要退库的，由财政部门授权税务部门审核退库，具体由缴费人直接向税务部门申请办理。人民银行国库管理部门按规定办理退付手续。

A. 缴费人误缴　　　　　　　　B. 税务部门误收
C. 汇算清缴　　　　　　　　　D. 其他原因

三、判断题（共15题，每小题1分，共15分）

1. 税收收入以筹集满足公共需要的资金为目标，属于一般预算收入，不同税收收入均纳入预算统筹安排；非税收入项目所筹集的资金一般具有明确的用途和范围，属于"专款专用"。（　　）

2. 凡拥有已投入商业运行的压水堆核电机组的核电厂，应当按规定缴纳乏燃料处理处置基金。（　　）

3. 防空地下室易地建设费自2021年1月1日起，由缴费人根据税务部门核定的收费金额向项目所在地税务部门申报缴纳。（　　）

4. 个体经营者不属于地方水利建设基金的征收对象，无须缴纳地方水利建设基金。（　　）

5. 油价调控风险准备金的缴纳义务人为中华人民共和国境内生产、委托加工和进口汽油、柴油、润滑油等成品油生产经营企业。（　　）

6. 缴纳排污权使用费金额较大，一次性缴纳确有困难的排污单位，可在排污有效期内分次缴纳，首次缴纳不得低于应缴总额的50%。（　　）

7. 防空地下室易地建设费收入属于预算内资金，应全额缴入预算内资金财政专户，实行"收支两条线"管理。（　　）

8. 开办一般性生产建设项目的，按照使用土地面积计征水土保持补偿费。
（　　）

9. 根据省级电网企业和地方独立电网企业全年实际销售电量，在次年5月底前完成对相关企业全年应缴可再生能源电价附加的汇算清缴工作。（　　）

10. 残疾人就业保障金年缴纳额＝（上年用人单位在职职工人数×1.5％－上年用人单位实际安排的残疾人就业人数）×上年用人单位所在地的社会平均工资。
（　　）

11. 进口电器电子产品的收货人或者其代理人应缴纳的废弃电器电子产品处理基金，由税务部门负责征收。
（　　）

12. 提供广告服务的广告媒介和户外广告经营单位（个人）为文化事业建设费的征收对象。
（　　）

13. 采矿权使用费标准：第一个勘查年度至第三个勘查年度，每平方公里每年缴纳100元；从第四个勘查年度起，每平方公里每年增加100元，但是最高不得超过每平方公里每年500元。
（　　）

14. 自2016年2月1日起，按月纳税的月销售额或营业额不超过10万元（按季度纳税的季度销售额或营业额不超过30万元）的缴纳义务人，免征教育费附加、地方教育附加、水利建设基金。
（　　）

15. 土地出让合同、征地协议等应约定对土地使用者不按时足额缴纳土地出让收入的，按日加收违约金额1‰的违约金。
（　　）

四、计算题（共3题，每小题5分，共15分）

1. 某电视机生产企业2018年7—9月销售电视机10 000台，取得销售收入3 000万元。

请计算该企业10月应缴纳的废弃电器电子产品处理基金并编制会计分录。

2. 某省人民政府规定的安排残疾人就业比例是1.5％，某市统计部门公布的2018年当地职工年平均工资为4万元。该市有A、B、C、D四个企业，在职职工均为100人。2018年，A企业年平均工资为4万元，安排普通残疾人1人；B企业年平均工资为10万元，安排普通残疾人2人；C企业年平均工资为10万元，安排普通残疾人1人；D企业年平均资为4万元，当年安排1名3级残疾军人就业。

207

请计算 2019 年 A、B、C、D 四个企业需要缴纳的残疾人就业保障金。

3. A 省居民用电电价为 0.62 元/千瓦时,2019 年 2 月居民 B 用电 100 千瓦,该省居民用电中包含农网还贷基金（2 分/千瓦时）、国家重大水利工程建设基金（1.96875 厘/千瓦时）、大中型水库移民扶持基金（6.225 厘/千瓦时）、可再生资源附加（1.9 分/千瓦时）。

请计算居民 B 该月所缴纳的各项基金和附加费的总和。

模拟试卷一参考答案

一、单项选择题（共 20 题，每小题 1.5 分，共 30 分。每题选项中，只有一项最符合题意）

1. 【参考答案】C

【解析】非税收入的征收通常与政府的社会服务和管理职能结合在一起，有特定的服务与管理对象、征收对象，其收费对象具有特定性，未消费服务或发生受管制行为的单位和个人则不属于征收对象，这体现了非税收入的特殊性特征。

2. 【参考答案】B

【解析】石油特别收益金专项收入属于国有资源（资产）有偿使用收入。

3. 【参考答案】B

【解析】月收入 10 万元的个体户酒吧需要缴纳文化事业建设费。

4. 【参考答案】A

【解析】教育费附加的作用是发展地方性教育事业，扩大地方教育经费的资金来源，属于地方收入项目。

5. 【参考答案】B

【解析】《残疾人就业保障金征收使用管理办法规定》第十七条规定，用人单位申请减免保障金的最高限额不得超过 1 年的保障金应缴额，申请缓缴保障金的最长期限不得超过 6 个月。

6. 【参考答案】A

【解析】彩票公益金的分配政策，由国务院财政部门会同国务院民政、体育行政等有关部门提出方案，报国务院批准后执行。

7. 【参考答案】B

【解析】我国境内电器电子产品的代工生产企业是基金的缴纳义务人。

8. 【参考答案】D

【解析】依据《大中型水库移民后期扶持基金征收使用管理暂行办法》（财

综〔2006〕29号）的规定。

9.【参考答案】C

【解析】依据《财政部关于进一步规范和加强彩票资金构成比例政策管理的通知》（财综〔2015〕94号）的规定。

10.【参考答案】C

【解析】自2019年1月1日起，纳入产教融合型企业建设培育范围的试点企业，兴办职业教育的投资符合规定的，可按投资额的30%比例，抵免该企业当年应缴教育费附加和地方教育附加。依据的是《财政部关于调整部分政府性基金有关政策的通知》（财税〔2019〕46号）。

11.【参考答案】B

【解析】依据《财政部关于征收教育费附加几个具体问题的通知》（财税〔1986〕120号）的规定，对出口产品退还增值税的，不退还已征的教育费附加。

12.【参考答案】A

【解析】保障金按上年用人单位安排残疾人就业未达到规定比例的差额人数和本单位在职职工年平均工资之积计算缴纳。

13.【参考答案】B

【解析】《农网还贷资金征收使用管理办法》（财企〔2001〕820号）第三条规定，自备电厂自用电量免征农网还贷资金。

14.【参考答案】B

【解析】依据《排污权出让收入管理暂行办法》（财税〔2015〕61号）规定，排污权有效期原则上为五年。有效期满后，排污单位需要延续排污权的，应当按照地方环境保护部门重新核定的排污权，继续缴纳排污权使用费。

15.【参考答案】C

【解析】自2021年1月1日起，水土保持补偿费、地方水库移民扶持基金、排污权出让收入、防空地下室易地建设费划转至税务部门征收。

16.【参考答案】D

【解析】依据财税〔2016〕4号文件规定，自2016年1月1日起，将各省（自治区、直辖市，不含新疆维吾尔自治区、西藏自治区）居民生活和农业生产以外全部销售电量的基金征收标准，由每千瓦时1.5分提高到每千瓦时1.9分。

17.【参考答案】D

【解析】依据《财政部关于对分布式光伏发电自发自用电量免征政府性基金有关问题的通知》（财综〔2013〕103号），对分布式光伏发电自发自用电量免收可再生能源电价附加、国家重大水利工程建设基金、大中型水库移民后期扶持基金、农网还贷资金等4项针对电量征收的政府性基金。

18.【参考答案】D

【解析】依据《财政部关于调整残疾人就业保障金征收政策的公告》，自2020年1月1日起至2022年12月31日，在职职工人数在30人（含）以下的企业，暂免征收残疾人就业保障金。

19.【参考答案】A

【解析】依据关于启用《中央非税收入统一票据》功能的通知，从2019年12月25日起，对2019年1月1日起划转税务部门征收的13项中央非税收入正式启用《中央非税收入统一票据》。

20.【参考答案】B

【解析】依据《矿产资源勘查区块登记管理办法》第十二条，"探矿权使用费标准：第一个勘查年度至第三个勘查年度，每平方公里每年缴纳100元；从第四个勘查年度起，每平方公里每年增加100元，但是最高不得超过每平方里每年500元。"因此，$50 \times 300 = 15\ 000$元。

二、多项选择题（共20小题，每小题2分，共40分。下列各题选项中，至少有两个选项是正确的，多选、少选和错选均不给分）

1.【参考答案】AD

【解析】《政府非税收入管理办法》（财税〔2016〕33号）明确规定：本办法所称非税收入不包括社会保险费、住房公积金（指计入缴存个人账户部分）。

2.【参考答案】ABD

【解析】根据《政府非税收入管理办法》，非税收入纳入财政预算管理；各级财政部门是非税收入的主管部门；彩票公益金属于非税收入；以政府名义接受的捐赠属于非税收入。

3.【参考答案】BCD

【解析】非税收入票据实行凭证领取、分次限量、核旧领新制度。

4.【参考答案】ABCDE

【解析】所有缴纳增值税、消费税的单位和个人都是缴纳地方附加教育收入的义务人,这些单位和个人包括:境内企、事业单位,中国籍自然人个人,外籍个人,外商投资企业,外国企业。

5. 【参考答案】CD

【解析】"广告服务"范围内的服务:具体是指利用图书、报纸、杂志、广播、电视、电影、幻灯、路牌、招贴、橱窗、霓虹灯、灯箱、互联网等各种形式为客户的商品、经营服务项目、文体节目或者通告、声明等委托事项进行宣传和提供相关服务的业务活动。包括广告代理和广告的发布、播映、宣传、展示等

6. 【参考答案】ACD

【解析】依据《财政部 环境保护部 国家发展改革委 工业和信息化部 海关总署和国家税务总局关于印发〈废弃电器电子产品处理基金征收使用管理办法〉的通知》(财综〔2012〕34号),电器电子产品生产者、进口电器电子产品的收货人或者其代理人应当按照本办法的规定履行基金缴纳义务。

7. 【参考答案】AC

【解析】纳税人跨地区销售不动产的,应在不动产所在地预缴增值税时,以预缴增值税税额为计税依据,并按预缴增值税所在地的城市维护建设税适用税率和教育费附加征收率就地计算缴纳城市维护建设税和教育费附加。

教育费附加以增值税税额为计税依据,征收率为3%,(85-55)×5%×3%=0.045(万元)

地方教育附加以增值税税额为计税依据,征收率为2%,(85-55)×5%×2%=0.03(万元)

8. 【参考答案】ABCD

【解析】《财政部 国家税务总局关于全面推开营业税改征增值税试点的通知》(财税〔2016〕36号)的附件《销售服务、无形资产、不动产注释》中"广告服务"范围内的服务:具体是指利用图书、报纸、杂志、广播、电视、电影、幻灯、路牌、招贴、橱窗、霓虹灯、灯箱、互联网等各种形式为客户的商品、经营服务项目、文体节目或者通告、声明等委托事项进行宣传和提供相关服务的业务活动。包括广告代理和广告的发布、播映、宣传、展示等。

《销售服务、无形资产、不动产注释》中"娱乐服务"范围内的服务:具体包括歌厅、舞厅、夜总会、酒吧、台球、高尔夫球、保龄球、游艺(包括射

击、狩猎、跑马、游戏机、蹦极、卡丁车、热气球、动力伞、射箭、飞镖）。

9.【参考答案】ABC

【解析】根据《废弃电器电子产品处理目录（2014年版）》，电烤箱不属于废弃电子产品处理基金征收范围。

10.【参考答案】BCD

【解析】财政部 国家税务总局 中国残疾人联合会关于印发《残疾人就业保障金征收使用管理办法》的通知中规定，用人单位在职职工，是指用人单位在编人员或依法与用人单位签订1年以上（含1年）劳动合同（服务协议）的人员。季节性用工应当折算为年平均用工人数。以劳务派遣用工的，计入派遣单位在职职工人数。

11.【参考答案】AD

【解析】依据《国家税务总局关于水土保持补偿费等政府非税收入项目征管职责划转有关事项的公告》（国家税务总局公告2020年第21号），水土保持补偿费按次缴纳的，应于项目开工前或建设活动开始前，缴纳水土保持补偿费；按期缴纳的，在期满之日起15日内申报缴纳水土保持补偿费。地方水库移民扶持基金自2021年2月1日起，由缴费人按月向税务部门自行申报缴纳，申报缴纳期限按现行规定执行。防空地下室易地建设费自2021年1月1日起，由缴费人根据人防部门核定的收费金额向税务部门申报缴纳。

12.【参考答案】ABD

【解析】依据《财政部关于调整部分政府性基金有关政策的通知》自2019年1月1日起，纳入产教融合型企业建设培育范围的试点企业，兴办职业教育的投资符合本通知规定的，可按投资额的30%比例，抵免该企业当年应缴教育费附加和地方教育附加。试点企业属于集团企业的，其下属成员单位（包括全资子公司、控股子公司）对职业教育有实际投入的，可按本通知规定抵免教育费附加和地方教育附加。允许抵免的投资是指试点企业当年实际发生的，独立举办或参与举办职业教育的办学投资和办学经费支出，以及按照有关规定与职业院校稳定开展校企合作，对产教融合实训基地等国家规划布局的产教融合重大项目建设投资和基本运行费用的支出。试点企业当年应缴教育费附加和地方教育附加不足抵免的，未抵免部分可在以后年度继续抵免。试点企业有撤回投资和转让股权等行为的，应当补缴已经抵免的教育费附加和地方教育附加。

13.【参考答案】ABC

【解析】依据《财政部关于调整残疾人就业保障金征收政策的公告》(财政部公告2019年第98号),残疾人就业保障金征收标准上限,按照当地社会平均工资2倍执行。

14.【参考答案】ACDE

【解析】应缴费额=含税销售额×3%。

15.【参考答案】AC

【解析】自2021年7月1日起,将自然资源部门负责征收的土地闲置费、住房和城乡建设等部门负责征收的按行政事业性收费管理的城镇垃圾处理费划转至税务部门征收。

16.【参考答案】BCE

【解析】城建税及教育费附加的纳税人是缴纳增值税、消费税的单位和个人。不论国有企业、集体企业、私营企业、个体工商户,还是其他单位、个人,只要缴纳了增值税、消费税中的任何一种税,都必须同时缴纳城市维护建设税。外商投资企业和外国企业及外籍个人也要缴纳城建税及教育费附加。

17.【参考答案】ACDE

【解析】《国家税务总局关于发布废弃电器电子产品处理基金征收管理规定的公告》(国家税务总局公告2012年第41号)第十四条规定:基金缴纳义务人按季申报缴纳基金。基金缴纳义务人应当自季度终了之日起15日内申报缴纳基金,向主管税务机关报送《废弃电器电子产品处理基金申报表》。

18.【参考答案】ACDE

【解析】依据《财政部关于征收教育费附加几个具体问题的通知》(财税〔1986〕120号)的规定,凡缴纳产品税、增值税、营业税的单位和个人,都应当依照规定征收教育费附加。但海关对进口产品征收的产品税、增值税,不征收教育费附加。

19.【参考答案】ABC

【解析】增值税小规模纳税人中月销售额不超过2万元(按季纳税6万元)的企业和非企业性单位提供的应税服务,免征文化事业建设费。

20.【参考答案】ABC

【解析】因缴费人误缴、税务部门误收、汇算清缴需要退库的,由财政部门授权税务部门审核退库,具体由缴费人直接向税务部门申请办理。人民银行国库管理部门按规定办理退付手续。

三、判断题（共15题,每小题1分,共15分）

1.【参考答案】√

【解析】税收收入以筹集满足公共需要的资金为目标,属于一般预算收入,不同税收收入均纳入预算统筹安排;非税收入项目所筹集的资金一般具有明确的用途和范围,属于"专款专用"。

2.【参考答案】×

【解析】拥有已投入商业运行5年以上的压水堆核电机组的核电厂,应当按规定缴纳乏燃料处理处置基金。

3.【参考答案】×

【解析】防空地下室易地建设费自2021年1月1日起,由缴费人根据人防部门核定的收费金额向项目所在地税务部门申报缴纳。

4.【参考答案】×

【解析】凡有销售收入和营业收入的企事业单位和个体经营者,均应缴纳地方水利建设基金。

5.【参考答案】×

【解析】缴纳义务人为中华人民共和国境内生产、委托加工和进口汽油、柴油等成品油生产经营企业。

6.【参考答案】×

【解析】缴纳排污权使用费金额较大,一次性缴纳确有困难的排污单位,可在排污有效期内分次缴纳,首次缴纳不得低于应缴总额的40%。

7.【参考答案】×

【解析】防空地下室易地建设费收入属于预算外资金,应全额缴入预算外资金财政专户。

8.【参考答案】×

【解析】依据《水土保持补偿费征收使用管理办法》（财综〔2014〕8号）,开办一般性生产建设项目的,按照征占用土地面积计征水土保持补偿费。

9.【参考答案】×

【解析】依据《可再生能源发展基金征收使用管理暂行办法》,根据省级电网企业和地方独立电网企业全年实际销售电量,在次年 3 月底前完成对相关企业全年应缴可再生能源电价附加的汇算清缴工作。

10.【参考答案】×

【解析】残疾人就业保障金年缴纳额 =(上年用人单位在职职工人数 × 1.5% – 上年用人单位实际安排的残疾人就业人数)× 上年用人单位在职职工年平均工资。

11.【参考答案】×

【解析】税务部门的征收范围是电器电子产品生产者应缴纳的基金;进口电器电子产品的收货人或者其代理人应缴纳的废弃电器电子产品处理基金,由海关部门负责征收。

12.【参考答案】×

【解析】个人从事广告服务不征收文化事业建设费。

13.【参考答案】×

【解析】探矿权使用费第一个勘查年度至第三个勘查年度,每平方公里每年缴纳 100 元;从第四个勘查年度起,每平方公里每年增加 100 元,但是最高不得超过每平方公里每年 500 元;采矿权使用费,按矿区范围面积逐年缴纳,每平方公里每年 1 000 元。

14.【参考答案】√

【解析】略。

15.【参考答案】√

【解析】略。

四、计算题(共 3 题,每小题 5 分,共 15 分)

1.【答案与解析】

该企业 10 月应缴纳的废弃电器电子产品处理基金 = 10 000 × 13 = 130 000(元)

会计分录:

借:生产成本　　　　　　　　　　　　　　　　　130 000
　　贷:应交税费——应交废弃电器电子产品处理基金　　130 000
借:应交税费——应交废弃电器电子产品处理基金　　130 000
　　贷:银行存款　　　　　　　　　　　　　　　　130 000

2. 【答案与解析】

   A 企业 2019 年需要缴纳的残疾人就业保障金：

   （100×1.5%－1）×4＝2 万元，需缴纳残疾人就业保障金 2 万元。

   B 企业 2019 年需要缴纳的残疾人就业保障金：

   （100×1.5%－2）×8＝－4 万元，无须缴纳残疾人就业保障金。

   C 企业 2019 年需要缴纳的残疾人就业保障金：

   （100×1.5%－1）×8＝4 万元，需缴纳残疾人就业保障金 4 万元。

   D 企业 2019 年需要缴纳的残疾人就业保障金：

   （100×1.5%－2）×4＝－2 万元，无须缴纳残疾人就业保障金。

3. 【答案与解析】

   A 省居民 B 该月所缴纳电费中包含农网还贷基金＝100 千瓦时×2 分/千瓦时＝2 元；包含国家重大水利工程建设基金＝100×1.96875＝0.196875 元；包含大中型水库移民扶持基金＝100×6.225＝0.6225 元；包含可再生资源附加＝100×1.9＝1.9 元。

   则 A 省居民 B 该月所缴纳电费中包含各项基金和附加费的总和为 4.719375 元。

模拟试卷二

一、单项选择题（共 20 小题，每小题 1.5 分，共 30 分。每题的备选项中，只有 1 个最符合题意）

1. 非税收入取得的依据不包括（　　）。
   A. 国家信用
   B. 国家权力
   C. 政府信誉
   D. 国有资源（资产）所有者权益

2. 下列选项中，不是非税收入管理体制的原则的选项是（　　）。
   A. 统一领导分级管理原则　　　　B. 权责利相结合原则
   C. 所有权与经营权相分离原则　　D. 法治化原则

3. 非税收入票据存根的保存期限一般为（　　）年。保存期满需要销毁的，报经原核发票据的财政部门查验后销毁。
   A. 2　　　　B. 3　　　　C. 5　　　　D. 10

4. 非税收入票据一次领购的数量一般不超过本单位（　　）个月的使用量。
   A. 2　　　　B. 3　　　　C. 6　　　　D. 12

5. 关于教育费附加减免，下列说法错误的是（　　）。
   A. 对由于减免增值税、消费税而发生退税的，可以同时退还已征收的教育费附加
   B. 对出口产品退还增值税、消费税的，可以退还已征的教育费附加
   C. 对"三税"实行先征后返、先征后退、即征即退办法的，除另有规定外，对随"三税"附征的城市维护建设税和教育费附加，一律不予退（返）还
   D. 对国家重大水利工程建设基金免征教育费附加

6. 从 2017 年 1 月 1 日起至 2019 年 12 月 31 日，对自主就业退役士兵从事个体经营的，在 3 年内按每户每年 8 000 元为限额依次扣减其当年实际应缴纳

的增值税、城市维护建设税、教育费附加、地方教育附加和个人所得税，限额标准最高可上浮（　　）。

　　A. 20%　　　　　　B. 30%　　　　　　C. 40%　　　　　　D. 50%

7. 关于文化事业建设费征收管理，下列说法错误的是（　　）。

　　A. 文化事业建设费的扣缴义务发生时间，为缴纳义务人的增值税纳税义务发生时间

　　B. 文化事业建设费的扣缴义务人应当向其机构所在地或者居住地主管税务机关申报缴纳其扣缴的文化事业建设费

　　C. 缴纳人、扣缴人在办理税务登记或扣缴税款登记的同时，办理文化事业建设费登记

　　D. 不经常发生文化事业建设费应缴纳行为或按规定不需要办理税务登记、扣缴税款登记的缴纳人、扣缴人，应在首次文化事业建设费应缴纳行为发生前办理登记事项

8. 废弃电器电子产品处理基金缴纳义务人以委托代销方式销售应征基金产品的，其基金缴纳义务的发生时间为收到代销单位的代销清单或者收到全部或者部分货款的当天。未收到代销清单及货款的，为发出应征基金产品满（　　）天的当天。

　　A. 60　　　　　　　B. 90　　　　　　　C. 180　　　　　　D. 360

9. 省级电网企业应于每月（　　）日前向驻当地专员办申报上月实际销售电量和应缴纳的大中型水库移民后期扶持基金，专员办应于每月（　　）日前完成对申报的审核，并向申报企业开具征缴后期扶持基金《非税收入一般缴款书》。省级电网企业应在每月（　　）日前，按照专员办开具的《非税收入一般缴款书》所规定的缴款额，足额上缴资金。

　　A. 5；10；15　　　　　　　　　　　　B. 5；12；15
　　C. 7；10；15　　　　　　　　　　　　D. 10；12；15

10. 某市工业企业2018年10月进口货物，向海关缴纳增值税20万元、消费税10万元，关税2万元；向当地税务机关实际缴纳增值税50万元、消费税15万元，企业所得税20万元。已知教育费附加征收率为3%、地方教育附加征收率为2%，则该企业当月应缴教育费附加和地方教育附加合计为（　　）万元。

　　A. 1.3　　　　　　B. 1.5　　　　　　C. 1.95　　　　　　D. 3.25

11. 下列关于文化事业建设费的说法，错误的是（   ）。

   A. 文化事业建设费的缴纳义务发生时间和缴纳地点，与缴纳义务人的增值税纳税义务发生时间和纳税地点相同

   B. 未达到增值税起征点的缴纳义务人，免征文化事业建设费

   C. 自 2019 年 7 月 1 日至 2024 年 12 月 31 日，对归属中央收入的文化事业建设费，按照缴纳义务人应缴费额的 50% 减征

   D. 缴纳义务人应在申报期内向主管税务机关报送《非税收入通用申报表》

12. 下列选项中对于免征废弃电器电子产品处理基金正确的是（   ）。

   A. 出口电器电子产品，免征废弃电器电子产品处理基金

   B. 购进或收回委托加工已缴纳基金的电器电子产品，免征废弃电器电子产品处理基金

   C. 已缴纳基金的电器电子产品发生销货退回的，免征废弃电器电子产品处理基金

   D. 对采用有利于资源综合利用和无害化处理的设计方案以及使用环保和便于回收利用材料生产的电器电子产品，免征废弃电器电子产品处理基金

13. 《财政部关于取消、调整部分政府性基金有关政策的通知》（财税〔2017〕18 号）规定，自工商注册登记之日起 3 年内，对安排残疾人就业未达到规定比例、在职职工总数（   ）人以下的小微企业，免征保障金。

   A. 10　　　　　　B. 15　　　　　　C. 20　　　　　　D. 30

14. 根据财政部相关文件，目前对国家重大水利工程建设基金的主要优惠政策是（   ）。

   A. 对分布式光伏发电自发自用电量免收

   B. 地方独立电网销售电量可免征

   C. 企业自备电厂自发自用电量可免征

   D. 省级电网企业销售给予公司的电量和对境外销售电量可免征

15. 根据《国家重大水利工程建设基金征收使用管理暂行办法》（财综〔2009〕90 号）的规定，下列选项中不属于由省级电网企业在向电力用户收取电费时一并代征的国家重大水利工程建设基金的是（   ）。

   A. 省级电网企业销售给地方独立电网企业的电量

   B. 各省、自治区、直辖市全部销售电量包括省级电网企业销售给电力用

户的电量

C. 省级电网企业销售给予公司的电量和对境外销售电量

D. 省级电网企业销售给予公司的电量和对境外销售电量、企业自备电厂自发自用

16. 拥有自备电厂企业、地方独立电网企业应准确计量自发自用电量和销售电量，不能准确计量的，由专员办和省级财政部门按照其（　　）发电（售电）能力核定自发自用电量和销售电量，并确定重大水利基金征收数额。

   A. 基本　　　　B. 平均　　　　C. 最小　　　　D. 最大

17. 用工单位依法以劳务派遣等方式接收残疾人在本单位就业的，可记入（　　）的用工人数，具体由双方协商确定。

   A. 派遣单位　　　　　　　　B. 接受单位
   C. 派遣单位或接受单位　　　　D. 派遣单位和接受单位

18. 下列建设项目，可以全免防空地下室易地建设费的是（　　）。

   A. 经有权部门认定的保障性住房
   B. 新建学校教学楼
   C. 非营利性养老和医疗机构建设项目
   D. 为残疾人修建的生活服务设施

19. 石油、天然气以外的矿产资源按照开采量（采掘、采剥总量）销售额计征水土保持补偿费，其中井下开采类项目由按销售额（　　）计征．

   A. 1%　　　　B. 1.5%　　　　C. 1‰　　　　D. 1.5‰

20. 按照土地出让合同约定，A公司应于2021年7月31日一次性缴纳国有土地使用权出让收入15 000万元。该公司因资金周转困难，实际于8月7日前往税务部门办理缴费事项。除本金外，该公司应缴纳违约金（　　）万元。

   A. 52.5　　　　B. 60　　　　C. 105　　　　D. 120

二、多项选择题（共20小题，每小题2分，共40分。下列各题选项中，至少有两个选项是正确的，多选、少选和错选均不得分）

1. 自2021年1月1日起，缴费人向税务部门申报缴纳的费种有（　　）。

   A. 水土保持补偿费　　　　　　B. 地方水库移民扶持基金

221

C. 防空地下室易地建设费 D. 排污权出让收入

2. 下列有关非税收入的说法错误的有（   ）。

   A. 非税收入不纳入财政预算管理

   B. 各级税务机关是非税收入的主管部门

   C. 彩票公益金属于非税收入

   D. 以政府名义接受的捐赠不属于非税收入

3. 涉及省级与市、县级分成的政府非税收入，其分成比例应当由（   ）规定。

   A. 国务院 B. 财政部
   C. 省级财政部门 D. 省级人民政府

4. 下列用海项目中依法免缴海域使用金的有（   ）。

   A. 军事用海

   B. 用于政府行政管理目的的公务船舶专用码头用海

   C. 非经营性交通基础设施用海

   D. 除避风（避难）以外的其他锚地、出入海通道等公用设施用海

   E. 遭受自然灾害或者意外事故，经核实经济损失达正常收益60%以上的养殖用海

5. 下列属于教育费附加计税依据的是（   ）。

   A. 进口产品缴纳的增值税、消费税

   B. 国内销售环节实际缴纳的增值税、消费税

   C. 国内提供劳务实际缴纳的增值税、消费税

   D. 出口货物免抵的增值税

6. 落实城市棚户区改造涉及的免收各项收费基金优惠政策包括以下（   ）非税收入项目。

   A. 防空地下室易地建设费 B. 教育费附加
   C. 地方教育附加 D. 地方水利建设基金

7. 中央水利建设基金的来源有（   ）。

   A. 从车辆购置税收入中定额提取

   B. 从车船税收入中定额提取

   C. 从铁路建设基金收入中提取3%

   D. 从港口建设费收入中提取3%

8. 下列关于水土保持补偿费等四项政府非税收入项目的说法，正确的是（　　）。
   A. 水土保持补偿费由缴费人向税务部门自行申报缴纳，在期满之日起15日内申报缴纳水土保持补偿费
   B. 地方水库移民扶持基金由缴费人按月向税务部门自行申报缴纳，申报缴纳期限按现行规定执行
   C. 已征收排污权出让收入的地区由缴费人向税务部门自行申报缴纳。其他地区有关排污权出让收入的征管事项，待国务院相关部门确定深化排污权有偿使用和交易改革方案后，由税务总局另行明确
   D. 防空地下室易地建设费由缴费人根据税务部门核定的收费金额向税务部门申报缴纳

9. 文化事业建设费的扣缴义务人应当向其（　　）主管税务机关申报缴纳其扣缴的文化事业建设费。
   A. 机构所在地　　　　　　　B. 户籍所在地
   C. 经营所在地　　　　　　　D. 居住地

10. 土地闲置费、城镇垃圾处理费划转税务部门征收，各级税务部门要会同财政、自然资源、住房和城乡建设等有关部门，按照"便民、高效"的原则，（　　）。
    A. 逐项确定职责划转后的征缴流程　　B. 不断提高征管效率
    C. 降低征管成本　　　　　　　　　　D. 防范化解风险

11. 以下关于教育费附加优惠的说法，正确的有（　　）。
    A. 海关对进口产品代征的增值税、消费税，不征收附加
    B. 对出口产品退还增值税、消费税的，同时退还附加
    C. 对软件开发企业即征即退的增值税，可以在增值税退还时，同时退还随增值税附征的附加
    D. 对国家重大水利工程建设基金免征附加

12. 位于市区的某生产企业为增值税一般纳税人，主要经营货物内销和出口业务，其出口货物实行免抵退税办法。2013年5月，该企业在进行增值税免抵退税计算时得出：当期应纳增值税为 –40万元，当期免抵退税额为50万元。下列关于该企业相关税务处理的表述中，正确的有（　　）。

A. 当期应退还该企业增值税 50 万元

B. 当期应退还该企业增值税 40 万元

C. 当期该企业应缴纳城市维护建设税 0.7 万元

D. 当期该企业应缴纳教育费附加 0.3 万元

13. 以下说法错误的有（   ）。

    A. 外贸出口企业免征水利建设基金

    B. 自 2016 年 2 月 1 日起，按月纳税的月销售额或营业额不超过 15 万元（按季度纳税的季度销售额或营业额不超过 45 万元）的，不征收地方水利建设基金

    C. 1 年期以上的人身保险业务取得的保费收入按 0.4‰ 征收地方水利建设基金

    D. 所有中小学"校舍安全工程"免收教育费附加、地方教育附加、水利建设基金

14. 下列关于废弃电器电子产品处理基金的说法，正确的有（   ）。

    A. 缴纳义务人出口电器电子产品，免征废弃电器电子产品处理基金

    B. 对电器电子产品生产者销售台式微型计算机整机不征收废弃电器电子产品处理基金

    C. 台式微型计算机显示器生产者将其生产的显示器组装成计算机整机销售的不征收废弃电器电子产品处理基金

    D. 对采用有利于资源综合利用的无害化处理的设计方案以及使用环保和便于回收利用材料生产的电器电子产品，可以减征废弃电器电子产品处理基金的，按照国务院相关部门的具体规定执行

15. 下列关于符合废弃电器电子产品处理基金征收范围的产品的征收标准，正确的有（   ）。

    A. 电视机 13 元/台 　　　　　　B. 微型计算机 10 元/台

    C. 洗衣机 12 元/台 　　　　　　D. 房间空调器 7 元/台

16. 以下非税收入申报缴纳使用《非税收入通用申报表》的是（   ）。

    A. 核电站乏燃料处理处置基金 　　B. 可再生能源发展基金

    C. 国家重大水利工程建设基金 　　D. 石油特别收益金

17. 土地闲置费、城镇垃圾处理费划转税务部门征收后，（   ）的上述收入，收缴及汇算清缴工作继续由原执收（监缴）单位负责。

A. 征期在 2021 年 7 月 1 日以后（含）

B. 征期在 2021 年 7 月 1 日以前（含）

C. 所属期为 2021 年 7 月 1 日以前

D. 所属期为 2021 年 7 月 1 日以后

18. 下列选项中对大中型水库移民后期扶持基金免征的有（　　）。

    A. 农业生产用电量免征

    B. 省级电网企业网间销售电量（由买入方在最终销售环节向用户收取）免征

    C. 对分布式光伏发电自发自用电量免征

    D. 经国务院批准，可以免除交纳后期扶持基金的其他电量免征

19. 下列关于核事故应急准备专项收入的说法，正确的有（　　）。

    A. 核事故应急准备专项收入由核电企业按规定的比例，分别上缴中央和地方财政

    B. 核电企业应于每年 3 月 10 日前，向税务机关申报缴纳核事故应急准备专项收入，其申报缴纳使用《非税收入通用申报表》

    C. 基建期应在核电工程浇灌第一罐混凝土的当年起三年内按规定承担数额的 30%、40% 和 30% 分年度缴清；运行期应在商业运行后的次年开始，根据上一年的实际上网销售电量按规定标准缴纳

    D. 核电企业在基建期和运行期分别按以下标准缴纳：基建期按设计额定容量每千瓦时 5 厘人民币的标准缴纳；运行期按年度上网销售电量每千瓦时 0.2 厘人民币的标准缴纳

20. 下列选项中关于油价调控风险准备金的征收标准正确的有（　　）。

    A. 当国际市场原油价格低于国家规定的成品油价格调控下限时，缴纳义务人应按照汽油、柴油的销售数量和规定的征收标准缴纳风险准备金

    B. 汽油、柴油销售数量是指缴纳义务人于相邻两个调价窗口期之间的实际销售数量

    C. 风险准备金征收标准按照成品油价格未调金额确定

    D. 成品油价格未调金额由国家发展改革委、财政部根据国际原油价格变动情况，按照现行成品油价格形成机制计算核定，于每季度前 10 个工作日内，将上季度每次调价窗口期的征收标准，书面告知征收机关

225

三、判断题（共 15 小题，每小题 1 分，共 15 分）

1. 残疾人就业保障金和社保费都属于非税收入。 （ ）
2. 根据现行税收政策规定，国家重大水利工程建设基金减半征收教育费附加。 （ ）
3. 缴费人申报缴纳废弃电器电子产品处理基金时使用《废弃电器电子产品处理基金申报表》。 （ ）
4. 缴费人申报缴纳残疾人就业保障金时使用《非税收入通用申报表》。 （ ）
5. 水土保持补偿费划转至税务部门征收后，以前年度应缴未缴的收入，由原执收（监缴）单位负责征缴入库。 （ ）
6. 省（自治区、直辖市）际间交易电量，计入受电省份的销售电量征收可再生能源电价附加。 （ ）
7. 地方教育附加收入是指各个省按规定征收的专门用于支持地方教育事业发展的专项基金，属地方收入科目，其多征、减征、缓征、停征由各省自行决定。 （ ）
8. 政府非税收入是指除税收以外，由各级国家机关、事业单位、代行政府职能的社会团体及其他组织依法利用国家权力、政府信誉、国有资源（资产）所有者权益等取得的各项收入，不包括社会保险费、住房公积金。 （ ）
9. 对于大中型水库移民后期扶持基金 2019 年度的汇算清缴，缴费人向专员办申报办理。 （ ）
10. 彩票公益金使用《彩票公益金申报表》，其他没有专用申报表的非税收入项目，均可使用《非税收入通用申报表》。 （ ）
11. 教育费附加和地方教育附加以纳税人实际缴纳的增值税为计量依据，教育费附加、地方教育附加的费率分别为 2%、3%。 （ ）
12. 残疾人就业保障金的征收对象是未安排残疾人就业的机关、团体、企业、事业单位和民办非企业单位。 （ ）
13. 享受增值税期末留抵退税政策的集成电路企业，其退还的增值税期末留抵税额，在城市维护建设税、教育费附加和地方教育附加的计税（征）依据中不得扣除。 （ ）
14. 自 2016 年 1 月 1 日起，各省居民生活和农业生产以外全部销售电量的可

再生能源发展基金征收标准,为每千瓦时 1.9 分。　　　　　(　　)
15. 2019 年 1 月 1 日起划转税务部门征收的 13 项中央非税收入,从 2019 年 12 月 1 日起,正式启用《中央非税收入统一票据》。　　　　　(　　)

四、计算题(共 3 小题,每小题 5 分,共 15 分)

1. 某大型企业,生产销售冷冻柜,在职职工人数 500 人。

　　(1)该企业 2019 年一季度销售冷冻柜 1 000 台,其中直接出口 400 台,计算该企业应缴纳多少废弃电器电子产品处理基金?(2 分)

　　(2)该企业 2020 年在职职工工资总额 7 500 万,当地社会平均工资为 7 万,该企业 2020 年 4 月招录残疾人 4 人,试用期 3 个月,试用期后开始为其缴纳社会保险费,并到残联备案。请计算该企业 2021 年(按年缴纳)需缴纳的残疾人就业保障金金额。(3 分)

2. A 企业是在我国境内独立开采并销售原油的企业,已知 A 企业 2019 年 1 月销售原油的月加权平均价格为 73 美元/桶,销售量为 3 000 桶;2 月的月加权平均价格为 76 美元/桶,销售量为 3 500 桶;3 月的月加权平均价格为 81 美元/桶,销售量为 5 000 桶。

　　请计算:A 企业第一季度应缴纳的石油特别收益金金额。(汇率:1 月为 6.2184,2 月为 6.1873,3 月为 6.1528)

3. 平安房地产开发公司在某市竞买一块土地,合同约定总价款 2 亿元,分两期支付,第一期支付 1 亿元(含竞买保证金 5 000 万元,抵作土地出让价款),限缴时间为 2021 年 6 月 15 日前,第二期支付 1 亿元,限缴时间为 8 月 15 日前。该公司在 2021 年 6 月 15 日支付了 5 000 万元(不含竞买保证金),2021 年 9 月 5 日支付了 1 亿元。

　　(2021 年 6 月 15 日人民币 1 年期贷款基准年利率 3.6%,2021 年 8 月 15 日人民币 1 年期贷款基准年利率 3.7%,2021 年 9 月 5 日人民币 1 年期贷款基准年利率 3.8%)

　　请根据所给条件,计算该公司土地出让价款应缴纳的违约金和利息。

模拟试卷二参考答案

一、单项选择题

1.【参考答案】A

【解析】非税收入的取得依据是国家权力、政府信誉、国有资源（资产）所有者权益。

2.【参考答案】C

【解析】非税收入管理体制是国家财政管理体制的组成部分，其原则主要包括统一领导分级管理原则、权责利相结合原则和法治化原则。

3.【参考答案】C

【解析】依据《政府非税收入管理办法》的规定，非税收入票据存根的保存期限一般为5年。保存期满需要销毁的，报经原核发票据的财政部门查验后销毁。

4.【参考答案】C

【解析】非税收入票据一次领购的数量一般不超过本单位6个月的使用量。

5.【参考答案】B

【解析】对出口产品退还增值税、消费税的，不退还已征的教育费附加。

6.【参考答案】A

【解析】依据《财政部国家税务总局民政部关于继续实施扶持自主就业退役士兵创业就业有关税收政策的通知》（财税〔2017〕46号）的规定。

7.【参考答案】D

【解析】不经常发生文化事业建设费应缴纳行为或按规定不需要办理税务登记、扣缴税款登记的缴纳人、扣缴人，可以在首次文化事业建设费应缴纳行为发生后办理登记事项。

8.【参考答案】C

【解析】废弃电器电子产品处理基金缴纳义务人以委托代销方式销售应征基金产品的，其基金缴纳义务的发生时间为收到代销单位的代销清单或者收到全部或者部分货款的当天。未收到代销清单及货款的，为发出应征基金产品满180天的当天。

9.【参考答案】D

【解析】依据《大中型水库移民后期扶持基金征收使用管理暂行办法》（财综〔2006〕29号）的规定。

10.【参考答案】D

【解析】教育费附加、地方教育附加以纳税人实际缴纳的增值税、消费税的税额为依据，向海关缴纳的增值税和消费税不作为教育费附加和地方教育附加的计税依据，应缴教育费附加=（50+15）×3%=1.95万元，应缴地方教育附加=（50+15）×2%=1.3万元，则应缴教育费附加和地方教育附加合计=1.95+1.3=3.25万元。

11.【参考答案】D

【解析】依据《国家税务总局关于营业税改征增值税试点有关文化事业建设费登记与申报事项的公告》（国家税务总局公告2013年第64号）规定，缴纳人、扣缴人应在申报期内分别向主管税务机关报送《文化事业建设费申报表》《文化事业建设费代扣代缴报告表》。

12.【参考答案】A

【解析】依据《废弃电器电子产品处理基金征收使用管理办法》（财综〔2012〕34号印发）及《财政部 国家税务总局 海关总署关于进（来）料委托加工复出口免征废弃电器电子产品处理基金有关问题的公告》（财政部 国家税务总局 海关总署公告2014年第29号）的规定：（1）出口电器电子产品，免征基金；（2）购进或收回委托加工已缴纳基金的电器电子产品，允许从应征基金产品销售数量中扣除；（3）已缴纳基金的电器电子产品发生销货退回的，准予在当期扣除；（4）对采用有利于资源综合利用和无害化处理的设计方案以及使用环保和便于回收利用材料生产的电器电子产品，可以减征基金，具体办法由财政部会同环境保护部、国家发展改革委、工业和信息化部、税务总局、海关总署另行制定。

13.【参考答案】D

【解析】根据《财政部关于取消、调整部分政府性基金有关政策的通知》（财税〔2017〕18号）第二条第（一）款的规定，自工商注册登记之日起3年内，在职职工总数20人（含）以下小微企业，调整为在职职工总数30人

（含）以下的企业。

14.【参考答案】A

【解析】根据《财政部关于对分布式光伏发电自发自用电量免征政府性基金有关问题的通知》（财综〔2013〕103号）的规定，对分布式光伏发电自发自用电量免收国家重大水利工程建设基金。

15.【参考答案】A

【解析】依据《国家重大水利工程建设基金征收使用管理暂行办法》（财综〔2009〕90号）第七条的规定，除企业自备电厂自发自用电量和地方独立电网销售电量外，重大水利基金由省级电网企业在向电力用户收取电费时一并代征。

16.【参考答案】D

【解析】拥有自备电厂企业、地方独立电网企业应准确计量自发自用电量和销售电量，不能准确计量的，由专员办和省级财政部门按照其最大发电（售电）能力核定自发自用电量和销售电量，并确定重大水利基金征收数额。

17.【参考答案】C

【解析】依据《关于完善残疾人就业保障金制度更好促进残疾人就业的实施意见》，用工单位依法以劳务派遣等方式接收残疾人在本单位就业的，可记入派遣单位或接受单位的用工人数，具体由双方协商确定。

18.【参考答案】C

【解析】经有权部门认定的保障性住房，包括廉租住房、公共租赁住房、经济适用住房、易地扶贫搬迁、棚户区改造安置住房以及老旧住宅区整治建设项目，免收防空地下室易地建设费。

19.【参考答案】C

【解析】石油、天然气以外的矿产资源按照开采量（采掘、采剥总量）销售额计征水土保持补偿费，其中井下开采类项目由按销售额1‰计征。

20.【参考答案】C

【解析】依据《国有土地使用权出让收支管理办法》第三十条，对国有土地使用权人不按土地出让合同、划拨用地批准文件等规定及时足额缴纳土地出让收入的，应当按日加收违约金额1‰的违约金。$15\,000 \times 0.001 \times 7 = 105$万元。

二、多项选择题

1.【参考答案】ACD

【解析】依据《国家税务总局关于水土保持补偿费等政府非税收入项目征管职责划转有关事项的公告》，地方水库移民扶持基金自2021年2月1日起，由缴费人按月向税务部门自行申报缴纳，申报缴纳期限按现行规定执行。

2.【参考答案】 ABD

【解析】根据《政府非税收入管理办法》，非税收入纳入财政预算管理；各级财政部门是非税收入的主管部门；彩票公益金属于非税收入；以政府名义接受的捐赠属于非税收入。

3.【参考答案】 CD

【解析】根据《政府非税收入管理办法》第二十八条规定，涉及省级与市、县级分成的非税收入，其分成比例由省级人民政府或者其财政部门规定。

4.【参考答案】 ABC

【解析】军事用海、用于政府行政管理目的的公务船舶专用码头用海、非经营性交通基础设施用海依法免缴海域使用金。

5.【参考答案】 BCD

【解析】凡缴纳产品税、增值税、营业税的单位和个人，都应当依照规定征收教育费附加。但海关对进口产品征收的增值税不征收教育费附加。

6.【参考答案】 ABC

【解析】对城市棚户区改造项目，按照财政部规定免收防空地下室易地建设费、教育费附加、地方教育附加。

7.【参考答案】 ACD

【解析】中央水利建设基金的来源有从车辆购置税收入中定额提取、从铁路建设基金收入中提取3%、从港口建设费收入中提取3%。

8.【参考答案】 BC

【解析】依据《国家税务总局关于水土保持补偿费等政府非税收入项目征管职责划转有关事项的公告》（国家税务总局公告2020年第21号），水土保持补偿费按次缴纳的，应于项目开工前或建设活动开始前，缴纳水土保持补偿费；按期缴纳的，在期满之日起15日内申报缴纳水土保持补偿费。防空地下室易地建设费由缴费人根据人防部门核定的收费金额向税务部门申报缴纳。

9.【参考答案】 AD

【解析】根据《关于营业税改征增值税试点有关文化事业建设费政策及征收管理问题的通知》（财税〔2016〕25号），文化事业建设费的扣缴义务人应当向其机构所在地或者居住地主管税务机关申报缴纳其扣缴的文化事业建设费。

10.【参考答案】ABC

【解析】依据《关于土地闲置费、城镇垃圾处理费划转税务部门征收的通知》（财税〔2021〕8号）规定，各级税务部门要会同财政、自然资源、住房和城乡建设等有关部门，按照"便民、高效"的原则，逐项确定职责划转后的征缴流程，不断提高征管效率，降低征管成本。

11.【参考答案】AD

【解析】对出口产品退还增值税、消费税的，不退还已缴纳的附加。增值税、消费税实行先征后退、先征后返、即征即退办法的，对随增值税、消费税附征的附加，一律不予退（返）还。

12.【参考答案】BCD

【解析】选项A，该企业当期应纳增值税为－40万元，当期免抵退税额为50万元，当期应退税额为40万元，当期免抵税额＝50－40＝10万元；选项CD，生产企业出口货物实行免、抵、退税办法后，经国家税务总局正式审核批准的当期免抵的增值税税额应纳入城市维护建设税和教育费附加的计征范围，分别计算缴纳城市维护建设税和教育费附加。当期该企业应缴纳城市维护建设税＝10×7%＝0.7万元，当期该企业应缴纳教育费附加＝10×3%＝0.3万元。

13.【参考答案】ABC

【解析】自2016年2月1日起，按月纳税的月销售额或营业额不超过10万元（按季度纳税的季度销售额或营业额不超过30万元）的，不征收地方水利建设基金。依据《财政部关于同意人寿险保费免交水利建设基金的批复》（财综字〔1999〕177号），1年期以上的人身保险业务取得的保费收入免征水利建设基金。

14.【参考答案】ABD

【解析】对电器电子产品生产者销售台式微型计算机整机不征收基金，但台式微型计算机显示器生产者将其生产的显示器组装成计算机整机销售的除外。对台式微型计算机显示器生产者组装的计算机整机按照10元/台的标准征收基金。

15.【参考答案】ACD

【解析】本题考查电器电子产品生产者征收基金的产品范围和征收标准。

16.【参考答案】ABC

【解析】根据《国家税务总局关于国家重大水利工程建设基金等政府非税收入项目征管职责划转有关事项的公告》（国家税务总局公告2018年第63号），国家重大水利工程建设基金、农网还贷资金、可再生能源发展基金、中央水库移民扶持基金（含大中型水库移民后期扶持基金、三峡水库库区基金、跨省际大中型水库库区基金）、三峡电站水资源费、核电站乏燃料处理处置基金、免税商品特许经营费、核事故应急准备专项收入和国家留成油收入等非税收入的申报，统一使用《非税收入通用申报表》，石油特别收益金使用《石油特别收益金申报表》，油价调控风险准备金使用《油价调控风险准备金申报表》。

17.【参考答案】AC

【解析】依据《关于土地闲置费、城镇垃圾处理费划转税务部门征收的通知》（财税〔2021〕8号）规定，征期在2021年7月1日以后（含）、所属期为2021年7月1日以前的上述收入，收缴及汇算清缴工作继续由原执收（监缴）单位负责。

18.【参考答案】ABCD

【解析】依据《财政监察专员办事处大中型水库移民后期扶持基金征收管理操作规程》（财监〔2006〕95号）和财综〔2013〕103号文件的规定，后期扶持基金的征收范围是省级电网企业在本省（区、市）区域内全部销售电量，但下列电量实行免征：农业生产用电量免征；省级电网企业网间销售电量（由买入方在最终销售环节向用户收取）免征；对分布式光伏发电自发自用电量免征；经国务院批准，可以免除交纳后期扶持基金的其他电量免征。

19.【参考答案】ABC

【解析】核电企业在基建期和运行期分别按以下标准缴纳：基建期按设计额定容量每千瓦时5元人民币的标准缴纳；运行期按年度上网销售电量每千瓦时0.2厘人民币的标准缴纳。

20.【参考答案】ABCD

【解析】依据财税〔2016〕137号文件第五条的规定，当国际市场原油价格低于国家规定的成品油价格调控下限时，缴纳义务人应按照汽油、柴油的销售数量和规定的征收标准缴纳风险准备金。根据财税〔2016〕137号文件

第六条的规定,汽油、柴油销售数量是指缴纳义务人于相邻两个调价窗口期之间实际销售数量。依据财税〔2016〕137 号文件第八条的规定,成品油价格未调金额由国家发展改革委、财政部根据国际原油价格变动情况,按照现行成品油价格形成机制计算核定,于每季度前 10 个工作日内,将上季度每次调价窗口期的征收标准,书面告知征收机关。

三、判断题

1. 【参考答案】×

    【解析】社保费不属于非税收入。

2. 【参考答案】×

    【解析】依据《财政部 国家税务总局关于免征国家重大水利工程建设基金的城市维护建设税和教育费附加的通知》(财税〔2010〕44 号),经国务院批准,为支持国家重大水利工程建设,对国家重大水利工程建设基金免征城市维护建设税和教育费附加。

3. 【参考答案】√

    【解析】略。

4. 【参考答案】×

    【解析】缴费人申报缴纳残疾人就业保障金时使用《残疾人就业保障金申报表》。

5. 【参考答案】×

    【解析】水土保持补偿费划转至税务部门征收后,以前年度应缴未缴的收入,由税务部门负责征缴入库。

6. 【参考答案】×

    【解析】依据《可再生能源发展基金征收使用管理暂行办法》的通知(财综〔2011〕115 号)中第六条规定,省(自治区、直辖市)际间交易电量,计入受电省份的销售电量征收可再生能源电价附加。

7. 【参考答案】×

    【解析】未经财政部或国务院批准,不得擅自多征、减征、缓征、停征。

8. 【参考答案】√

    【解析】根据财税〔2016〕33 号文件的规定,政府非税收入是指除税收以外,由各级国家机关、事业单位、代行政府职能的社会团体及其他组织依法利用国家权力、政府信誉、国有资源（资产）所有者权益等取得的各项收入，不包括社会保险费、住房公积金。

9.【参考答案】×

【解析】根据《国家税务总局关于国家重大水利工程建设基金等政府非税收入项目征管职责划转有关事项的公告》（国家税务总局公告 2018 年第 63 号），对于国家重大水利工程建设基金、可再生能源发展基金、跨省际大中型水库库区基金、大中型水库移民后期扶持基金、三峡电站水资源费 2018 年度的汇算清缴，缴费人向专员办申报办理。以后年度的汇算清缴，缴费人向税务部门申报办理。

10.【参考答案】√

【解析】通用申报表单为《非税收入通用申报表》；没有专用申报表的非税收入项目，均可使用《非税收入通用申报表》。

11.【参考答案】×

【解析】教育费附加和地方教育附加以纳税人实际缴纳的增值税、消费税为计量依据，教育费附加、地方教育附加的费率分别为 3%、2%。

12.【参考答案】×

【解析】依据财税〔2015〕72 号文件的规定，相关保障金的征收对象是未按规定比例安排残疾人就业的机关、团体、企业、事业单位和民办非企业单位。

13.【参考答案】√

【解析】依据《财政部 国家税务总局关于集成电路企业增值税期末留抵退税有关城市维护建设税教育费附加和地方教育附加政策的通知》（财税〔2017〕17 号），享受增值税期末留抵退税政策的集成电路企业，其退还的增值税期末留抵税额，应在城市维护建设税、教育费附加和地方教育附加的计税（征）依据中予以扣除。

14.【参考答案】×

【解析】依据财税〔2016〕4 号文件规定，自 2016 年 1 月 1 日起，将各省（自治区、直辖市，不含新疆维吾尔自治区、西藏自治区）居民生活和农业生产以外全部销售电量的基金征收标准，由每千瓦时 1.5 分提高到每千瓦时 1.9 分。

15.【参考答案】×

【解析】根据《关于启用〈中央非税收入统一票据〉功能的通知》,从 2019 年 12 月 25 日起,对 2019 年 1 月 1 日起划转税务部门征收的 13 项中央非税收入,正式启用《中央非税收入统一票据》。

四、计算题

1. 【答案解析】

   (1) 应缴纳废弃电器电子产品处理基金 = (1 000 - 400) × 12 = 7 200 (元)

   (2) 该企业上年用人单位在职职工平均工资 7 500/500 = 15 万元,超过当地社会平均工资 2 倍,安置残疾人 4 人,从为其缴纳社保费开始算起,每人 0.5 年,因此实际安置 2 人。

   2021 年该企业需缴纳残疾人就业保障金:(500 × 1.5% - 2) × 14 × 90% = 69.30(万元)

2. 【答案解析】

   1 月应缴纳石油特别收益金金额为:

   [(73 - 65) × 25% - 0.25] × 3 000 × 6.2184 = 32 646.6(元)。

   2 月应缴纳石油特别收益金金额为:

   [(76 - 65) × 30% - 0.75] × 3 500 × 6.1873 = 55 221.65(元)。

   3 月应缴纳石油特别收益金金额为:

   [(81 - 65) × 35% - 1.5] × 5 000 × 6.1528 = 126 132.4(元)。

   第一季度应缴纳石油特别收益金金额为:

   32 646.6 + 55 221.65 + 126 132.4 = 214 000.65(元)。

3. 【答案解析】

   支付第二期价款时,违约天数 = 21 天,支付利息天数 = 61 天。

   利息 = 10 000 × 3.6%/360 × 61 = 61(万元)

   违约金 = 10 000 × 1‰ × 21 = 2 100(万元)

模拟试卷三

一、单项选择题（共20小题，每小题1.5分，共30分。每题的备选项中，只有1个最符合题意）

1. 社会保险费和非税收入征管职责划转，是国税地税征管体制改革的第（　　）场攻坚战。
   A. 一　　　　　B. 二　　　　　C. 三　　　　　D. 四

2. 非税收入是指除税收以外，由各级国家机关、事业单位、代行政府职能的社会团体及其他组织依法利用（　　）、政府信誉、国有资源资产所有者权益等取得的各项收入。
   A. 法律
   B. 国家资源（资产）所有者权益
   C. 国家权力
   D. 政府信誉

3. 未经（　　）批准，任何地方、部门和单位均不得擅自减免重大水利基金，不得调整基金征收范围和征收标准。
   A. 国务院　　　　　　　　　B. 财政部
   C. 国家税务总局　　　　　　D. 水利部

4. 根据《政府非税收入管理办法》中分类，非税收入包括行政事业性收入、政府性基金收入、国有资本收益、主管部门集中收入等12类，教育费附加属于（　　）。
   A. 行政事业性收入　　　　　B. 政府性基金收入
   C. 国有资本收益　　　　　　D. 主管部门集中收入

5. 对以下新建民用建筑项目，应减半收取防空地下室易地建设费的是（　　）。
   A. 新建幼儿园、学校教学楼、养老院及为残疾人修建的生活服务设施等民用建筑

B. 临时民用建筑和不增加面积的危房翻新改造商品住宅项目

C. 因遭受水灾、火灾或其他不可抗拒的灾害造成损坏后按原面积修复的民用建筑

D. 非营利性养老和医疗机构建设

6. 可再生能源发展基金（国家重大水利工程建设基金参照执行）明细申报管理试点工作试点时间是（   ）。

A. 2019年1月1日—2019年6月30日

B. 2019年7月1日—2019年12月31日

C. 2020年1月1日—2020年6月30日

D. 2020年7月1日—2020年12月31日

7. 有关水土保持补偿费等四项政府非税收入退库工作，下列说法错误的是（   ）。

A. 资金入库后需要退库的，按照财政部门有关退库管理规定办理

B. 因缴费人误缴、税务部门误收以及汇算清缴需要退库的，由财政部门授权税务部门审核退库

C. 具体由缴费人直接向税务部门申请办理

D. 因缴费人误缴、税务部门误收以及汇算清缴需要退库的，由财政部门审核退库

8. 自2019年度开始实施的小微企业普惠性税收减免政策中，有权决定在50%的税额幅度内减征教育费附加、地方教育附加的部门是（   ）。

A. 主管税务机关

B. 省一级税务局

C. 省人民政府

D. 主管税务机关所在同级地方政府

9. 以下残疾人就业保障金计算正确的是（   ）。

A. 某事业单位2020年在职职工人数为30人，2021年该单位应缴纳残疾人就业保障金0元

B. 某民办非企业单位成立于2018年12月，2020年在职职工人数为20人，2021年该单位应缴纳残疾人就业保障金0元

C. 某机关单位2020年在职职工人数为10人，在职职工工资总额为60万元，并未安置残疾人，该单位2021年应缴纳残疾人就业保障金8 100元

D. 某企业成立于2015年4月，2020年在职职工人数为15人，在职职工工资总额为150万元，并未安置残疾人，该单位2021年缴纳残疾人就业保障金20 250万元

10. 下列哪项非税收入在政府收支预算中不属于政府性基金收入（　　）。

    A. 国家重大水利工程建设基金

    B. 核电站乏燃料处理处置基金

    C. 可再生能源发展基金

    D. （场外）核事故应急准备专项收入

11. 下列非税收入中，属于税务部门征收的行政事业性收费的是（　　）。

    A. 文化事业建设费　　　　　　　　B. 防空地下室异地建设费

    C. 污水处理费　　　　　　　　　　D. 耕地开垦费

12. 建档立卡贫困人口、持"就业创业证"或"就业失业登记证"的人员从事个体经营的，在（　　）年内按每户每年12 000元为限额依次扣减其当年实际应缴纳的增值税、城市维护建设税、教育费附加、地方教育附加和个人所得税。

    A. 2　　　　　B. 3　　　　　C. 4　　　　　D. 5

13. 大中型水库移民后期扶持基金，按照"收支两条线"原则纳入（　　）财政预算管理。

    A. 中央　　　　B. 省级　　　　C. 市级　　　　D. 区县级

14. 矿业权出让收益是国家基于自然资源（　　），将探矿权、采矿权出让给探矿权人、采矿权人而依法收取的国有资源有偿使用收入。

    A. 开采权　　　B. 所有权　　　C. 管理权　　　D. 使用权

15. 中华人民共和国境外的广告媒介单位和户外广告经营单位在境内提供广告服务，在境内没有经营机构的，文化事业建设费的扣缴义务人为广告服务的（　　）。

    A. 提供方　　　B. 接收方　　　C. 服务方　　　D. 代理方

16. 集中使用残疾人的用人单位中从事全日制工作的残疾人职工，应当占本单位在职职工总数的（　　）。

    A. 15%以上　　　　　　　　　　　B. 20%以上

    C. 25%以上　　　　　　　　　　　D. 30%以上

17. 下列选项中，不是废弃电器电子产品处理基金缴纳义务人的是（　　）。

A. 电器电子产品的生产者　　　　　B. 电器电子产品的受托加工者

C. 进口电器电子产品的收货人　　　D. 电器电子产品的零售者

18. 缴纳排污权使用费金额较大、一次性缴纳确有困难的排污单位，可在排污权有效期内分次缴纳，首次缴款不得低于应缴总额的（　　）。

　　A. 10%　　　　B. 20%　　　　C. 30%　　　　D. 40%

19. 大中型水库是指（　　）有发电收入的水库和水电站。

　　A. 实际上网销售电量在 2.5 万千瓦及以上

　　B. 装机容量在 2.5 万千瓦及以上

　　C. 最大发电能力在 2.5 万千瓦及以上

　　D. 实际上网销售电量在 5 万千瓦及以上

20. 关于国有土地使用权收入的划转问题，下列说法错误的是（　　）。

　　A. 自 2021 年 7 月 1 日起，选择在河北、内蒙古、上海、浙江、安徽、青岛、云南省（自治区、直辖市、计划单列市）以省（区、市）为单位开展征管职责划转试点；暂未开展征管划转试点地区要积极做好四项政府非税收入征收划转准备工作，自 2022 年 1 月 1 日起全面实施征管划转工作

　　B. 国有土地使用权收入划转给税务部门征收后，以前年度形成的应缴未缴收入以及按规定分期缴纳的收入，由自然资源部门负责征缴入库，有关部门应当配合做好相关信息传递和材料交接工作

　　C. 税务部门征收政府非税收入应当使用财政部统一监（印）制的非税收入票据，按照税务部门全国统一信息化方式规范管理

　　D. 自然资源部门与使用权人签订出让、划拨等合同后，应当及时向税务部门和财政部门传递相关信息，确保征管信息实时共享

二、多项选择题（共 20 小题，每小题 2 分，共 40 分。下列各题选项中，至少有两个选项是正确的，多选、少选和错选均不给分）

1. 非税收入征管职责划转改革舆情分级分类中，以下哪项是属于"谁主管谁负责、谁的问题谁负责"和"属地管理、分级负责"的舆情（　　）。

　　A. 一般性舆情　　　　　　　　B. 紧急性舆情

　　C. 苗头性影响面小的舆情　　　D. 重大负面舆情

2. 以下关于水土保持补偿费等政府非税收入项目征管职责划转的说法中，正

确的是（　　）。

　　A. 自 2021 年 1 月 1 日起，水土保持补偿费、地方水库移民扶持基金、排污权出让收入、防空地下室易地建设费划转至税务部门征收

　　B. 水土保持补偿费、防空地下易地建设费自 2021 年 2 月 1 日起，由缴费人向税务部门自行申报缴纳

　　C. 地方水库移民扶持基金自 2021 年 2 月 1 日起，由缴费人按月向税务部门自行申报缴纳，申报缴纳期限按现行规定执行。

　　D. 已征收排污权出让收入的地区自 2021 年 1 月 1 日起，由缴费人向税务部门自行申报缴纳

3. 根据《国家税务总局关于开展可再生能源发展基金明细申报管理试点工作的通知》（税总函〔2020〕83 号），2020 年 7 月 1 日至 2020 年 12 月 31 日，以下哪些纳入非税收入开展申报管理试点（　　）。

　　A. 水土保持补偿费

　　B. 可再生能源发展基金

　　C. 国家重大水利工程建设基金

　　D. 大中型水库移民后期扶持基金

4. 自 2021 年 1 月 1 日起，划转税务部门征收的非税收入包括（　　）。

　　A. 水土保持补偿费　　　　　　B. 地方水库移民扶持基金

　　C. 防空地下室易地建设费　　　D. 排污权出让收入

5. 税务总局应当与财政部系统互联互通，及时共享非税收入（　　）等明细信息，并积极创造条件，尽快实现非税收入征缴明细信息实时共享。

　　A. 计征　　　　　　　　　　　B. 缴库

　　C. 减免　　　　　　　　　　　D. 财政票据

6. 基金缴纳义务人应妥善保管基金缴款凭证、委托加工协议、退货证明、（　　）及其他相关资料。基金缴纳义务人应当自觉接受税务机关的监督检查，提供有关资料，如实反映情况，不得拒绝、隐瞒。

　　A. 增值税专用发票及清单　　　B. 海关进（出）口货物报关单

　　C. 代理出口货物证明　　　　　D. 委托代理出口协议

7. 非税收入应当全部上缴国库，任何部门、单位和个人不得（　　）。

　　A. 截留　　　　　　　　　　　B. 占用

　　C. 挪用　　　　　　　　　　　D. 坐支或者拖欠

8. 各级财政部门和执收单位应当通过政府网站和公共媒体等渠道，向社会公开非税收入（　　）等，并加大预决算公开力度，提高非税收入透明度，接受公众监督。

　　A. 项目名称　　　　　　　　　　B. 设立依据

　　C. 征收方式　　　　　　　　　　D. 征收标准

9. 电网企业未按规定及时足额上缴代征的大中型水库移民后期扶持基金的，（　　）。

　　A. 可以延期缴纳

　　B. 专员办应责令其尽快足额缴纳基金

　　C. 按每日2‰的标准加收滞纳金

　　D. 按每月2‰的标准加收滞纳金

10. 以下属于文化事业建设费的缴纳义务人有（　　）。

　　A. 广播电台　　　　　　　　　　B. 棋牌室

　　C. 户外广告经营单位　　　　　　D. 卡拉OK歌舞厅

11. 非税收入票据种类包括（　　）。

　　A. 非税收入通用票据　　　　　　B. 非税收入专用票据

　　C. 非税收入一般缴款书　　　　　D. 非税收入专用缴款书

12. 关于废弃电器电子产品处理基金的征收管理，下列说法正确的有（　　）。

　　A. 电器电子产品生产者应缴纳的基金，由税务局征收

　　B. 进口电器电子产品的收货人或者其代理人应缴纳的基金，由海关征收

　　C. 电器电子产品生产者按月申报缴纳基金，自月度终了之日起15日内申报

　　D. 进口电器电子产品的收货人或者其代理人在货物申报进口时缴纳基金

13. 2021年7月1日起，由自然资源部门划转税务部门征收的矿产资源专项收入包括（　　）。

　　A. 矿产资源补偿费　　　　　　　B. 探矿权使用费

　　C. 采矿权使用费　　　　　　　　D. 矿业权出让收益

14. 非税收入票据实行（　　）制度。

　　A. 购前审批　　　　　　　　　　B. 分次限量

　　C. 核旧领新　　　　　　　　　　D. 凭证领取

15. 下列关于地方教育附加减免规定的说法正确的有（　　）。

　　A. 对减征或免征增值税、消费税的单位和个人，相应减征或免征地方教

育附加

B. 出口产品退税，不退还已征收的地方教育附加

C. 对增值税、消费税即征即退办法的，除另有规定外，随增值税、消费税附征的地方教育附加予以退还

D. 按月缴纳增值税的缴纳义务人，月销售额不超过10万元的，免征地方教育附加

16. 国有土地使用权出让收入是政府以出让等方式配置国有土地使用权取得的全部土地价款，包括受让人支付的（   ）。

　　A. 征地管理费　　　　　　　　B. 征地和拆迁补偿费用

　　C. 土地前期开发费用　　　　　D. 土地出让收益

17. 下列用海，可以免缴海域使用金的有（   ）。

　　A. 军事用海

　　B. 公务船舶专用码头用海

　　C. 非经营性的航道、锚地等交通基础设施用海

　　D. 国家重大建设项目用海

18. 油价调控风险准备金的缴纳义务人为中华人民共和国境内的（   ）。

　　A. 生产汽、柴油的成品油生产经营企业

　　B. 进口汽、柴油的成品油生产经营企业

　　C. 委托加工汽、柴油的成品油生产经营企业

　　D. 销售汽、柴油的成品油经销企业

19. 水土保持补偿费计征方式正确的有（   ）。

　　A. 开采矿产资源在建设期间按开采量计征

　　B. 排放废弃土、石、渣的，按照排放量计征

　　C. 一般性生产建设项目按征占用土地面积计征

　　D. 取土、挖砂、采石的按照取土、挖砂、采石量计征

20. 设立和征收非税收入，应当依据法律、法规的规定或者按下列管理权限予以批准，以下管理权限正确的有（   ）。

　　A. 政府性基金按照国务院和财政部的规定设立和征收

　　B. 国有资源有偿使用收入按照国务院和省级人民政府及其财政部门的规定设立和征收

　　C. 行政事业性收费按照国务院和省、自治区、直辖市人民政府及其财政

部门规定设立和征收

  D. 国有资源有偿使用收入由拥有国有资产（资本）产权的人民政府及其财政部门按照国务院和省级人民政府及其财政部门的规定设立和征收

三、判断题（共 15 题，每小题 1 分，共 15 分）

1. 根据《财政部 税务总局关于电影等行业税费支持政策的公告》，自 2020 年 1 月 1 日至 2020 年 12 月 31 日，免征文化事业建设费。（　　）

2. 在中华人民共和国境内提供广告服务的广告媒介单位和户外广告经营及娱乐服务的单位，应缴纳文化事业建设费。（　　）

3. 目前，已划至税务局征收的非税项目包括：可再生能源发展基金、免税商品特许经营费、涉油非税收入项目、矿业权出让收益、大中型水库移民后期扶持基金、跨省际大中型水库库区基金、国家重大水利工程建设基金、废弃电器电子产品处理基金。（　　）

4. 因国家政策调整、重大自然灾害、破产清算等原因注销采矿许可证的，采矿权出让收益按照采矿权实际动用的资源储量进行核定，实行多退少补。（　　）

5. 划转税务部门征收的非税收入项目，其征收范围、对象和标准，以及收入分成和使用政策仍按照现行规定执行。（　　）

6. 防空地下室易地建设费的收费标准，由省、自治区、直辖市价格主管部门会同同级财政、人防主管部门按照当地防空地下室的造价制定，报国家计委、财政部、国家人防办审批。（　　）

7. 对城市棚户区改造项目，按照财政部规定免收防空地下室易地建设费、教育费附加、地方教育附加。（　　）

8. 国有土地使用权人不按土地出让合同、划拨用地批准文件等规定及时足额缴纳土地出让收入的，应当按日加收违约金额2‰的违约金。（　　）

9. 广告服务文化事业建设费计费销售额为：提供广告服务取得的全部含税价款和价外费用，包含支付给其他广告公司或广告发布者的含税广告发布费。（　　）

10. 重大水利基金应严格按规定安排使用，实行专款专用，年终结余不得结转下年度继续使用。（　　）

11. 凡在中华人民共和国陆地领域和所辖海域开采的石油，无论其是否在中国境内销售，均应按规定缴纳石油特别收益金。中外合作油田按规定上缴国家的石油增值税、矿区使用费、国家留成油也要征收石油特别收益金。
（　　）

12. 国家留成油收入的征缴期限由石油企业报财政部核准。按照现行规定，中石油、中石化、中海油均按年申报缴纳。（　　）

13. 财税〔2019〕13号文件规定的免征、减征教育费附加、地方教育附加的政策，不可叠加其他优惠政策享受。（　　）

14. 专员办应根据省级电网企业、拥有自备电厂企业和地方独立电网企业全年实际销售电量（自发自用电量），在次年5月底前完成对相关企业全年应缴重大水利基金的汇算清缴工作。（　　）

15. 油价调控风险准备金的缴纳地点为缴纳义务人实际经营地。（　　）

四、计算题（共3题，每小题5分，共15分）

1. 小张是自主就业退役士兵，2019年2月办理了个体工商户登记，税务部门认定为小规模纳税人，2019年小张应缴增值税10 000元，城市维护建设税700元，教育费附加300元，地方教育附加200元，小张所在省未上浮自主就业退役士兵减免限额，对小规模纳税人减半征收六税两费，请问：

   （1）小张2019年可以抵免的限额为多少？

   （2）小张享受优惠政策应缴纳的教育费附加、地方教育附加为多少？

2. 某公司为增值税小规模纳税人，2019年在职职工总人数150人，工资总额1 350万元，安排1名持有"中华人民共和国残疾人证"（3级）的残疾人就业，当地2019年加权社平工资68 000元，最低工资标准24 000元/年。2019年2季度收取客户广告发布费36.05万元，支付给其他媒体25万元（含税）广告发布费并取得发票。请计算：

   （1）该公司2019年2季度应缴纳的文化事业建设费。

   （2）该公司2020年应申报缴纳残疾人就业保障金。

3. 2019年6月6日，甲市A公司通过招拍挂方式竞得某国有建设用地使用权并签订合同，土地出让价款5 280万元，约定8月29日前交地，12月30日前开工建设，2020年12月30日前竣工。2019年8月7日，A公司办理土地使用权登记，截至2021年4月30日，该项目仅圈建围墙，无其他建设行为。5月5日，甲市不动产管理部门向A公司发出"闲置土地调查通知书",6月25日,甲市不动产管理部门向A公司下达"闲置土地认定书",并于同日下达"征缴土地闲置费决定书",要求A公司限期缴纳1 056万元土地闲置费。A公司逾期未履行义务,也未进行任何处理。

请根据以上资料,回答下列问题:

(1) 该土地是否属于闲置土地,为什么?

(2) 甲市不动产管理部门下达"征缴土地闲置费决定书"的行为是否合法,为什么?

(3) A公司在接到"征缴土地闲置费决定书"后,应如何处理?

模拟试卷三参考答案

一、单项选择题

1.【参考答案】C

【解析】根据国家税务总局王军局长在 2018 年 8 月 20 日社保费和非税收入征管职责划转工作动员部署视频会议上的讲话。

2.【参考答案】B

【解析】依据《政府非税收入管理办法》(财税〔2016〕33 号),非税收入是指除税收以外,由各级国家机关、事业单位、代行政府职能的社会团体及其他组织依法利用国家权力、政府信誉、国有资源(资产)所有者权益等取得的各项收入。

3.【参考答案】A

【解析】依据《国家重大水利工程建设基金征收使用管理暂行办法》第十五条,未经国务院批准,任何地方、部门和单位均不得擅自减免重大水利基金,不得调整基金征收范围和征收标准。

4.【参考答案】B

【解析】依据《全国政府性基金目录清单》规定,教育费附加属于政府性基金收入。

5.【参考答案】A

【解析】依据《国家计委 财政部 国家国防动员委员会 建设部印发关于规范防空地下室易地建设收费的规定的通知》(计价格〔2000〕474 号)规定:对以下新建民用建筑项目应适当减免防空地下室易地建设费:(二)新建幼儿园、学校教学楼、养老院及为残疾人修建的生活服务设施等民用建筑,减半收取;(三)临时民用建筑和不增加面积的危房翻新改造商品住宅项目,予以免收;(四)因遭受水灾、火灾或其他不可抗拒的灾害造成损坏后按原面积修复的民用建筑,予以免收。依据《财政部 国家发展改革委关于减免养老和医疗机构行政事业性收费有关问题的通知》(财税〔2014〕77 号)规定,对非营利性养老和医疗机构建设全额免征防空地下室易地建设费。

6.【参考答案】D

【解析】依据《国家税务总局关于开展可再生能源发展基金明细申报管理试点工作的通知》（税总函〔2020〕83号），试点时间为2020年7月1日至2020年12月31日。

7.【参考答案】D

【解析】依据《关于水土保持补偿费等四项非税收入划转税务部门征收的通知》（财税（2020）58号），资金入库后需要退库的，按照财政部门有关退库管理规定办理。其中，因缴费人误缴、税务部门误收以及汇算清缴需要退库的，由财政部门授权税务部门审核退库，具体由缴费人直接向税务部门申请办理。

8.【参考答案】C

【解析】依据《财政部 国家税务总局关于实施小微企业普惠性税收减免政策的通知》（财税〔2019〕13号）规定，由省、自治区、直辖市人民政府根据本地区实际情况，以及宏观调控需要确定，对增值税小规模纳税人可以在50%的税额幅度内减征资源税、城市维护建设税、房产税、城镇土地使用税、印花税（不含证券交易印花税）、耕地占用税和教育费附加、地方教育附加。

9.【参考答案】C

【解析】依据《财政部关于调整残疾人就业保障金征收政策的公告》，自2020年1月1日起至2022年12月31日，在职职工人数在30人（含）以下的企业，暂免征收残疾人就业保障金。同时，将残保金由单一标准征收调整为分档征收，用人单位安排残疾人就业比例1%（含）以上但低于本省（区、市）规定比例的，3年内按应缴费额50%征收；1%以下的，3年内按应缴费额90%征收。(10/100×1.5% −0)×(600 000/10)×90% =8 100元。

10.【参考答案】D

【解析】（场外）核事故应急准备专项收入属于一般公共预算收入项目。

11.【参考答案】B

【解析】防空地下室异地建设费属于行政事业性收费。

12.【参考答案】B

【解析】建档立卡贫困人口、持"就业创业证"或"就业失业登记证"的人员从事个体经营的，在3年内按每户每年12 000元为限额依次扣减其当年实际应缴纳的增值税、城市维护建设税、教育费附加、地方教育附加和个人所得税。

13.【参考答案】A

【解析】《财政部关于印发〈财政监察专员办事处大中型水库移民后期扶持基金征收管理操作规程〉的通知》(财监〔2006〕95号)第二条：后期扶持基金是指国家为扶持大中型水库农村移民解决生产生活问题而设立的政府性基金。后期扶持基金按照"收支两条线"原则纳入中央财政预算管理。

14.【参考答案】B

【解析】《财政部 国土资源部关于印发〈矿业权出让收益征收管理暂行办法〉的通知》指出：矿业权出让收益是国家基于自然资源所有权，将探矿权、采矿权出让给探矿权人、采矿权人而依法收取的国有资源有偿使用收入。

15.【参考答案】B

【解析】中华人民共和国境外的广告媒介单位和户外广告经营单位在境内提供广告服务，在境内未设有经营机构的，以广告服务接受方为文化事业建设费的扣缴义务人。

16.【参考答案】C

【解析】依据《残疾人就业条例》，集中使用残疾人的用人单位中从事全日制工作的残疾人职工，应当占本单位在职职工总数的25%以上。

17.【参考答案】D

【解析】在中华人民共和国境内的电器电子产品生产者、进口电器电子产品的收货人或者其代理人为废弃电器电子处理基金缴纳义务人。

18.【参考答案】D

【解析】缴纳排污权使用费金额较大、一次性缴纳确有困难的排污单位，可在排污权有效期内分次缴纳，首次缴款不得低于应缴总额的40%。

19.【参考答案】B

【解析】大中型水库是指装机容量在2.5万千瓦及以上有发电收入的水库和水电站。

20.【参考答案】B

【解析】根据财综〔2021〕19号文件规定，国有土地使用权收入划转给税务部门征收后，以前年度和今后形成的应缴未缴收入以及按规定分期缴纳的收入，由税务部门负责征缴入库，有关部门应当配合做好相关信息传递和材料交接工作。

二、多项选择题

1. 【参考答案】ACD

【解析】依据《非税收入征管职责划转改革舆情管理应急预案》规定，各市、县（市、区）局按照"谁主管谁负责、谁的问题谁负责"和"属地管理、分级负责"的原则，有针对性地做好非税收入征管职责划转改革舆情分级分类和应对工作，问题解决在当地，包括一般性舆情、苗头性影响面小的舆情、重大负面舆情。

2. 【参考答案】ACD

【解析】依据国家税务总局公告2020年第21号的规定，水土保持补偿费自2021年1月1日起，由缴费人向税务部门自行申报缴纳；地方水库移民扶持基金自2021年2月1日起，由缴费人按月向税务部门自行申报缴纳，申报缴纳期限按现行规定执行。已征收排污权出让收入的地区自2021年1月1日起，由缴费人向税务部门自行申报缴纳。防空地下室易地建设费自2021年1月1日起，由缴费人根据人防部门核定的收费金额向税务部门申报缴纳。

3. 【参考答案】BCD

【解析】依据税总函〔2020〕83号《国家税务总局关于开展可再生能源发展基金明细申报管理试点工作的通知》第三十二条，国家重大水利工程建设基金、大中型水库移民后期扶持基金、农网还贷资金3项非税收入项目可按照本规程一并申报管理。

4. 【参考答案】ABCD

【解析】自2021年1月1日起，水土保持补偿费、地方水库移民扶持基金（含省级大中型水库库区基金、小型水库移民扶助基金）、排污权出让收入、防空地下室易地建设费四项非税收入统一由税务部门负责征收。

5. 【参考答案】ABD

【解析】依据《财政部关于将国家重大水利工程建设基金等政府非税收入项目划转税务部门征收的通知》（财税〔2018〕147号），税务总局应当与财政部系统互联互通，及时共享非税收入计征、缴库、财政票据等明细信息，并积极创造条件，尽快实现非税收入征缴明细信息实时共享。

6. 【参考答案】ABCD

【解析】依据《国家税务总局关于发布〈废弃电器电子产品处理基金征收管理规定〉的公告》(国家税务总局公告 2012 年第 41 号),基金缴纳义务人应妥善保管基金缴款凭证、增值税专用发票及清单、海关进(出)口货物报关单、代理出口货物证明、委托代理出口协议、委托加工协议、退货证明及其他相关资料。基金缴纳义务人应当自觉接受税务机关的监督检查,提供有关资料,如实反映情况,不得拒绝、隐瞒。

7.【参考答案】ABCD

【解析】依据《政府非税收入管理办法》第十七条,非税收入应当全部上缴国库,任何部门、单位和个人不得截留、占用、挪用、坐支或者拖欠。

8.【参考答案】ABCD

【解析】依据《政府非税收入管理办法》第三十六条,各级财政部门和执收单位应当通过政府网站和公共媒体等渠道,向社会公开非税收入项目名称、设立依据、征收方式和标准等,并加大预决算公开力度,提高非税收入透明度,接受公众监督。

9.【参考答案】BC

【解析】依据《违反大中型水库移民后期扶持基金征收使用管理规定责任追究办法》。

10.【参考答案】ACD

【解析】"广告服务"范围内的服务,具体是指利用图书、报纸、杂志、广播、电视、电影、幻灯、路牌、招贴、橱窗、霓虹灯、灯箱、互联网等各种形式为客户的商品、经营服务项目、文体节目或者通告、声明等委托事项进行宣传和提供相关服务的业务活动。包括广告代理和广告的发布、播映、宣传、展示等。"娱乐服务"范围内的服务,具体包括歌厅、舞厅、夜总会、酒吧、台球、高尔夫球、保龄球、游艺(包括射击、狩猎、跑马、游戏机、蹦极、卡丁车、热气球、动力伞、射箭、飞镖。

11.【参考答案】ABC

【解析】依据《非税收入管理办法》第二十一条,非税收入票据种类包括非税收入通用票据、非税收入专用票据和非税收入一般缴款书。

12.【参考答案】ABD

【解析】依据《废弃电器电子产品处理基金征收使用管理办法》,电器电子产品生产者按季申报缴纳基金。

13. 【参考答案】BCD

【解析】依据《国务院关于印发矿产资源权益金制度改革方案的通知》（国发〔2017〕29号），矿产资源补偿费已被并入资源税。

14. 【参考答案】BCD

【解析】根据《政府非税收入管理办法》第二十三条，非税收入票据实行凭证领取、分次限量、核旧领新制度。

15. 【参考答案】ABD

【解析】《财政部国家税务总局关于增值税、营业税、消费税实行先征后返等办法有关城建税和教育费附加政策的通知》（财税〔2005〕72号）规定：对"三税"实行先征后返、先征后退、即征即退的，除另有规定外，对随"三税"附征的城市维护建设税和教育费附加，一律不予退（返）还。

16. 【参考答案】BCD

【解析】国有土地使用权出让收入是指政府以出让等方式配置国有土地使用权取得的全部土地价款。包括受让人支付的征地和拆迁补偿费用、土地前期开发费用和土地出让收益等。

17. 【参考答案】ABC

【解析】下列用海可以免缴海域使用金：军事用海、公务船舶专用码头用海、非经营性的航道、锚地等交通基础设施用海、教学、科研、防灾减灾、海难搜救打捞等非经营性公益事业用海。

18. 【参考答案】ABC

【解析】油价调控风险准备金的缴纳义务人为中华人民共和国境内生产、委托加工和进口汽油、柴油的成品油生产经营企业。

19. 【参考答案】BCD

【解析】依据《水土保持补偿费征收使用管理办法》，（一）开办一般性生产建设项目的，按照征占用土地面积计征；（二）开采矿产资源的，在建设期间按照征占用土地面积计征；在开采期间，对石油、天然气以外的矿产资源按照开采量计征，对石油、天然气按照油气生产井占地面积每年计征；（三）取土、挖砂、采石以及烧制砖、瓦、瓷、石灰的，按照取土、挖砂、采石量计征；（四）排放废弃土、石、渣的，按照排放量计征。对缴纳义务人已按照前三种方式计征水土保持补偿费的，其排放废弃土、石、渣，不再按照排放量重复计征。

20.【参考答案】AB

【解析】依据《政府非税收入管理办法》第九条，设立和征收非税收入，应当依据法律、法规的规定或者按下列管理权限予以批准：（一）行政事业性收费按照国务院和省、自治区、直辖市（以下简称省级）人民政府及其财政、价格主管部门的规定设立和征收；（二）政府性基金按照国务院和财政部的规定设立和征收；（三）国有资源有偿使用收入、特许经营收入按照国务院和省级人民政府及其财政部门的规定设立和征收；（四）国有资产有偿使用收入、国有资本收益由拥有国有资产（资本）产权的人民政府及其财政部门按照国有资产（资本）收益管理规定征收。

三、判断题（共15题，每小题1分，共15分）

1.【参考答案】√

【解析】依据《财政部 税务总局关于电影等行业税费支持政策的公告》（财政部 税务总局公告2020年第25号）。

2.【参考答案】×

【解析】提供娱乐服务的个人，也应缴纳文化事业建设费。

3.【参考答案】√

【解析】略。

4.【参考答案】√

【解析】依据《财政部 国土资源部关于印发〈矿业权出让收益征收管理暂行办法〉的通知》（财综〔2017〕35号）。

5.【参考答案】√

【解析】略。

6.【参考答案】×

【解析】依据《国家计委 财政部 国家国防动员委员会 建设部关于规范防空地下室易地建设收费的规定》（计价格〔2000〕474号）规定，防空地下室易地建设费的收费标准，由省、自治区、直辖市价格主管部门会同同级财政、人防主管部门按照当地防空地下室的造价制定，报国家计委、财政部、国家人防办备案。

7.【参考答案】√

【解析】依据财综〔2015〕57号文件，对城市棚户区改造项目，按照财政部规定免收防空地下室易地建设费、教育费附加、地方教育附加。

8.【参考答案】×

【解析】国有土地使用权人不按土地出让合同、划拨用地批准文件等规定及时足额缴纳土地出让收入的,应当按日加收违约金额1‰的违约金。

9.【参考答案】×

【解析】依据《财政部 国家税务总局关于营业税改征增值税试点有关文化事业建设费政策及征收管理问题的通知》(财税〔2016〕25号)第三条,广告服务文化事业建设费计费销售额为:提供广告服务取得的全部含税价款和价外费用,不包含支付给其他广告公司或广告发布者的含税广告发布费。

10.【参考答案】×

【解析】依据《关于印发〈国家重大水利工程建设基金征收使用管理暂行办法〉的通知》第二十二条,重大水利基金应严格按规定安排使用,实行专款专用,年终结余结转下年度继续使用。

11.【参考答案】×

【解析】依据财企〔2006〕183号,凡在中华人民共和国陆地领域和所辖海域开采的石油,无论其是否在中国境内销售,均应按规定缴纳石油特别收益金。中外合作油田按规定上缴国家的石油增值税、矿区使用费、国家留成油不征收石油特别收益金。

12.【参考答案】×

【解析】国家留成油收入的征缴期限由石油企业报财政部核准。按照现行规定,中石油按月申报缴纳,中石化、中海油按年申报缴纳。

13.【参考答案】×

【解析】依据《关于实施小微企业普惠性税收减免政策的通知》第四条规定,自2019年1月1日至2021年12月31日,增值税小规模纳税人已依法享受资源税、城市维护建设税、房产税、城镇土地使用税、印花税、耕地占用税、教育费附加、地方教育附加其他优惠政策的,可叠加享受本通知第三条规定的优惠政策。

14.【参考答案】×

【解析】依据《关于印发〈国家重大水利工程建设基金征收使用管理暂行办法〉的通知》第十条,专员办应根据省级电网企业、拥有自备电厂企业和地方独立电网企业全年实际销售电量(自发自用电量),在次年3月底前完成对相关企业全年应缴重大水利基金的汇算清缴工作。

15.【参考答案】×

【解析】依据《财政部 国家发展改革委关于印发〈油价调控风险准备金征收管理办法〉的通知》(财税〔2016〕137号)。

四、计算题（共3题，每小题5分，共15分）

1.【答案与解析】

(1) 2019年可以抵免限额 = 12 000 ÷ 12 × 11 = 11 000（元）

(2) 因为10 000（增值税）+ 700（城建税）+ 300（教育费附加）= 11 000元，只须200元地方教育附加享受优惠政策。

纳税人认定为小规模纳税人，同时享受减半征收教育费附加和地方教育费附加的优惠 200 × 50% = 100 元。

2.【答案与解析】

(1) 文化事业建设费 =（360 500 - 250 000）× 3% = 3 315（元）

(2) 应安排残疾人人数 = 150 × 1.5% = 2.25（人）

安排残疾人比例 = 1 ÷ 150 = 0.67% < 1%

在职职工平均工资 = 1 350 ÷ 150 = 9（万元）

残疾人就业保障金 =（2.25 - 1）× 90 000 × 90% = 101 250（元）

3.【答案与解析】

(1) 该土地属于闲置土地。根据《闲置土地处置办法》（1999年4月26日国土资源部第6次部长办公会议通过，2012年5月22日国土资源部第1次部务会议修订）第二条，本办法所称闲置土地，是指国有建设用地使用权人超过国有建设用地使用权有偿使用合同或者划拨决定书约定、规定的动工开发日期满1年未动工开发的国有建设用地。

(2) 不合法。根据《闲置土地处置办法》（1999年4月26日国土资源部第6次部长办公会议通过，2012年5月22日国土资源部第1次部务会议修订）第十五条，市、县国土资源主管部门在依照本办法第十四条规定作出征缴土地闲置费、收回国有建设用地使用权决定前，应当书面告知国有建设用地使用权人有申请听证的权利。国有建设用地使用权人要求举行听证的，市、县国土资源主管部门应当依照《国土资源听证规定》依法组织听证。

（3）根据《闲置土地处置办法》（1999年4月26日国土资源部第6次部长办公会议通过，2012年5月22日国土资源部第1次部务会议修订）第十七条的规定，A公司应当自"征缴土地闲置费决定书"送达之日起30日内，按照规定缴纳土地闲置费；对"征缴土地闲置费决定书"不服的，可以依法申请行政复议或者提起行政诉讼。